エゴ・ドキュメントの歴史学

エゴ・ドキュメントの歴史学

長谷川貴彦 編

岩波書店

目　次

序章　エゴ・ドキュメント研究の射程

長谷川貴彦

はじめに

カルロ・ギンズブルグは、歴史家による遠近法を用いた叙述の手法を映写技術の「ロングショット」と「ズームアップ」という比喩を用いて表現している[1]。それは、ミクロストリアをもって歴史学の新たな領域を開拓してきたギンズブルグが、イタリア北部フリウリ地方の粉引き屋メノッキオが生きる微視的な世界を起点に歴史の全体像を構想していたことを示すものとなる。ギンズブルグのいう「細部のなかに全体を見る」の意味合いには、カメラワークでいうところの「ロングショット」にあたる歴史の全体像と「ズームアップ」されたミクロな世界とを往還する方法が含まれていたといってよかろう。

ギンズブルグにおける個人史と全体史、言い換えれば、ミクロとマクロとの関連性の問題への関心は、いわゆる「転回」以降の現代歴史学においても継承されている。ここでの「転回」とは、一九七〇年代以降に生じてきた、言語論的転回、文化論的転回、空間論的転回などの従来の歴史学に対する再考の動き全体を指すもので、歴史叙述の構築性、文化史の台頭、個人史(主体)の復権、国民国家の相対化など、現代歴史学の諸主題は、この「転回」の一環と見なすことができる[2]。言語論的転回の最大の成果が個人(personhood)に対する認識の深化であるとされるが、メノッキオのような「異端」、つまり例外的個人を対象に設定することに批判的な最近の世代は、より日常生活に密着した普通の個人を分析の起点にすえ、またボトムアップの観点から空間的には、越境して移動していく個人の主体に焦点を当てつつある(3)。

こうした最近の歴史学の問題状況を反映した動向のひとつが、本書の主題に掲げたエゴ・ドキュメントをめぐる議論である。それは、「一人称」で書かれた資料を示す歴史用語であり、あえて翻訳をするとすれば、「自己文書」や「私文書」などが試訳としてあてられている。またエゴ・ドキュメントが注目を浴びるにしたがって、派生する歴史理論の開拓も進んでいる。エゴ・ドキュメントを読み解く方法として、史料に照射される「主観性」をめぐる理論、その「主観性」を組み込んだかたちでのマクロな構造分析への視座も提示されようとしている。また他方で、エゴ・ドキュメントをめぐる独特の用語法が発生し、また資料の保存や編纂をめぐる多様なアプローチが生まれている。本書は、こうしたエゴ・ドキュメントを中心とした研究の動向を欧米と日本の歴史学を対象にしつつ検討し、かつ実際にエゴ・ドキュメントを用いて実践することを課題とするものであるが、この序論では研究の全般的な背景を述べることにしよう(4)。

一　用語法――多様なる系譜

本書のタイトルに用いられている「エゴ・ドキュメント」には、別の呼称も存在している。この点については、ペニー・サマーフィールドが的確に整理しているので、それにしたがうことにしよう(5)。すなわち、ライフ・ヒストリー、ライフ・ストーリー、ライフ・ライティング(生活誌)、個人の語り(パーソナル・ナラティヴ)、個人の証言(パーソナル・テスティモニ)、証言(テスティモニオ)などである。これらの用語はすべて、個人の言葉や視点を通じて過去を再構成しようとする研究者によって用いられている。史料形態としては、書簡・手紙、日記、旅行記、回想録、自叙伝、オーラル・ヒストリー、医療検診記録、警察調書、法廷審問、スクラップブック、写真・アルバム、歌、映画、自画像、さらにいえば、落書きまでも含めて考察の対象となっている。これらは、異なる理論や実践の背景から固有の表現を与えられているのであり、それぞれのアプローチは微妙に異なるところがある。以下、敷衍してみよう。

生活史・証言・語り

最初に、「ライフ・ヒストリー」についてみてみよう。この言葉に対しては、一九九〇年代に人類学者などから批判がわき上がってきた。その理由は、ヒストリーという言葉にあるように、含意されるのが事実中心主義的で、時系列的であり、ライフステージによって構造化されているという点にあった。これに対して、「ライフ・ストーリー」という言葉を好んで用いる研究者は、自叙伝の実践がもつ創造的・解釈学的性質に着目している。そこでは、「語り」の内容が真実であることを前提とせずに、その信憑性や信頼性は相対化され、事実をどの程度重要視するかといった問題に変換されている。「ライフ・ライティング」(生活誌)という言葉は、「現実生活」に基盤をおく「構築物」という意味合いで用いられており、「語り」の行為に含まれるフィクショナルな側面を強調して、自叙伝の構築過程への関心が示されている。しかし、この「ライフ・ライティング」には、オーラル・ヒストリーなど非文書的形態を排除するといった問題がはらまれていた。

「個人の証言」(パーソナル・テスティモニ)には、いくつかの系譜がある。イギリスでは自叙伝に代わる史料を表現する言葉として用いられていたが、一九六〇年代の西ドイツやイスラエルでは、ユダヤ人に対するホロコースト裁判で、またアパルトヘイト廃止後の南アフリカ共和国では、人種差別の実態を明るみに出すために設置された「真実と和解のための調査委員会」で、法的根拠となりうる「目撃証言」の正確性が問題となった。これに対して、「個人の語り」

(パーソナル・ナラティヴ)、「生活の語り」(ライフ・ナラティヴ)は、法的証言の妥当性の意味合いは薄く、歴史家や文芸評論家に好まれるものとなった。そこでは、自己の物語行為(ナラティヴ)が、生きられた経験を解釈して意味を与える創造的プロセスとして理解されており、それは、「筋立て」(エンプロットメント)を含み、「想像」と「発明」をともなうものとされている。

「証言」(テスティモニオ)は、社会変革に向けての一歩として個人を社会批判に結びつけるためのものとなる。「証言」(テスティモニオ)は、一九六〇年代のキューバ革命後のラテン・アメリカに起源をもつものであり、抑圧、貧困、投獄、従属性という切実な問題から国民を解放するための運動のコンテクストのなかで政治的役割を与えられている。証言の主体となったものは、コミュニティや集団の名において自己や集合的自己を語ることになる。テスティモニオは、さまざまなジャンルを横断して登場してくることになるが、抵抗の語りの人民民主主義的形態として特別な重要性をもっているというのである(6)。

エゴ・ドキュメント

本書のタイトルにある「エゴ・ドキュメント」(ego-document)という言葉だが、その起源は一九五八年にオランダの歴史家シャーク・プレッサー(Jacques Presser, 1899-1970)が用いたことにあると言われている。プレッサーはドイツ軍占領下の潜伏生活を生き延びたユダヤ人で、若き日にはギムナジウム教師としてアンネ・フランクを教えた経験もあったという。彼は一九五〇年に新設された国立オランダ戦史財団の委員に選出され、ドイツ占領下のユダヤ人の史料の収集にあたり、その過程では数百名におよぶ生存者のインタヴューなども行なった。その成果は、一九六五年に刊行される『風のなかの灰』に結実することになる。プレッサーが主たる史料として用いたエゴ・ドキュメントの定義とは、「利用者が、「私」であるとか、時に(カエサルやヘンリー・アダムズのような)「彼」という表現に直面することになる歴史資料〔三人称の形で自己を語るような文体〕」というものであった[7]。

プレッサーのエゴ・ドキュメント論は、その後は深められずに彼の死とともに沈静化してしまう。一九八〇年代以降エゴ・ドキュメントに再び光を当てることになったのが、同じくオランダの歴史家ルドルフ・デッカーであった。デッカーは、エゴ・ドキュメントのジャンルを具体化し、「自叙伝や回想録、個人的な日記、旅行記」なども含むものとした。この言葉はドイツ語圏にも拡大されていくことになるが、一九九六年にヴィンフリート・シュルツェ(Winfried Schulze)が、拡大された定義を与えることになった。シュルツェによれば、それは「たとえば、個人的な手紙や日記、夢の記録や自叙伝のような自由意志であれ、あるいはまた異なる状況であれ、人間が彼・彼女自身について何ものかを語るあらゆる史料」であるという。シュルツェが「異なる状況」下のものとして想定しているのは、法廷史料などの強いられた自己の証言のことであり、これらもエゴ・ドキュメントに加えられることになった[8]。

もちろん、このドイツ語圏やオランダ語圏で流布する「エゴ・ドキュメント」については、一九世紀に発明された自律した個人という男性的な「エゴ」の意味を帯びているという理由で批判されてきた。たとえば、ヤーコプ・ブルクハルトのルネサンスに関する研究は、「ルネサンス人」という理念の発展を体現するものとしての個人を描き出そうとしており、それは自律した個人の原型とされたのであった。しかし、近年ベルリン自由大学に属するクラウディア・ウルブリヒなどの研究者は、分析の方法論を洗練させて、エゴ・ドキュメントを「自己」の単なる歴史的反映としてみるのではなく、「個人」の歴史的概念構成やその概念化の文化間での差異に注目するようになっている。「エゴ」ないしは「自己」と呼ばれるものは、自律的な個人というよりも人的な結合関係のなかから発生するもので、その主体を「関係論的に構成された個人」と理解しているのである[9]。

このように、それぞれの理論的ならびに実践的な伝統を背負って、用語法は多様な形態をとっている。だが、そこには重なり合う側面も存在している。自己によって語られた内容の正確性に力点をおく潮流がある一方で、他方では自己の形成に関わる語りの創造的側面を強調する傾向も存在するといった具合である。本書で「エゴ・ドキュメント」という言葉を採用した理由は、歴史資料としての事実の正確な伝達ということに留意する一方で、史料に表出される物語行為のもつ構築主義的な側面も重視するという、やや折衷的なものである。また、近年のエゴ・ドキュメント論が、一九世紀の近代的な「自己」を相対化しているということ、またドキュメントという言葉をもって史料論として展開できる点を踏まえ、曖昧ではあるが広範な汎用性をもっていることに注目したからである。

二　個人・自己・主観性

個人と自己

エゴ・ドキュメントは、歴史学のなかではどのように扱われてきたのであろうか[10]。一九世紀の実証史学は、エゴ・ドキュメントを重宝して用いてきた。実証主義史学の原則では、史料の執筆者がその出来事に近い位置にあればあるほど、その記述は信頼に値するとされたからである。だが、エゴ・ドキュメント崇拝に批判的立場を取ったのは、ほかならぬレオポルト・フォン・ランケであったといわれる。ランケは、歴史学の科学化と制度化を進めたことで名高いが、厳密な史料批判の方法を採用したことでも知られている。彼は、フランスの「回想録」のように商業用に刊行された史料の信憑性への疑問を提示していたのである。むしろ、エゴ・ドキュメントへの高い評価は、「観念史」と呼ばれる分野からやってきた。ディルタイによる観念論哲学がそれにあたるが、歴史学では先述のブルクハルトのルネサンス人に関する研究が観念史の事例とされ、その史料として自叙伝などは最適なものとされたのであった[11]。

一九七〇年代になるとエゴ・ドキュメントに対する再評価の機運が現れる。それはアナール派を中心とする心性史への関心からであり、ひろくローレンス・ストーンのいうところの「物語の復権」と結びつけられている。ル＝ロワ

＝ラデュリ『モンタイユー』（原著一九七五年）は、フランス寒村における異端審問記録を用いた農民の記録であるが、広い意味でのエゴ・ドキュメントを利用した作品であった[12]。そして何よりも、ミクロストリアの潮流が決定的となる。カルロ・ギンズブルグ『チーズとうじ虫』（原著一九七六年）は、異端審問調書から漏れ聞こえてくる声を「逆なでに読み」取ることで、粉挽き屋メノッキオの世界観を再構築している[13]。またイギリスの「下からの社会史」では、エゴ・ドキュメントという言葉は用いられていないが、労働者階級の自叙伝を用いた良質の研究が生み出された[14]。そこではエゴ・ドキュメント研究の潮流の前史として位置づけることができよう。

一九八〇年代以降、グローバルなかたちで支配的となった新自由主義のもとで跋扈する個人主義に、現在の個人史に対する関心の原因を求める見解も存在する。しかし、個人への関心を向けてきた歴史家の多くは、新自由主義の自己責任論とは異なり、むしろ民主主義や多様性といった言語を好んで用いる傾向にある。個人への関心はまた、ポストモダンないしはポスト構造主義による歴史学の文化論的転回とも密接に関連している。デリダやフーコーのポスト構造主義は言語や象徴などのもつ規定性・拘束性を強調してきたが、これに対してフェミニズムやポストコロニアリズムに刺激された「主体の復権」ともいえる現象が発生している。そこでは、「主体」概念が再検討されるなかで、「自己」や「主観性」についての再定義が進められている。

主観性

「主体」への注目によって中心的概念として浮上してきているのが、「経験」と「実践」である。「経験」は、象徴や言語といった記号体系の反映や効果に過ぎないのではなく、むしろ意味を積極的に創出する過程として、また日常生活の「実践」を通じて世界が構造化・秩序化される過程としてとらえられる[15]。また、この「経験」は、物語行為との関連で解釈されている。第一に、語り（ナラティヴ）という行為が「自己」を構築する能動的な契機として認識され、第二に、その「自己」が構築される過程において、動機、意味、感情や記憶などの「主観性」を見いだそうとする関心の増大から、精神分析学的アプローチが活用されるようになっている。この点で、エゴ・ドキュメントは、語り手の視点から外側の世界をみる手段であり、記憶・感情・欲望・知識・意味などの主観性を考察しうるという利点をもつ。個人という主体の構築において、背後に複雑な社会的・歴史的過程が存在することを明らかにしてくれるのである。(16)

精神分析学的アプローチによる自己の再検討とは、どのようなものなのであろうか。ジェンダー史を例として考えてみることにする。ジョーン・スコットは、ポスト構造主義的アプローチをジェンダー史に持ち込んだ最初の研究者であったが、言語や言説によって決定されるものとして自己を規定した。これに対して、近年のジェンダー史家たちは、スコットのようにジェンダーの理論から生きられた経験の観念を排除することは、主観性の分析を不可能にしていると主張する。欲求や身体などの物質的なものが主観性を規定するということ、また言説の利用とその心理的効果を区別することを主張する歴史家が登場してきているのである。そうした研究は、精神分析学に深く依拠しながら、歴史学に対する自伝的なアプローチを採用するものであり、そこでの主観性は心理的な状態と関連している。(17)

歴史学における精神分析学的アプローチは、決して新しいものではない。古くは、「時代精神」を分析するものとして、社会史や文化史のなかでも用いられてきた。しかし、個人の心理から主観性を考察することは、歴史学の新しい方向性を示している。その主観性を復元するものとして、オーラル・ヒストリーや自伝的なアプローチが採用されている。このアプローチは、かつての女性史や民衆史のように、歴史のなかで無視されてきた人びとの声を「復元」する試みである。それは、集団として権力や文化の中心から排除されてきた人びとを復権させる試みのように、抑圧されてきた諸個人の内部での「内なる声」を回復して、内的葛藤や矛盾を復元するものとなる。その際、内なる声を構成する個人の記憶や感情といったものが、人びとのアイデンティティの構築にいかなる影響を与えたのか、この主体内部の相互作用を明らかにするために、エゴ・ドキュメントが利用されているのである(18)。

主観性をめぐる歴史研究は、記憶や情動の研究と結合しながら進展してきた。記憶研究はいくつかの段階をへて発展してきており、初期の段階は主として集合的記憶の記号論的・意味論的分析がおこなわれ、ついでその記憶が構築される過程が分析されてきた。現在は、集合的記憶が受容され、個人の記憶と矛盾や軋轢が生じ、調整されていく過程が注目され、分析されるようになっている。ドイツ語圏の文化史研究でいわれるところの「想起の文化」は、この第三段階にあたり、日常的実践と記憶の結びつきに注目しながら進展している。他方で、情動の歴史はいくつかの資料群によって構成されており、情動や感情にも歴史が存在することを主張している。ひとつは、感情のレジームとでもいうべき長期的持続をともなう文化的・社会的規範を表出するもの（小説や便覧、儀礼の典礼やドレスコードなど）、もうひとつは、情動を産み出す回路となるメディア（博物館、ラジオ、テレビ、写真など）であり、これに続くのが、情動が特定の歴史的コンテクストで個人化される局面の分析である。エゴ・ドキュメントは、この情動の個人化の局面を分析するうえで貴重な情報を提供してくれるのである(19)。

三　アーカイヴ

保存と編纂

次にエゴ・ドキュメントを史料論の側面から考察してみよう。アマチュアであれ、専門職の歴史家であれ、あらゆる歴史研究の出発点となるのは、史料の保存状態である。一九七〇年代以降に歴史研究において「個人」に対する注目が集まるにつれて、文書館が獲得する史料の形態も多様化してきた。アカデミズムや大衆レベルでの「下からの歴史」、家族の歴史、あるいは自己の歴史への関心の高まりによって、たとえば、イギリスの州立文書館では、公式文書や著名な政治家や人物の関連資料に加えて、庶民の歴史に関連した史料を収集するようになってきた。そこには、エゴ・ドキュメントとしての日記、書簡、回想録、オーラル・ヒストリー、写真、映画、ビデオに関する史料が含まれている[20]。

こうした資料収集のあり方は、文書館におけるエゴ・ドキュメントの非体系的な性格にも表出されている。すべての史料が必ずしもカタログに収録されているわけではないこと、曖昧な性格をもつ手稿史料が未整理なままであること、何年にもわたって収録に関する方針が一貫していないこと、これらの諸問題が貴重な資料の保存を困難にし、過去の史料の理由もない破棄を引き起こしている。また史料の不均等性も存在する。たとえば、フェミニストの研究者たちは、とりわけ社会的に下層に属する女性の史料が欠落していることを嘆いている。歴史家にはよく取り上げられる一七世紀後半フランスのセヴィニエ夫人の書簡などは、きわめて希な事例であるといわれる。だが、各国では、収納空間の不足や財政基盤の脆弱性によって史料収集が制約されているにもかかわらず、大衆レベルでの歴史資料を保存しようという欲求は強固なものとなってきているという[21]。

史料編纂の点では、オランダの例が参考になろう。エラスムス・ロッテルダム大学にある「エゴ・ドキュメントと歴史」研究センターの歴史家ルドルフ・デッカーやアリアンネ・バガーマンは、オランダの古文書館、博物館、図書館に残されていた、一五〇〇年から一九一八年にいたる自叙伝、回想録、日記、旅行記などのジャンルの手稿史料ならびに印刷資料に関する目録を作成した。この史料編纂事業とは別に、「時間の統制、自己の成形」という研究プロジェクトを組織、またエゴ・ドキュメントをめぐる国際的な研究集会の開催や共同研究を推進するなど、いまやヨーロッパのエゴ・ドキュメント研究の中心に位置している[22]。スイスでは、バーゼル大学に基盤をおく研究者グループが、オランダの例にならってデジタル技術を用いて体系的な文献整理(データベース化)をおこなってきている。

デジタルとパブリック

デジタル時代においては、個人の証言の史料がインターネットを用いた方法によって活用されるようになっている。このことは、事実としての「目撃証言」に対して、物語行為(ナラティヴ)のもつ解釈学的ならびに主観的性質のもつ重要性が認識されるようになってきたことを示している。たとえば、イギリスでは、二〇〇三年に第二次世界大戦の記憶と写真から構成されるオンライン史料であるBBCの「人民の戦争」ウェブサイトが開設された。BBCが第二次世界大戦の戦争体験に関する「客観的な報告」ではなく個人の「主観的な解釈」を募集すると告知したところ、視聴者の熱狂がわき起こり、大規模な一人称の記憶の語りと写真が集積されて、いまやオンラインでそれを瞬時に検索して閲覧することが可能となっている。(23) オンライン史料検索は、家族史のウェブサイトなどでも実践されており、今後の歴史学の可能性を示してくれている。

こうしたエゴ・ドキュメントの史料収集や編纂の過程は、パブリック・ヒストリーのひとつの実践と見なすこともできよう。イギリスでは、「歴史の仕事場《ヒストリー・ワークショップ》」運動のなかでの労働者階級の自叙伝を用いた研究の蓄積があり、オーラル・ヒストリーを用いた民衆史研究の長い伝統があるが、運動のなかで蓄積された史料が公文書館や大学図書館に移行しつつある。同じようなエゴ・ドキュメントの創出や収集の活動は、一九七〇年代からポスト社会主義の時代にいたるロシアでもみられたものであり、世界的な現象といえるだろう。またデジタルな史料は、歴史博物館や史跡の展示のかたちを変えているといわれる。仮想現実のようなマルチメディアの装置や技術の発達は、専門職の歴史家たちにとっても、それらを無視することは不可能になってきているし、歴史家たちは集合的な記憶のプロジェクトに関与するようになっている。前述の「人民の戦争」ウェブサイトもそのひとつであるし、各地のホロコースト博物館でも犠牲者たちのエゴ・ドキュメントを活用するようになっている。(24)

エゴ・ドキュメントに関わる史料の蓄積は、今後の研究の可能性を広げている。エゴ・ドキュメントが大量に蓄積され、計量的分析を可能としている領域もある。たとえば、産業革命期イギリスの自叙伝を計量的に分析したジェーン・ハンフリーズのように、労働者階級の自叙伝の情報から児童労働の実態を明らかにしようとする研究が見られる。[25]他方で、キャロライン・スティードマンは、「一握りの砂のなかに世界を発見すること、そして家計簿に記録された商人からの購入記録によって社会システム全体を再構成すること」の喜びについて語っている。史料の希少性は、逆に歴史家のイマジネーションを刺激することになるのだという。彼女にしたがえば、史料が過剰に存在することは、想像力を台無しにしてしまい、逆に限定された史料は、魅力的なものとなりうる。断片化された史料をコンテクストに位置づけ、そして史料の欠落を想像力によって補っていく解釈の実践、これこそが歴史家のもちうる可能性なのだというのである。[26]

四　本書の構成

本書は、科学研究費補助金・基盤研究Ｂ「エゴ・ドキュメントの比較史研究」を母胎とする共同研究に基礎をおいている。二〇一七年度日本西洋史学会大会のシンポジウムでは、中世・近世から現代にいたるヨーロッパ内外で執筆されたエゴ・ドキュメントの分析の実践例を提示して、その歴史研究における射程を明らかにした。本書は、このシンポジウムでの報告内容を中心とし、日本の近世・近代史研究者からの二本の寄稿論文、さらにイギリスの気鋭の研究者の論考の翻訳を加えている。

「エゴ」は歴史的に規定された外的条件があって初めて「ドキュメント」となりうる。こうした境界領域を、中世末期イタリアにおける女性の俗語リテラシーの表出にみる第1章（大黒俊二）は、魔女裁判を例にとって論じる。裁判での審問記録を通じて、嫌疑をかけられた女性が魔女であることを否定する段階から、「告白」の書を通じて積極的に肯定してくことに転じる「謎」が解き明かされていく。その過程でおこなわれた資料の改竄や修正は、エゴ・ドキュメントの生産をめぐる政治的力学を明らかにする。史料を「逆なでに読み」、そこに複数の声＝「ポリフォニー」を発見していく解釈は、推理小説のように進められる。

第2章（安村直己）では、スペイン領アメリカ植民地におけるエゴ・ドキュメントの生産と活用の過程と、現代歴史学における新たな動向とを、実例に即しつつ検討していく。ポルトガル、スペインによる大西洋への進出とそれに続くアメリカ大陸の征服、植民地化は、エゴ・ドキュメントの爆発的な拡大をもたらすことになった。一九世紀後半から制度化が進展したスペイン領アメリカ植民地史研究は、ラス・カサスらのエゴ・ドキュメントでもあるクロニカの内容を批判的に検討することから出発し、公文書の発掘、整理、さらなるエゴ・ドキュメントの発掘と新たな活用法の開発へと展開し、現在の歴史研究にいたっている。

第3章（若尾政希）は、『陽広公偉訓』、『河内屋可正旧記』、『本佐録』、『東照宮御遺訓』などの個人の自己形成にかかわるテクストを事例として、日本近世のさまざまな自己語り（エゴ・ドキュメント）において、テクストの作者が自己をどのように位置づけているのかということを論じている。そして、そうした自己語りの史料を、どのように読み解き、歴史を叙述してきたのかについてのアプローチ上の変遷についても言及して、近年エゴ・ヒストリーと呼ばれる歴史家自身の自己語りをうちに含む、新たな歴史実践のあり方を提示している。

第4章（長谷川まゆ帆）は、エゴ・ドキュメントをめぐる考察をオーラルとエクリの相互の関係の中で問い直し、個人の感情世界が公共空間に地歩を築いていこうとする際のひとつの道筋として、一八世紀に可能になっていく活字文化とりわけ書簡体小説において、女性の書き手のもちえた自己表出の可能性を探る。一八世紀の作家グラフィニ夫人の作品や書簡が分析の中心にあるが、「語り」のプロット選択には、メノッキオと同様、個人の経験や思想・文化の知的資源が背景に存在すること、また「書くこと」を通じて既存のテンプレートをはみ出す自家薬籠中の物語が生み出され、因習的な規範や自明性がゆさぶられていく可能性を指摘している。

第5章(キャロライン・スティードマン)は、一九世紀初頭イングランドに生きた無名の労働者の日記のなかに記録されていた「法律家の手紙」に注目し、すでにテンプレート化された訴訟代理人という一種の「代筆業者」による書簡のもつ民衆世界での機能を明らかにしていく。そこからは、民衆世界への法文化の浸透、のちにラダイト運動のなかに噴出されてくる民衆の威嚇の文化の底流となるものが析出される。日記と手紙という複雑に構成されたエゴ・ドキュメントの存在形態、またデリダを含む現代の書簡理論を批判的に検討・分析した論考として、投げかけられるメッセージの射程は広く深い。

第6章(横山百合子)は、遊女の書いた日記から、遊女にとって書くことがどのような意味を持ったのかを検討する。幕末期に発生した新吉原遊廓の遊女による集団放火事件をめぐって、遊女の「日記」などの諸史料から彼女たちの自己を取り巻く世界への認識と自己形成の過程を析出していく。そこでは、話し言葉が多用され、女文字とされる「かな」が、音を拾うだけで文章が書けるという特徴をもっていることから、率直な内面の表出に適合的であることに注目する。文章を書くという作業は、経験の堆積を無意識のうちに対自化していく作用をもち、反芻と「記憶の内面化」を通して、自己形成の力を生み出すが、それは底辺かつ女性であるという二重の周縁性を帯びた遊女たちにおいて、よりプリミティブな形で表出されると考えられるとする。

第7章(小野寺拓也)が扱うのは、第二次大戦末期における「噂」である。第二次大戦末期のドイツも、戦局が悪化し、体制のプロパガンダは現状からますます乖離していくなかで、人々はその空隙を埋めるために噂に大きく依存するようになっていったが、第二次大戦末期に形成されていった、体制から半ば自律した「非公式の世論市場」がどのようなものであったのかを、国防軍民情報告書、国防軍宣伝課(一九四四年一〇月からは国防軍最高司令部直属の国民社会主義指導本部)が週二回発行していた機関誌「部隊のためのニュース」紙、そして野戦郵便や日記といったエゴ・ドキュメントの三つの史料群から明らかにする。

第8章(松井康浩)は、ポスト・ソ連期ロシアにおけるエゴ・ドキュメント研究の隆盛に注目し、エゴ・ドキュメントが「普通の人」の生きられた世界を描き出すことを可能にしている点に着目する。とりわけ、後期ソ連に広がった「自分史」現象や、「大祖国戦争」の時期に前線と銃後の間で交わされた手紙を収集する活動などをとりあげ、それらが愛国主義ならびに愛国心の涵養という役割を担いながらもソ連末期に生じた「市民社会」化の表出であり、エゴ・ドキュメントが諸個人の主体を立ち上げる歴史実践であったことを強調する。それは、イギリスを含んだ広範な旧西側諸国と共通の現象でもあったのである。

おわりに

歴史研究のなかでのエゴ・ドキュメントは、毀誉褒貶にさらされてきた。現在は、いくつかのブームのひとつを構成している。その背景には、「大きな物語」が解体したあとの個別性への注目、あるいは集団にかかわる個人への注目があるが、これはミクロストリアによる逸脱した個人への注目とは異なっている。あくまでも普通の個人の日常生活を対象としながら、その主観性のレベルまで降り立って分析を試みている。他方で、ポストモダンないしはポスト構造主義によって消去されてきた主体を復権させようとする歴史家たちのなかには、精神分析学的アプローチが浸透しつつあり、主観性の分析においては記憶や情動に対しても関心が寄せられている。そうした分析はエゴ・ドキュメントの読解を通じてアプローチされているのであり、エゴ・ドキュメントをめぐる議論は現代歴史学の方法的革新の起点となっているといえよう。本書は、エゴ・ドキュメントを中心とした歴史研究の動向を踏まえつつ、寄稿者それぞれの対象とする国・地域(イギリス・フランス・ドイツ・イタリア・ロシア・スペイン・日本)における研究方法・史料保存の状況を概観しながら、現地調査をともなう具体的な史料分析によって、エゴ・ドキュメント研究の実践をおこなっている。それぞれが各章で示した歴史実践を堪能していただければ幸いである。

（1） Carlo Ginzburg, *Il filo e le tracce : vero falso finto*, Milano: Feltrinelli, c. 2006.［カルロ・ギンズブルグ『糸と痕跡』上村忠男訳、みすず書房、二〇〇八年、一六四頁］
（2） 'AHR Forum: Historiographic "Turns" in Critical Perspective', *American Historical Review*, Vol. 117, No. 3, June 2012.
（3） Nathan Perl-Rosenthal, "Comment: Generational Turns", *American Historical Review*, Vol. 117, No. 3, June 2012.
（4） 筆者はこれまでエゴ・ドキュメントに関しての論考を発表しており、本章はそれらに基づきつつも、いくつかの論点を付け加えている。たとえば、「エゴ・ドキュメント論――欧米の歴史学における新潮流」『歴史評論』七七七号、二〇一五年、「エゴ・ドキュメントという方法」歴史学研究会編『第4次　現代歴史学の成果と課題3　歴史実践の現在』績文堂出版、二〇一七年などを参照。
（5） Penny Summerfield, *Histories of the Self: Personal Narrative and Historical Practice*, London, 2018, pp. 4-6.
（6） John Beverley, "The Margin at the Center: On Testimonio（Testimonial Narrative）", MFS *Modern Fiction Studies*, Vol. 35, No. 1, Spring 1989, pp. 11-28.
（7） Rudolf Dekker, "Jacques Presser's Heritage: Egodocuments in the Study of History", *Memoria y Civilización*, 5, 2002, pp. 13-14 ; Dekker, "Introduction", do（ed.）, *Egodocuments and History: Autobiographical Writing in its Social Context since the Middle Ages*, Rotterdam, Hilversum: Verloren, 2002, pp. 7-20 ; Kaspar von Greyerz, "Ego-Documents: The Last Word?", *German History*, Vol. 28, No. 3, 2010, p. 277; Arianne Baggerman and Rudolf Dekker, "Jacques Presser, Egodocuments and the Personal Turn in Historiography", *European Journal of Life Writing*, Vol. VII, CP90-CP110, 2018.
（8） Kaspar von Greyerz, "Ego-Documents: The Last Word?", *op. cit.*, pp. 277-280.
（9） ベルリン自由大学のプロジェクトについては、以下を参照。"Self-Narratives in Transcultural Perspective"（http://www.geschkult.fu-berlin.de/en/e/fg530/forschergruppe）. Mary Fulbrook and Ulinka Rublack, "In Relation: The 'Social

Self' and Ego-Documents", *German History*, Vol. 28, No. 3, 2010, pp. 263–272.

(10) Arianne Baggerman, Rudolf Dekker and Michael Mascuch, "Egodocuments and History: A Short Account of the Longue Durée", *Historian*, 78, 2016, pp. 11–56.

(11) Rudolf Dekker, "Jacques Presser's Heritage: Egodocuments in the Study of History", *op. cit.*, pp. 22–28.

(12) Emmanuel Le Roy Ladurie, *Montaillou : village occitan de 1294 à 1324*, Paris : Gallimard, 1975.〔エマニュエル・ル・ロワ・ラデュリ『モンタイユー――ピレネーの村 1294〜1324』上・下、井上幸治ほか訳、刀水書房、一九九〇―九一年〕

(13) Carlo Ginzburg, *Il formaggio e i vermi : il cosmo di un mugnaio del '500*, G. Einaudi, c. 1976.〔カルロ・ギンズブルグ『チーズとうじ虫――一六世紀の一粉挽屋の世界像』杉山光信訳、みすず書房、一九八四年〕

(14) 代表的作品は、David Vincent, *Bread, knowledge and freedom : a study of nineteenth-century working class autobiography*, London : Methuen, 1981.〔デイヴィッド・ヴィンセント『パンと知識と解放と――一九世紀イギリス労働者階級の自叙伝を読む』川北稔・松浦京子訳、岩波書店、一九九一年〕

(15) Gabriel Spiegel, "Introduction", in do (ed.), *Practicing History: New Direction in Historical Writing after the Linguistic Turn*, London: Routledge, 2005, pp. 18–22.

(16) Mary Jo Maynes, Jennifer L. Pierce and Barbara Laslett (eds.), *Telling Stories: The Use of Personal Narratives in the Social Sciences and History*, Cornell: Cornell University Press, 2008, chap. 1.

(17) Joan Wallach Scott, "Gender: A Useful Category of Historical Analysis," in *Gender and the Politics of History*, revised edition, New York: Columbia University Press, 1999, pp. 28–50.〔ジョーン・W・スコット「ジェンダー――歴史分析の有効なカテゴリーとして」『ジェンダーと歴史学』増補新版、荻野美穂訳、平凡社ライブラリー、二〇〇四年、七二―一一八頁〕; Michael Roper, "Slipping Out of View: Subjectivity and Emotion in Gender History", *History Workshop Journal* 59, 2005, pp. 57–72.

(18) Sally Alexander and Barbara Taylor (eds.), *History and Psyche: Culture, Psychoanalysis, and the Past*, London: Palgrave Macmillan, 2012. また、ソニア・O・ローズ『ジェンダー史とは何か』長谷川貴彦・兼子歩訳、法政大学出版局、二〇一七年、第6章も参照。

(19) 拙稿「エゴ・ドキュメントという方法」前掲。感情史に関しては、森田直子「感情史を考える」『史学雑誌』一二五巻三号、二〇一六年。
(20) Penny Summerfield, *Histories of the Self: Personal Narrative and Historical Practice*, London, 2018, p. 12.
(21) *Ibid*., pp. 12-13.
(22) Rudolf Dekker, "Egodocuments in the Netherland from Sixteenth Century to the Nineteenth Century", Erin Griffey (ed.), *Envisioning Self and Status: Self-representation in the Low Countries 1400-1700*, Hull: ALCS, 2000, pp. 255-285 ;「エゴ・ドキュメントと歴史」研究センターのウェブサイトは、以下を参照。http://www.egodocument.net/egodocument. それらの成果は、ブリル出版社から叢書として刊行されており、エゴ・ドキュメントの体系的な研究成果として参照されている。
(23) BBC, People's War : An Archive of World War Two Memories written by the public (http://www.bbc.co.uk/history/ww2peopleswar/).
(24) James B. Gardner, *The Oxford Handbook of Public History*, Oxford: Oxford University Press, 2017. 日本語では、剣持久木編『越境する歴史認識』岩波書店、二〇一八年、菅豊・北條勝貴編『パブリック・ヒストリー入門』勉誠出版、二〇一九年、リン・ハント『なぜ歴史を学ぶのか』長谷川貴彦訳、岩波書店、二〇一九年、第一章など。
(25) Jane Humphries, *Childhood and Child Labour in the British Industrial Revolution*, Cambridge: Cambridge University Press, 2010.
(26) Carolyn Steedman, *Master and Servant: Love and Labour in the English Industrial Age*, Cambridge: Cambridge University Press, 2007, p. 8.

第1章　浮動するエゴ、もう一つのエゴ、創られるエゴ
——魔女ベレッツァ・オルシーニの審問記録と手記(一五二八年)より

大黒俊二

はじめに——ドキュメントはエゴを表現するか?

「エゴ・ドキュメント」という概念は一見平易で明快な概念のようにみえる。それは、本書の序章で長谷川貴彦が述べるように、一人称で語られた記録を総称し、そこに現れるエゴ＝個人の語りをとおして主体の形成や変容、また主体と社会とのかかわりが見えてくるようなドキュメントである。とはいえ、この概念を構成する「エゴ」と「ドキュメント」という二つの語、そして両者の関係に注目してみると、ことはそれほど単純ではないように思われる。ただちに思い浮かぶ疑問は、エゴ・ドキュメントは一人称で書かれているとはいえ、そこに一人称で現れるエゴは本当のエゴか、という問題である。言い換えれば、ドキュメントに姿を見せるエゴはそれを書いたエゴと同一とみなしうるのだろうか、エゴ・ドキュメントは、それを書いた人物の「真のエゴ」——そうしたものがあると仮定した上でのことだが——の表現なのか、という問題である。さらに言い換えれば、ドキュメントは「真のエゴ」を歪曲してはいないか、偽ってはいないか、いやむしろ「書く」＝ドキュメント化する行為自体がエゴを作り出すのではないか、とも考えられる。「エゴ」と「ドキュメント」の関係は見かけほど単純ではないというのはこうした意味である。

加えて、ドキュメントの筆者たるエゴが現存者である現代史の場合と、当該人物のエゴを知るためにエゴ・ドキュ

メントしか残されていない遠い過去の場合では、エゴ・ドキュメントがもつ意味は大きく異なってくる。前者の場合、我々はエゴ・ドキュメントとともに当人の語り、表情、行動などを観察して当人のエゴを探ることができるが、エゴ・ドキュメントが唯一の手がかりである後者の場合、こうした総合的判断は不可能である。エゴ・ドキュメントのみをとおしてエゴを知ろうとする試みは、こうしてどこか危うさを免れないところがある。

以上のような疑問は抽象的・一般的に提起されうるが、筆者の場合、こうした疑問はむしろ以下で取り上げるエゴ・ドキュメントを読み進める過程でおのずから湧き上がってきたものである。一六世紀初頭、ローマ北部の一小都市で行われた魔女裁判の記録と被告の魔女が自筆で認《したた》めた「告白」は、エゴ・ドキュメントと呼ぶにふさわしい条件を備えている。しかし、そこに一人称で現れるエゴは浮動して捉えがたく、エゴの浮動と書く行為が連動し、一つのエゴが外圧によりまた自発的に変容して「もう一つのエゴ(alter ego)」となる様相を呈しており、こうしてこれらの記録はドキュメントをとおしてエゴに迫ろうとする試みに再考を迫るものとなっている。以下ではエゴの浮動と変容、「もう一つのエゴ」の生成、「もう一つのエゴ」の第三者による恣意的な歪曲に焦点を合わせながらこれらの記録を読み解いてみたい。その試みはまた、一人の女性が魔女に仕立て上げられるプロセス、すなわち「魔女の作られ方」[1]の解明にもなるだろう。

一 「魔女」ベレッツァ・オルシーニ――審問と前歴

一五二八年のおそらく五月、ローマ北部に位置する小都市フィアーノ(現フィアーノ・ロマーノ)でベレッツァ・オルシーニ(Bellezza Orsini)という女性が魔女の嫌疑で告発され異端審問(魔女裁判)[2]にかけられた。拷問をともなう審問の過程でベレッツァは自身が魔女であることを告白し、魔女として行った悪行やサバト(魔女の夜宴)での行為を語る一方、そうした行為の詳細をみずから「告白(Confessione)」[3]と題された手記に書き記した。その直後彼女は獄中で自殺し審問はそこで打ち切られた。以上がここで取り上げる魔女事件の概要である。事件の経過は審問記録と「告白」から、かなりの細部にいたるまで再構成することができる。以下、もう少し詳しく経過をたどってみよう。

ことの発端はベレッツァと同じ町フィラッチャーノ(フィアーノの近隣都市)に住む女性サベッタが、自身の息子カミッロをベレッツァの魔術によって殺害されたとして、この地域の支配者に訴えたことであった。審問におけるサベッタの証言によれば、一五二八年の復活祭、彼女とベレッツァおよび他の数名の女性たちが復活祭の赦しを得るためにローマ巡礼に行った折、ある橋の上でベレッツァがカミッロに下馬を手伝わせ、そのとき彼の手に触れて魔術をかけたという。カミッロはその直後病を得て寝込み数日後に死亡した。死の直前まで彼は病の原因はベレッツァだと言い続けていたという。

サベッタの告発を受け取ったこの地域の支配者ピティリアーノ伯ルドヴィコ・オルシーニは、代官マルコ・カリスト・ダ・トーディを審問官に命じ、ここにベレッツァを被告とする異端審問が開始された。審問はフィアーノの城において、一五二八年の五月から六月にかけて行われたと推定され[4]、六名の証人喚問とベレッツァに対する七回の審問からなり、審問記録ではその間に書記による状況説明がはさまれている(**表1**参照)。書記はルカントニオ・ダ・スポレートと称する公証人で

表1　審問記録の構成

証人 A サベッタ(Sabetta)
証人 B(Cecco Perne)
証人 C(Prete Egidio)
書記による状況説明 1
ベレッツァ，第一審問
ベレッツァ，第二審問
書記による状況説明 2
証人 D(Giovanni Antonio)
証人 E(Giovanni Pietro)
証人 F(Giuliano Malchioris)
ベレッツァ，第三審問
ベレッツァ，第四審問
ベレッツァ，第五審問
ベレッツァ，第六審問
ベレッツァ，第七審問(=「告白」の転写)
書記による状況説明 3

- 審問官による質問および「書記による状況説明」はラテン語，証人と被告の供述は俗語.
- 審問時期：1528 年 5 〜 6 月（推定).

ある。審問記録では、審問官マルコの質問(と書記の状況説明)はラテン語で要約筆記されているのに対し、証人やベレッツァの供述は彼らが語ったとおりの俗語でほとんど逐語的に記されている。

審問記録に見られるベレッツァのエゴの揺れ動きと変容は次節以下で取り上げることにして、ここではこの審問記録の特異な性格にふれておかなければならない。特異な性格とは、審問記録における第七審問(表1参照)は、実際に行われた審問の記録ではなく、ベレッツァが獄中で記した「告白」の書記による転写、それも大幅な加筆・削除・修正を経た転写であるという点である。ところが書記ルカントニオは——この点も後述するが——転写の痕跡を巧妙に隠蔽し、あたかも七回目の審問の記録のように見せかけている。事実、一八八三年にA・ベルトロッティがこの審問記録を発見して一部を公刊して以来[(5)]、一九八八年にP・トリフォーネが審問記録の裏表紙内側に挟み込まれていた小冊子つまり「告白」の存在に気づくまでの間、この審問記録を調査した研究者の誰も第七審問が他のテクストからの転写であることに気づかなかった[(6)]。書記はそれほど巧みに転写の跡を消し去っていたのである。「告白」の発見者トリフォーネは、「告白」原文と書記による転写を並記したテクストを公刊し[(7)]、これによって書記は転写にあたってベレッツァの原文に大幅に手を入れていた事実が明らかになった。この点も、後述するように、ベレッツァのエゴを探る上で重要な意味をもつことになる。こうした研究史を前提に今世紀に入ってM・ディ・シーヴォが包括的研究を発表し[(8)]、これによってこの魔女事件の全容はほぼ明らかになった。

審問期間中のベレッツァに戻ると、この間彼女は一度脱走を試みて失敗し、二度自殺を試みて未遂に終わった後、「告白」執筆後まもない時期に喉を釘で突いて自死してしまった。こうして審問は結論を見ることなく終了した。

審問の経過は以上のとおりだが、審問記録と「告白」からはベレッツァの生い立ちや、魔女として告発されるまでの民間治療師・妖術師としての前歴もある程度明らかになる。「告白」冒頭で彼女は自身の正式名をBellezze de Agnelo Ursini de Collevecio、すなわち「ベレッツェ、(父)アニェロ・ウルシーニの子、コッレヴェチオ出身[(9)]」と記している。[10] オルシーニ（ウルシーニ）という家名はこの地域では特別の意味を有している。オルシーニ家は、対立するコロンナ家とともに、当時ローマの内外で強大な勢力を誇った豪族《バローネ》の家系なのである。父称アンジェロ（アニェロ）を手がかりにこの家系とベレッツァの関係を調査したM・ディ・シーヴォによれば、彼女はオルシーニ家の一分家の当主アンジェロの私生児であったようで、その関係でオルシーニの姓を名乗っていたらしい。[11] またディ・シーヴォは、彼女の生年を一四七〇年代後半と推測しており、とすると一五二八年の審問当時は五〇歳前後であったことになる。[12] 彼女はオルシーニ家の血を引くゆえこの家とのつながりは深かったが、私生児という境遇のため地位は低く、オルシーニ家の料理番をしたり一家のお供でザラ（アドリア海東岸の都市）まで旅をしたりしている。審問において彼女はこの家で自分は「こき使われた（gravata）」と述べている。[13]

さて彼女は一五二八年に魔女として告発される以前から、周囲の人々の間では魔女、それどころか「魔女の師（strea mastra）」[14]、「魔術の母（matre della strearia）」[15] とみなされていたことを複数の証人が証言している。ベレッツァはすでに長く「公のうわさ（publica fama）」[16] では魔女であった。そうした魔女的行為が度を越して危険とみなされた結果、一五二八年以前にも数回、居住地フィラッチャーノから追放されまた投獄されてもいる。彼女自身、審問当初は魔女であることを強く否定しながらも、これまでさまざまな術を用いて人を病にし、また病を治し、男女を結びつけたり離したりなどの行為を行ってきたことは認めている。こうした治療師・妖術師としての活動を彼女は、「フランス人がやって来た」[17] 頃つまりシャルル八世のイタリア侵入（一四九四年）頃に始め、そうした秘術を彼女はオルシーニ家に仕えていた時期、ルチーアという魔女から学んだと供述している。とすると、一五二八年に告発されるまでに彼女の治療師・妖術師としての前歴は三〇年以上に及んでいたことになる。要するにベレッツァも周囲の者も、告発以前から彼女が特異な術を行使する治療師・妖術師であることを認めていたのである。きっかけさえあれば彼女が魔女として告発される条件はそろっていたというべきだろう。

もう一点ベレッツァについて注目すべきは、彼女が読み書きができたという事実である(もちろん当時の俗語でだが)。これは当時の民衆層の女性においては普通のことではない。「書き」の方は自筆の「告白」がこれを証している。「読み」については、審問において彼女は何度も自分が所有している「本」に言及している。「一八〇枚の紙」からなり「世界の秘密がすべて書かれた」[18]この本は彼女が行う秘術の一つの源泉であり、また自身の経験をこの「本」に記入して行き、その結果この「本」は次第にふくらんで彼女独自の「大本(livrone)」[19]に変貌したと語っている。ベレッツァの妖術が声と経験だけでなく文字と読書にも由来している事実は、同時代の他の魔女から彼女を区別する重要な指標である。

審問の経過とベレッツァの前歴は以上のとおりである。これらを前提に次節以下で審問記録と「告白」に見られるエゴの動きをたどってみることにしたい。

二　浮動するエゴ——審問記録

すでに述べたとおり審問記録においてベレッツァのエゴはたえず浮動しているが、全体をとおしてみるとこの浮動には二つの大きな転回点がある。それを**表1**で示せばベレッツァの第四審問と「告白」である。第三審問までのベレッツァは、魔女としていかなる悪事を行ったかという審問官の問いに対して、かつて悪事を犯したことを否定するかと思えば肯定して揺れ動くものの、自身が魔女であることはけっして認めなかった。それが第四審問において拷問にかけられるに及んで、ついに自分が魔女であることを認める。これが第一の転回点である。その後の「告白」においては自身が魔女であると公言するだけでなく、魔女仲間の構成、魔女の術の師資相承の方法、秘薬の製法と使用法などを自信に満ちた口調で語っており、ここにはみずからを魔女と確信した女の姿を見てとることができる。これが第二の転回点である。こうした揺れ動きから肯定へ、肯定から確信への流れを審問記録にそって見ていくことにしよう。

第一審問の冒頭でベレッツァは「私はよいことだけをしてきました。悪事は一切していません[20]」と明確に悪事を否定している。ところが「よいこと」として花油(olio fiorito)を用いてさまざまな病を治療した例を挙げた後、突如フランシスコ会に入って修道女となったことにふれ、「修道衣を着るまで私はどんなに多くの悪事を行ったことでしょう」と過去の悪事を認める供述をしている[21]。また「私はよいことも悪いこともどんなにたくさんしてきたことでしょう」と揺れ動き、それでも修道衣を着てからは一切悪事は行っていないと主張して審問官に赦しを求めている[22]。第二審問では魔女として告発される原因となったカミッロ殺害についても明確に関与を否定し、再び次のように魔女と呼ばれることを拒否している[23](以下、ラテン語で記されている審問官の問いと書記の補足説明は片仮名で、ベレッツァの俗語による供述は平仮名で訳出してある)。

治療、施療、魔術(strearie)、魔法(factucchiarie)ニヨリ悪事ヲ働イタカ、コレラニヨリ誰カヲ殺害シタカ、アルイハ誰カニ殺人ヲ依頼シタカ、アルイハ誰カヲ病ニシタカ、ト問ワレテ、コウ答エタ。お願いですからそんなことはいわないでください。私が魔女だといいたいのですか。私は魔女ではありません。〔……〕魔女だって、私が。私は魔女がどんなものか知りませんし、まして誰かを殺したり病気にしたりしたことはありません。治したことはあります、私の花油を使って[24]。

ようすが変わるのは第四審問で拷問室に連れて行かれ、拷問具を見せつけられてからである。その後両手を後手で縛られた状態で彼女はついに自分が魔女であると自白する。

上記ベレッツァハ拷問室ニ連レテ行カレ、真実ヲ言ウヨウ求メラレ〔綱ニ〕**ツナガレテ以下ノゴトク言ッタ。**〔綱を〕解いてください。全部本当のことをいいたいのです。私は本当に魔女です。私はあらゆる悪さをしました。たくさんの、たくさんの人に魔女の術を教えました。私たち魔女はたくさんいて数え切れないほどです。私は六〇人以上に魔法をかけ、たくさんの人を病気にし、それからお金をもらって治しました[25]。

この場合の拷問は両手を後手で縛った状態で吊り上げる方法で、当時広く用いられていた拷問法である。ベレッツァは六回の「吊り」の後でこう供述している。

綱ニツナガレテ六回ノ吊リニ耐エ、コウ言イ続ケタ。降ろしてください。本当のことをいいます。ちょっと休ませてください。お望みのことをいいます。これは全部本当で確かなことです。私たちはベネヴェントのクルミの木に行き、そこで罪あることをやりたい放題やります。洗礼と信仰を否認し、悪魔をご主人と呼び、彼が望むことをします[26]。

ここで彼女は自分が魔女であることをはっきり認めた。認めたことでこれ以後の供述はそれまでとは違った方向に展開していく。サバトにおける乱交や秘薬の製法、空中飛行など魔女の世界の描写が始まるのである。

供述者奥方ベレッツァハ、真実ノ宣誓ヲ行ッタ上デ以下ノ如ク答エタ。〔……〕私は魔女です、〔……〕まず最初に、死産したまたは洗礼を受けていない異教徒の子(creatura)を取ります。それが埋められたところから掘り出し、ナイフで頭を切り離します。内臓を取り出し、それを完全に溶けてしまうまでゆでて二、三回漉《こ》します。それを油の入ったカボチャに入れ、きちんと蓋をして四〇日間地下に保存します。そしてそれを手でこめかみに塗り、神、洗礼、さらに神が私たちに与えた信仰やすべてのものを否認します。悪魔を主人、旦那と呼びます。悪魔を呼ぶと男〔人間（homo）〕の姿をしてやって来ます。〔悪魔は〕美しく、身なりがよく、全身真っ黒で、目隠しつきの丸い短帽をかぶっています。〔悪魔と〕私たちの戯れが始まります。彼や私たちが望むすべてのことをします。どちらも全身をさわって満足します。キスしてからこんな風にします。後ろからします、前からはできないからです。しかし何も出て来ません。何回もします。好みによって一晩に五、六、八回します。美しくて太いですが棒みたいです。それから行きたいところに行きます。私たちが「あそこに行ってあの悪さをしよう」というと、悪魔は「行こう、行こう、目なし尾なしで全身長毛のきれいな馬に乗って行こう」と楽し気にいいます。ときには大きな山羊のこともあります。彼が前に私たちが後ろに乗ると、馬は一飛びでどんな遠いところにも飛んで行きます。半時間で千マイル行けというとそうします。いうとおりにします。ベネヴェントのクルミの木に行きます。そこには魔女全員が集まるのです。そこで大騒ぎと宴会をして快楽をむさぼります。そこで悪魔がクルミの木から四本の枝を取ると、私たちは家や、誰かに魔法をかけたり悪さをしたいところに帰るのです。(27)

ここに見られる子供の死体からの秘薬の製法、サバトでの乱交、空中飛行などはほぼ当時の紋切型魔女イメージに沿っているが、注意すべきは細部のリアルな描写（「油の入ったカボチャ」「目なし尾なしで全身長毛のきれいな馬」など）はおそらくベレッツァ自身の想像力の産物と思われる点である。こうした既成イメージからの想像力による自由な飛翔は「告白」においてさらに奔放な現れ方をする。ちなみに、一つ前の引用にもあった「ベネヴェントのクルミの木」とは、六世紀この地に定住したランゴバルド族が異教神を祀った木（一説ではさらにそれ以前のローマ時代のイシス信仰）に由来し、その後魔女がサバトを行う場に変容したもので、イタリアの魔女に特有のイメージである。(28) ベレッツァがイタリア魔女固有の定型イメージを共有している点に留意しておこう。この点は審問記録の解釈に一つの示唆をあたえるがこの点はすぐ後でふれる。ともあれ、この供述のもっとも重要な点は、繰り返しになるが、ここで彼女は第三審問までの「よいことも悪いこともした」治療師・妖術師から、はっきり自身を魔女であると肯定した点である。第四審問が第一の転回点であるというのはこの意味においてである。

ここで「ベネヴェントのクルミの木」に言及した最初の引用文(「綱ニツナガレテ……」)をもう一度見直してみよう。この一節にはどこか不自然なところがある。「これは全部本当で確かなことです」と「私たちはベネヴェントのクルミの木に行き……」の間には飛躍があり、ここでなぜ話がいきなり「ベネヴェントのクルミの木」に飛ぶのか文脈からはよくわからないのである。

ディ・シーヴォはこの点に着目して、この二文の間には審問官マルコの誘導の言葉があると推測している。(29) 鋭い指摘である。ディ・シーヴォは、ベレッツァが魔女であることを認めた後、マルコは当時異端審問官たちが共有していた魔女イメージを被告に示し、被告の供述をその方向に誘導しようとしていると考える。そして書記は審問官のこの誘導尋問を意図的に記録しなかったとみるのである。審問官と書記は記録として残すには具合の悪い言葉を記録しない点で共犯関係にあったと彼は指摘する。確実な証拠はないとはいえ蓋然性の高い指摘と筆者には思われる。ベレッツァが「私たちはベネヴェントのクルミの木に行き……」と述べたのは、その直前の審問官の誘導尋問に答えたものではないだろうか。とすれば「ベネヴェントのクルミの木」はベレッツァではなく審問官に由来するイメージではないだろうか。「お望みのことを言います」の一句は審問官の誘導にしたがおうとする態度の表れではないだろうか。言い換えればこの審問記録には、語られたが記録されなかった審問官の「影の声」が存在するのであり、「影の声」によって供述はある方向——審問官の期待する魔女イメージ——に誘導されているのである。ディ・シーヴォの指摘にしたがってこのような特徴に留意しつつ審問記録を読み直してみると、上記以外にもこうした「飛躍」と「影の声」を推測しうる箇所がいくつか見出される[30]。これ以外にも審問記録には、はっきりそれと感知できない「影の声」が少なくないと思われる。ベレッツァのエゴは、審問官の明示的な問いや拷問だけでなく「影の声」によっても浮動し変容しているとみるべきであろう。

六回の審問においてベレッツァは「よいこと」をした治療師と「悪いこと」をした妖術師の間を揺れ動きながら、拷問の圧力と「影の声」の誘導で次第に「魔女」の方向に導かれ、ついには自身が魔女であることを肯定するにいたった。しかしベレッツァのエゴはこの後さらに変容して自身を魔女であると確信するようになる。肯定から確信へ、次にはそのプロセスつまり第二の転回点を「告白」から跡づけてみることにする。

三　もう一つのエゴ――「告白」

既述のとおりベレッツァは当時の民衆女性には珍しく読み書きができた。すでに審問において彼女は、書くことでみずからの行為を明らかにする意志を示している（「私がしたことをいおうとすれば紙一枚いや二枚でも足りないでしょう」、「紙を一枚下さい。それに全部書いてしまいたいのです[31]」）。そうしたベレッツァが実際にペンをとって書き記したものが「告白」である。「告白」冒頭で彼女は執筆にいたった経緯をこう語っている。

神の名において。私ことベレッツェ・デ・アニェロ・ウルシーニ・デ・コッレヴェチオ（Bellezze de Agnelo Ursini de Collevecio）は自筆にて本書状を記します。これは代理人〔ベレッツァの息子ジョヴァンニ〕が私に作成するよう求めたものです。私はわが罪のすべて、また私が魔女であったし今も魔女であることを述べるつもりです。これを、私が犯した大いなる悪行、苦しみで死にそうなほどの悪行の赦しを得るために行います。書き方を知らない私を

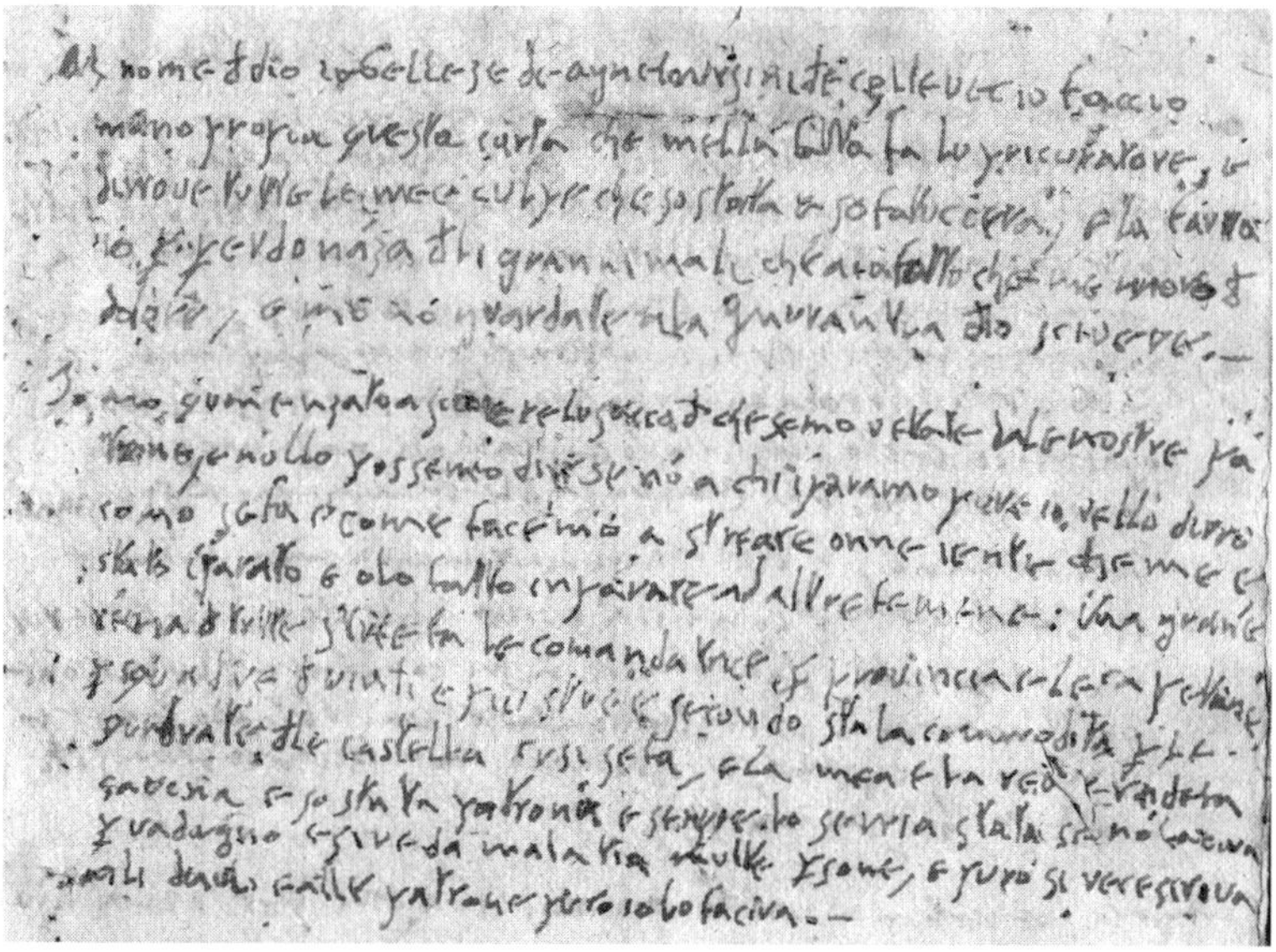

図1　ベレッツァによる「告白」冒頭頁
出典：AS-RM, Trib., Confessione, 1r. Su concessione del Ministero dei Beni e le Attività Culturali. Divieto di riproduzione（イタリア文化財省許諾済，複製不可）.

とがめないでください[32]。

すなわち直接の契機となったのは彼女の法定代理人たる息子ジョヴァンニの勧めであった。この「告白」は粗悪な紙に八頁にわたって記され、表紙を付して紐で綴じられている（**図1**参照）。筆跡は彼女自身「書き方を知らない私」[i]gnurantia delo scr[i]vere（直訳すれば「書くことの無知」）というようにぎこちないもの——筆者の言う「限界リテラシー[33]」——とはいえ、彼女は以下の引用文が示すように豊かな文章表現力の持ち主である。

「告白」の内容のある部分はすでに審問で供述したことの再説や敷衍であるが、別の部分では審問で語られなかった内容、というより当時の魔女事件のどこにも見出すことのできない彼女独自の議論が展開されている。そうした議論は定型的魔女イメージを一応の出発点としつつ、それを自身の経験と読書と奔放な想像力で自由にふくらませたものである。こうした独自イメージは「告白」の各所に散在しているものの、それらはある一貫した論理にしたがっており、その論理とは、一言で言えば、魔女の世界における知識の重要性、知識の伝授と学習とさらなる展開の必要性である。「告白」中のベレッツァにとって魔女とは、なによりも特異な知識の所有者であり、生涯学び続け、学んだ知識を自身の努力と創意によって発展させる存在なのである。この論理を「告白」のテクストから再構成してみよう。

ベレッツァは、魔女の術は他の魔女から学ぶ以外方法がなく、また学んだ術を他の者に伝えない限り死ぬことができないと言う。その上でみずから目撃したというある魔女の最期のようすをこう記している。その魔女にはこの世に知人も縁者もなく、術を教え託すべき相手としては近所の女にもらった一羽のガチョウしかいなかった。死期が近づくと彼女は、

ガチョウの嘴を自分の口に入れ、嘴の中に唾を吐きました。「さあお行き。お前は私のすべての魔術を受け継いだ。私の知っている魔女の秘密を全部お前にあたえる」。老魔女がベッドでこういい終えると、そのガチョウはすぐに窓から飛び立って家を出て行きました。その後この地でこのガチョウを見た者はいません。[34]

この話が本当にベレッツァの実体験にもとづくものなのか、それとも何らかの典拠があるのか、現時点では確かめようがないが、こうした魔女の術の師資相承は彼女自身の学びの経験と重ね合わせられている。彼女はモンテロトンドのオルシーニ家で料理番として働いていた頃、その家にいたルチーア・ダ・ポンザーノという魔女の師(strea mastra)から、この師が知っていた「魔術のすべて」を学んだと言う。[35] その後ベレッツァ自身が魔女の主(patrona)となってからは、「数え切れないほどの」女に「自分なりの流儀」で「文字と声」(sicriti, ditti)を使って魔女の術を教え、そのなかには人を「愛させ」、「病にし」、「殺す」ための秘薬の製法や使用法が含まれていた。[36]

彼女は、秘術の伝授において師が教えるのは「基本原理」le prime regule だけであり、生徒はそれを「自分なりに組み直し」、「創造」的に発展させていかなければならないと説く。そのため「愚か者」や「賢さと雄弁」を欠く者はこの術を会得することはできないと言う[37]。このような学びの過程を彼女は読み書きの学習に喩えている。

文字を学ぶ者が読み書きの仕方を学び、その後各人の能力にしたがって、各人各様、ある者は速くある者は遅く進みますが、アーメン(anbene)(「終わり」の意)つまり結論はけっして見えてきません。多くのことを学ぼうとすればするほど、最初は気づかなかった学びごとに出会うのです。先に進めば進むほど不満が増してきます。魔女の術とはこういうものです[38]。

この一節は上述の「文字と声」を使った教授法とともに、ベレッツァの魔術にとってリテラシーの占める位置の大きさを感じさせる。リテラシーの重要性を強調する彼女は、自分自身日常生活において読み書きを実践していた。

よいことも悪いことも皆私は一冊の大本(livrone)に記入し、これを用いて多くの人に魔女の術を教え、またその本を先生、司祭、博士、預言者(profetti)、旦那衆にお貸ししました。お役に立つならあなた方にもお貸しします[39]。

この「大本」とは彼女が審問中に語った「一八〇枚の紙」でできた「本[40]」のことであろう。この「大本」から彼女は知識を吸収して実践に役立てる一方、彼女にとってこの「大本」は経験を随時記入していくノートでもあり、こうして彼女の魔術はリテラシーにしっかり支えられていたことがわかる。

以上みてきたような魔術伝授の方法と重要性、魔女に求められる不断の学び、読み書きの必要性は審問ではほとんど語られず、「告白」において初めて姿を現す。これらの語りは細部にいたるまで具体的でリアルであり、語り口は確信に満ちている。ここには、拷問の圧力のもとで審問官に向かって自身を魔女であると肯定したベレッツァから、一歩進んでみずからを魔女であると確信したもう一人のベレッツァの姿、「もう一つのエゴ」の姿を見てとることができるように思われる。「告白」が第二の転回点であるというのはこの意味においてである。

さて「告白」の最後は審問官に対する威嚇ともとれる不吉な一節で締めくくられている。

代官〔審問官マルコ〕様、私を修道院で生かしておいてくださるなら、あなたは後悔することはないでしょう。私はあなたとあなたの妻、子供たち、家族全体のためにずっと祈りをささげ、こうして私から危害を蒙ることはないでしょう。(41)

これも自身を魔女と確信した「もう一つのエゴ」の声ではないだろうか。

四　創られるエゴ――継目隠しとテクスト改竄

ベレッツァ魔女裁判は、「告白」の執筆とその後のベレッツァの自死によって結論をみることなく幕を閉じた。しかしこの裁判にはその後、単なる後日譚とは言い切れない重大な意味をもつ出来事が生じており、それがベレッツァのエゴをさらに屈折させている。その出来事とは、すでに述べたとおり書記ルカントニオによる「告白」の審問記録への転写である。転写にあたってルカントニオは二つの操作、すなわち転写の跡の巧妙な隠蔽と、「告白」テクストへの加筆、削除、書き変えによる大幅な改竄を行っている。

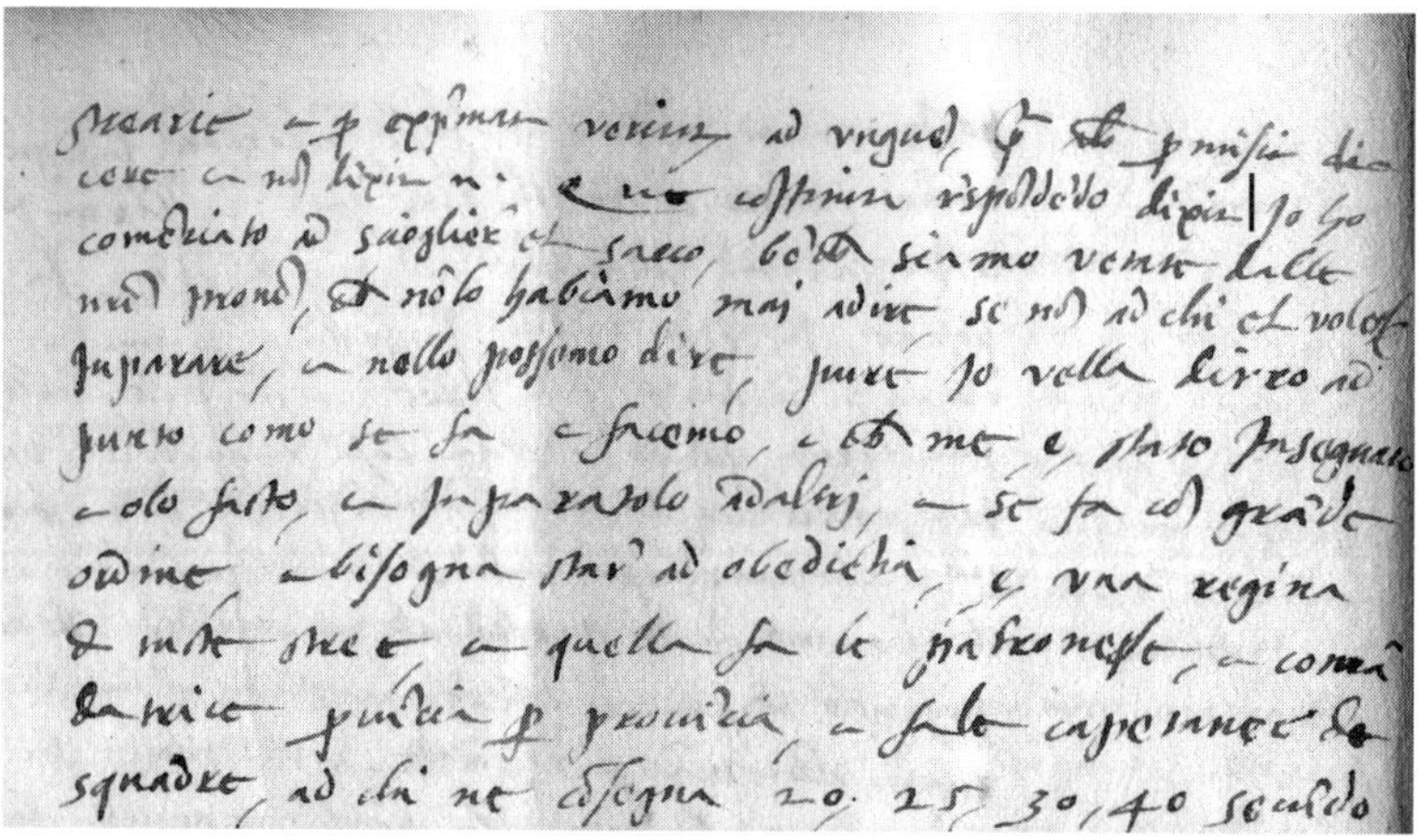

図2　審問記録と「告白」の継目
┃(縦に入った小さな黒線)を境に，前が審問官の質問，後ろが「告白」からの転写となっている．
出典：AS-RM, Trib., 469v. Su concessione del Ministero dei Beni e le Attività Culturali. Divieto di riproduzione(イタリア文化財省許諾済，複製不可)．

まず第一の隠蔽操作から見ていこう。審問記録の外見から判断する限り、本来の審問記録と「告白」からの転写部分の接合箇所に気づくのはほとんど不可能である。**図2**に見られるように審問官による問いとそれに対するベレッツァの返答は、他の同様の箇所と同じく、同一の筆跡で続けて書かれていて書き足した跡は見えない。該当箇所を訳せば以下のとおりである。

> **供述者奥方ベレッツァハ、〔……〕魔女ノ術ニツイテ真実ヲ細大漏ラサズ述ベルヨウ求メラレ〔……〕以下ノ如ク返答シタ。**私は袋の紐を解き始めました。私たちの女主人によって口外することを禁じられていたにもかかわらず、そうしました(42)。

「袋の紐を解」くとは、文脈からして魔女の術を他人――この場合は審問官――に口外するという意味であろう。ここにおいて審問官の問いとベレッツァの返答はきれいに対応しており、他の手がかりがない限りこれが「告白」からの転写であるとはわからない。つまり審問記録の外見だけでなく文脈からも継目が見えないように細工されているのである。さらにベレッツァのこの一文は「告白」の第二段落からの転写であり、書記はこの前にある第一段落の転写を省略している。第一段落すなわち「告白」冒頭部分は先に引用した一節「神の名において。……」であり、ここでベレッツァは本書状が自筆であることを明記しているため、書記としてはこの部分を書き写すわけにはいかなかったのだろう。

転写の痕跡を消すためのもう一つの細工として、「告白」で「書く」と記されているところが転写では「話す」に変えられている。サバトの描写の箇所である。

【「告白」原文】　乱痴気騒ぎ、音、ダンス、いかがわしいことなど、とても書け（scrivere）ません。[43]

【転写】　大乱痴気騒ぎ、音、歌、ダンスなどをして遊び戯れます。それはとてもお話し（racco[n]tare）できません。[44]

書記は、「書く」のままでは口頭でなされたはずの供述の記録としては不自然に思われると考えて「話す」に変えたのであろう。ここには転写隠蔽のための細心の配慮を見てとることができる。

もう一つの操作すなわち加筆、削除、書き変えによる改竄の跡を検証してみると、いくつか目立った特徴がある。まず転写で大幅に書き加えられた内容とは魔女の術に関する具体的で詳細な情報である。転写部分には、魔女が猫を使って他人の家に忍び込む方法が詳しく記されているが[45]、この記述はベレッツァの供述を記した第六審問までの審問記録にも「告白」にもみられない。また幼児の血を使って人を狂気にする方法については、「告白」の記述が大幅に拡充されている。[46]しかしもっとも目立つ追加は、転写においてはベレッツァの「魔女仲間」が多数実名によって挙げられている点で、その数は二〇名近くに及ぶ。[47]また彼女が魔女として治療や殺害をした人物の名も挙げられており、これも四〇名近くに及んでいる。[48]これらの名はおそらく書記の創作ではなく、彼が転写の際にベレッツァ本人に問いただして得た情報と思われる。すなわち、ここで書記はいわば審問官の役割を果たしており、「告白」の記述をもとに魔女仲間や被害者の実名のように審問が必要とする追加情報を求めているのである。その意味で、問いただしつつ転写する書記の声はもう一つの「影の声」と言うことができよう。こうして魔女の術についてのいっそう詳細な説明と具体的な人名を付加することによっても、転写部分は審問記録全体のコンテクストに合致させられることになった。

この点を逆の面から証するのが削除部分である。冒頭の段落が削除されていることはすでに述べたが、審問官への威嚇のごとき最後の一節も当然のことながら省略されている。このように削除の理由が明白な箇所とは別にもう少し解釈の微妙な削除がある。書記は削除によってベレッツァの読み書き能力を隠そうとしているように思われるのである。すでに述べた例では、「文字と声」という一句を含む段落が転写では略され、また「書く」は「話す」に変えられていた。それだけでなくベレッツァにとっては書物でもありノートでもあった「大本」の記述は転写ではすべて省略されている。書記がベレッツァのリテラシーを隠そうとしたのは、自筆オリジナルの存在に気づかれないようにするためだったのだろうか、それとも女性のリテラシーとくに書く能力への警戒心があったとみるべきなのだろうか。筆者が別稿で論じたように[49]、当時の男性中心の社会では、女性にも一定のリテラシーは許容されていたが、それは俗語そして「読み」の段階にとどめられ「書く女性」に対する警戒心は強かった。書記はベレッツァのように書くことで自己主張しうる女性を転写部分では隠したかったのかもしれない。

こうした一連の改竄の仕上げともいうべきものが、転写部分の最終頁(これは審問記録の最終頁でもある)に書記が記した説明書き(**表1**「書記による状況説明3」)である。これは四つの部分からなり、以下の順序で記されている[50](**図3**参照)。

①以上ノ牢獄デノ記録ガ(ベレッツァニ)渡サレ、自身ノ弁護ヲスルヨウ求メラレタ。

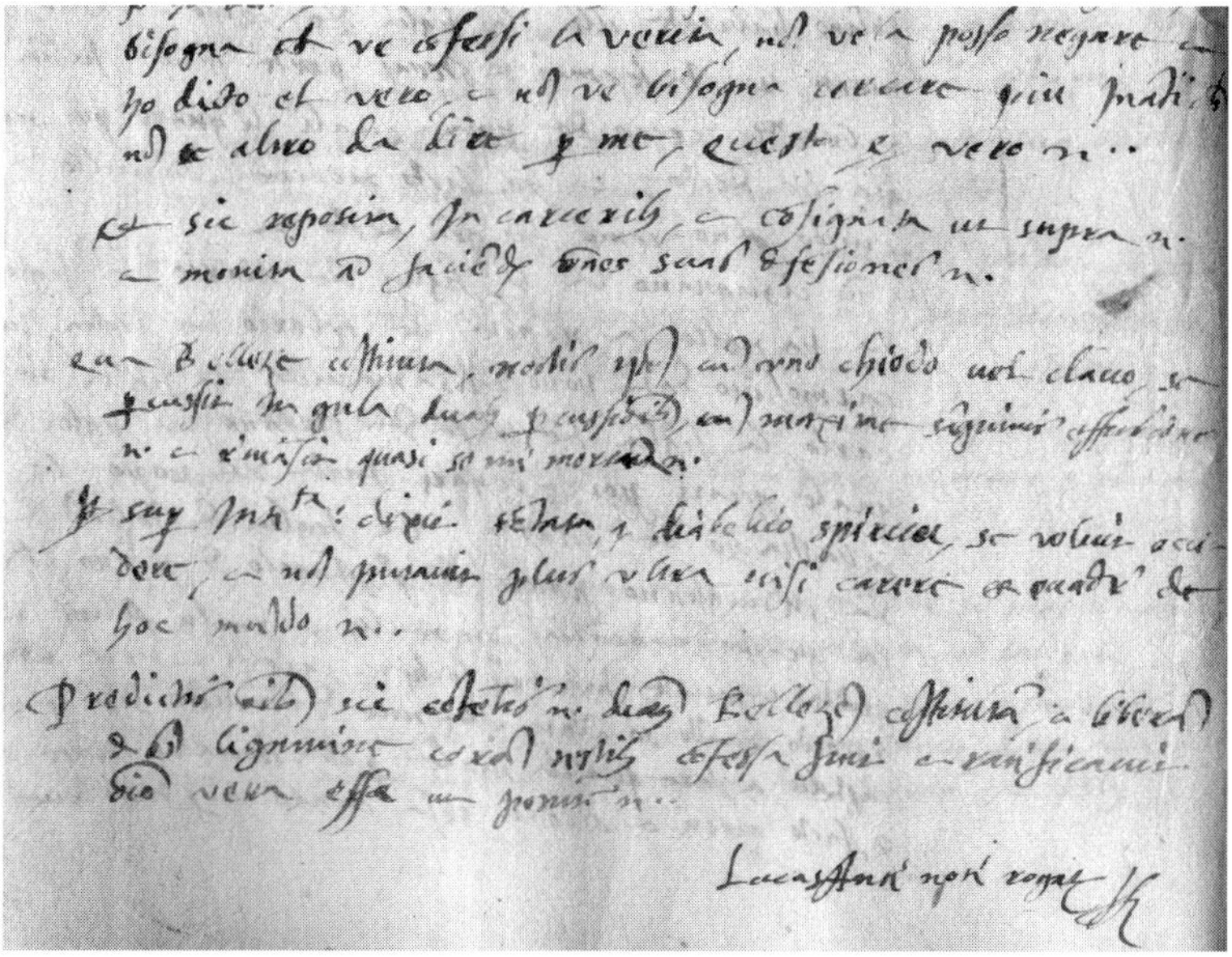

図3　審問記録最終頁
出典：AS-RM, Trib., 474v. Su concessione del Ministero dei Beni e le Attività Culturali. Divieto di riproduzione（イタリア文化財省許諾済，複製不可）.

②供述者ベレッツァハ、夜間、釘ナイシ鋲《びょう》ニテ喉ヲ二度突キ、大量ノ血ヲ流シテ半死ノ状態デ横タワッテイタ。

③上記供述者ハ、悪霊ニ唆サレテ自死ヲ望ンダト言イ、モハヤコノ世ヲ去ルコトシカ考エテイナカッタ。

④上記スベテヲ自白ノ後、ベレッツァハアラユル拘束カラ自由ニ供述シタト告白シ、スベテガ記録ドオリデアルコトヲ承認シタ。

ここで②と③はベレッツァの最期を淡々と記している。問題は①と④である。①で書記は転写部分を含む審問記録をベレッツァに渡し内容確認を求めたと言い、④では彼女がその内容をすべて真実と認めたと言っている。その間にベレッツァの最期が記述されている。この記述順序では、自然に読めばベレッツァは死後に審問内容を承認したように思われきわめて不自然である。あるいは仮に生存中に審問記録を見せたとしても「半死ノ状態デ」この長大な記録をすべて読み承認することは事実上不可能である。この不自然さは、書記は改竄をほどこした転写を含む審問記録を実際はベレッツァに見せておらず、にもかかわらずこれを被告ベレッツァの承認を得た真正のものと見せかけようとしたために生じた齟齬ではないかと思われるのである。②と③は現実描写とみてよいが①と④は書記の創作であろう。書記はここで不覚にも転写・改竄の一端を露呈してしまったが、そうしたほころびを隠しとおし、審問記録全体をあくまで一貫したものと見せかけようとする彼の意図は、④の「**アラユル拘束カラ自由ニ供述シタト告白シ、スベテガ記録ドオリデアルコトヲ承認シタ**」に端的に現れ出ている。

大幅な加筆と削除と書き変えをともなう転写によって、「告白」におけるベレッツァのエゴは大きくゆがめられることになった。転写においては、自由に読み書きし知識の探求に精進する彼女の姿は後景に退き、代わって他の仲間とともに秘術を行使して人に危害を加える魔女としての姿が前面に押し出されている。その姿は審問官と書記がともに彼女に求める姿であり、転写は彼女を彼らの期待する魔女に創り変えた。こうして「告白」中の「もう一つのエゴ」は転写によって「創られるエゴ」に変えられたのである。

おわりに——多声《ポリフォニー》のエゴ・ドキュメント

ここで「ドキュメントはエゴを表現するか?」という冒頭の問いに戻ることにしたい。ベレッツァ裁判が残した審問記録と「告白」という「ドキュメント」は、ベレッツァの「エゴ」をどのように表現していると言えるのだろうか。

審問記録、「告白」、転写を追ってベレッツァのエゴが「浮動」し、「もう一つのエゴ」に変容し、それが転写によって歪曲されて「創られるエゴ」となる様相を見てくると、歴史に「もし」は禁物とはいえ、この言葉を発したくなる場面に何度か出会う。第一の「もし」は「影の声」である。もし審問記録の読者が記録のかすかなほころびから審問官の「影の声」に気づかなかったら、ベレッツァのエゴの浮動は感知できても、浮動しながらエゴがある一定方向に収斂していく理由はわからなかったであろうし、またもし書記の「影の声」に気づかなかったら、転写においてベレッツァの「もう一つのエゴ」が歪曲される過程に気づかなかったであろう。二つの「気づき」があるかないかでベレッツァのエゴ像は大きく異なってくる。冒頭で「エゴ」と「ドキュメント」の不安定で不確かな関係にふれたのは筆者のこのような経験に理由がある。

第二の「もし」は「告白」の発見である。すでに述べたとおり「告白」は審問記録の裏表紙内側に挟み込まれていた小冊子であり、一八八三年にベルトロッティが審問記録を発見して以後一世紀もの間、誰もこの小冊子の存在に気づかなかった。もしトリフォーネが一九八八年にこの小冊子を発見していなかったら、ベレッツァの「もう一つのエゴ」は知られることなく、審問官と書記が望むとおりの魔女ベレッツァ像が我々の前に提示されていたことであろう。彼らの望んだ魔女像とは、当時すでに『魔女への鉄槌』などの魔女学書や多くの魔女裁判を通じて形成されていた定型的魔女像であり、とくに目新しいものはないのに対し、「告白」に現れるのは読み書き能力を駆使して知識を探求する個性豊かな女性の姿である。新史料の発見によって「もう一つのエゴ」が明らかになった結果、ベレッツァのエゴ像はがらりと変わってしまった。これもまた「エゴ」と「ドキュメント」の不安定で不確かな関係を示すものと言えよう。

もっとも、こうした不安定と不確かさはどのような歴史研究、史料解釈にもついて回るものと言えるかもしれない。新史料の発見によってある事件や人物の評価が一変することは歴史研究においては珍しくなく、また周知の史料が新たな読みによって従来とはまったく異なる相貌を呈してくることもしばしばある。魔女ベレッツァの審問記録と「告白」は、歴史研究に内在するこの二つの傾向を極端な形で体現しているにすぎないとも言える。しかし審問記録と「告白」の特異性を挙げるとすれば、それは、こうした不安定と不確かさがいくつもの声の共存すなわち多声に由来している点である。本章の議論を振り返ってみれば、審問記録と「告白」には、審問官の問いかけの声とそれへのベレッツァの返答、「告白」におけるベレッツァの声のように明瞭に聞き取れる声と並んで、審問官と書記の「影の声」のようによほど注意しないと聞き取れないかすかな声があった。そうした「影の声」には、さらにベレッツァに「告白」の執筆を勧めた彼女の息子・法定代理人ジョヴァンニの声を加えてもよいだろう。ここで詳しく立ち入る余裕はないが、ディ・シーヴォの指摘によればジョヴァンニは「告白」を記す母親に執筆指導をしていたようすが窺われるのである。[51] とすれば、審問記録と「告白」には六つの異なる声が陰に陽に響いていることになる。それゆえ、これらのドキュメントは喩えて言えば六声のポリフォニーであり、ポリフォニーとして読み解くべきものなのである。

そもそもこの魔女事件の研究史自体、一つ一つの声を発見していく過程であった。一九世紀末にベルトロッティが審問記録を発見したとき、彼の耳に聞こえていたのは審問官の問いとベレッツァの返事の声だけであったが、二〇世紀末にトリフォーネが「告白」を発見するに及んでもう一つの声が加わった。さらに二一世紀になってディ・シーヴォの包括的研究によって残りの三つの声の存在が明らかになった。こうして一世紀以上を要して審問記録と「告白」のポリフォニーとしての性格が明らかになった。

このような多声のエゴ・ドキュメントを我々はどのように読み解くべきなのだろうか。ここではベレッツァのエゴは分裂し多声のなかに埋没して捉えがたいものと化したとみるべきだろうか。必ずしもそうとは言えないだろう。多声のなかにも主旋律を聞き取ることは可能なのであり、本章の議論に即して言えばそれは、否定―揺れ動き―肯定―確信という経路をたどって「告白」で明瞭な形をとる一筋の旋律であり、それをベレッツァのエゴとも主体とも個性とも呼ぶことは許されよう――それがいかにグロテスクなものであろうとも。

この主旋律以外の他の声は、主旋律を方向づけ、ゆがめ、不協和音を発生させる副旋律の役割を果たしているとみることができる。そうした副旋律の特徴はこれらが「社会の声」を代表している点である。審問官や書記の抱く紋切型魔女イメージも、息子・法定代理人ジョヴァンニが母親に「告白」の文章としての形式を整えるように指導する声も、彼ら独自のものではなく、良かれあしかれ社会の通念や慣行にしたがっている。ここでは「社会」がそうした声を通じてベレッツァのエゴに働きかけている。その意味で審問記録と「告白」は、フィアーノの城の審問室と牢獄に閉ざされたものではなく、社会に開かれ社会と交流しているのである。言い換えれば、ベレッツァのエゴは、長谷川貴彦が本書「序章」で言うように、「関係論的に構成された」[52]一面を有していることに注意しておこう。

最後にもう一点、ベレッツァ関連のエゴ・ドキュメントが生み出された魔女裁判という極限状況に目を向けておかなければならない。ベレッツァ関連のエゴ・ドキュメントはまさにこの極限状況があったからこそ生み出されたものであるからである。エゴが浮動し変容し捏造されるベレッツァの事例は「ドキュメントはエゴを表現するか？」という問いに対して一見否定的な答えを提示するように見えるが、むしろ逆に、ここでの極限状況が、浮動し変容し捏造されるエゴがドキュメント化される過程を露出させることによってそうした問いの立て方そのものを相対化し、そのことによってエゴ・ドキュメント研究の一つの可能性を示唆しているように筆者には思われるのである。

（1）「魔女の作られ方」とは、M・ディ・シーヴォによる本テーマに関する最新の研究のタイトルである。M. Di Sivo, *Bellezza Orsini. La costruzione di una strega (1528)*, Roma, 2016.

（2）この魔女裁判は用語、手続きともに異端審問 Inquisitio の形式にしたがっており、それゆえ以下でも「(異端)審問」、「審問官」、「審問記録」等の語を用いていくことにする。本裁判の制度面での特徴についてはDi Sivo, pp. 13-15 参照。

（3）Archivio di Stato di Roma, Tribunale del Governatore, Processi criminali del sc. XVI, vol. 6, proc. 1, f. 451v.-474v.（以下、AS-RM, Trib. と略）. なお「告白」は分類上この審問記録の一部とみなされ特別の記号は付されていない。

（4）Di Sivo, pp. 28-29. 審問記録に日付は付されていない。審問の時期を一五二八年の五月から六月とするのはディ・シーヴォが審問記録の内容から推定したものだが、十分な説得力がある。

（5）A. Bertolotti, *Streghe, sortiere e maliardi nel secolo XVI in Roma*, Firenze, 1883, ristampa, 1979.

（6）たとえばベルトロッティに続いて審問記録のトランスクリプションを公刊したM・クラヴェーリも「告白」の存在に気づいていない（M. Craveri, *Sante e streghe. Biografie e documenti dal XIV al XVII secolo*, Milano, 1980, pp. 168-193）。

（7）P. Trifone, 'La confessione di Bellezze Ursini "stregha" nella campagna romana del cinquecento,' *Contributi di filologia dell'Italia mediana*, vol. II (1988), pp. 79-182. 以下、審問記録からの引用はディ・シーヴォ前掲書（註（1））に付されたトランスクリプションの頁を、「告白」とその転写からの引用はディ・シーヴォ前掲書とトリフォーネ前掲論文のトランスクリプションの双方の頁を記し、必要に応じてマニュスクリプトの該当フォリオを記す。なお、ディ・シーヴォからのトランスクリプション引用はDi Sivo tr. と記して、同書本文からの引用 Di Sivo と区別する。

（8）註（1）参照。

（9）ここでは人名、地名をベレッツァが「告白」に記す綴りにしたがって日本語表記してあるが、本文の他の箇所では現代の標準表記に改めてある（ベレッツェ→ベレッツァ、アニェロ→アンジェロ、ウルシーニ→オルシーニ）。

（10）Di Sivo tr., p. 168; Trifone, p. 138.

（11）Di Sivo, pp. 34-35.

（12）*Ibid.*, p. 36.

（13）Di Sivo tr., p. 138.

（14）*Ibid.*, p. 134, 137, 150.

（15）*Ibid.*, p. 137.

（16）*Ibid.*, p. 134, 137, 147, 148, 150.

（17）*Ibid.*, p. 151.

（18）*Ibid.*, p. 139.

（19）*Ibid.*, p. 173; Trifone, p. 159.

（20）Di Sivo tr., p. 138.

（21）*Ibid.*, p. 138.

（22）*Ibid.*, p. 138.

（23）*Ibid.*, p. 140, 141.

（24）*Ibid.*, p. 140.
（25）*Ibid.*, p. 156.
（26）*Ibid.*, p. 156.
（27）*Ibid.*, pp. 156–157.
（28）P. Portone, 'Benevento, Walnut tree of,' in R. M. Golden (ed.), *Encyclopedia of Witchcraft. The Western Tradition*, Santa Barbara-Denver-Oxford, 2006, vol. 1, pp. 109–110.
（29）Di Sivo, p. 98.
（30）*Ibid.*, pp. 68-70. たとえば次の一節「再度〔真実ヲ言ウヨウ〕求メラレ、六回ノ吊リニ耐エ、コウ言ッタ。私に真実だけをお求めなのですね。〔綱を〕解いてください。降ろしてください。私が生まれてからのこと、この世でしたことを全部います。ちょっと時間をください。（＊）〔魔女の〕仲間や膏薬の作り方のことを言いたいのです。」の（＊）の部分にも、ディ・シーヴォは「影の声」を見てとっている（*Ibid.*, p. 98）。
（31）Di Sivo tr., p. 156.
（32）*Ibid.*, p. 168; Trifone, p. 138.
（33）大黒俊二「俗人が俗語で書く――限界リテラシーのルネサンス」『こころ』五号、二〇一二年、一〇―二二頁。同「女性が書くとき――限界リテラシーからみるイタリア・ルネサンス」『歴史と地理　世界史の研究』六八四号、二〇一五年、一〇―一五頁。同「史料をなぜ分類するのか――「限界リテラシー」という切り口」『西洋史学』二六八号、二〇二〇年、九二―一〇五頁。
（34）Di Sivo tr., p. 168; Trifone, pp. 139–140.
（35）Di Sivo tr., p. 172; Trifone, p. 154.
（36）Di Sivo tr., p. 170; Trifone, p. 147.
（37）Di Sivo tr., p. 171; Trifone, p. 148.
（38）Di Sivo tr., p. 171; Trifone, pp. 148–149.
（39）Di Sivo tr., p. 173; Trifone, p. 159.
（40）Di Sivo tr., p. 139.

(41) Di Sivo tr., p. 174; Trifone, p. 160.
(42) Di Sivo tr., pp. 159–160; Trifone, p. 138.
(43) Di Sivo tr., p. 169; Trifone, p. 142.
(44) Di Sivo tr., pp. 163–164; Trifone, pp. 149–150.
(45) Di Sivo tr., p. 173; Trifone, p. 159. 当該箇所は以下のとおりである。「明かりがついている家には入ることはできません。家の者に見つかるからです。そこで例のメス猫を取り、舌に当てて〔猫の〕口の中に唾を吐き、「寝ているか見ておいで、脚で明かりを消しておいで」といってその家に送り込みます。こうして猫は行き仕事をやりとげます。人が起きていて仕事ができないと猫は戻ってきます。うまくやりとげたら〔猫の〕顔にキスしてやり、背中に乗せてやります。悪魔が入って戸を開けます。私たちも入りますが手に少しの塩(サラモーラといいます)を持っていき、ベッドのそばで小声で「お前にこの塩をかける、お前が眠れるように、夜明けまでお前が目覚めないように」といいます。聖母像や磔刑像の前に灯っている明かりは消すことができませんし、〔夜明けの〕鐘が鳴ったりすると入ることはできません。それ以外の場合、猫が入れなくても私たちは自由に入ることができ、明かりを消すことができます。ある魔女はどんな穴、屋根、窓からも入ることができますが、私はしたことがありません。私はいつも上のようなやり方で入りました」。このような細部にいたるまで具体的な描写は、以下でふれる魔女仲間や魔女被害者の実名と同様、書記の創作とは思えず彼がベレッツァから聞き取って付加したものであろう。
(46) Di Sivo tr., p. 164; Trifone, p. 151.
(47) Di Sivo tr., pp. 164–165; Trifone, pp. 153–154.
(48) Di Sivo tr., pp. 165–166; Trifone, pp. 156–157.
(49) 註(33)参照。
(50) Di Sivo tr., p. 166.
(51) Di Sivo, p. 115. ディ・シーヴォはここでさらに一歩進んで、ジョヴァンニは執筆指導にとどまらず「告白」を代筆した可能性があるとみているが、この見方は支持しがたい。
(52) 本書「序章」、五頁。

第2章　エゴ・ドキュメントの「厚い」読解
――ラテンアメリカ史研究の経験から

「私は男から女への恋文をたくさん書いてきた。女から女、男から男への手紙もあったよ。でも、最後に書いたのは、一人の母親から、麻薬をやめるためのリハビリに取り組んでいる彼女の息子に宛てた愛の手紙だったな」。

安村直己

はじめに

右の引用文は、二〇一七年二月一四日付でメキシコの代表的日刊紙『エクセルシオール』に掲載された記事からの抜粋である。記者はメキシコ市歴史地区にあるサント・ドミンゴ広場を訪ね、半世紀にわたって代筆業を営むホセ・ゴンサーレスからこの話を聞き取った。記事によれば、そこに代筆業者が集いはじめたのは一八世紀に遡るという。

一五七一年、メキシコに異端審問裁判所が正式に設置された際、サント・ドミンゴ広場に隣接する一角が用地として選ばれた。また、この広場には売上税徴収局も設置された。二つの「役所」は一八世紀前半に建て替えられており、代筆業者が広場に集まったのが一八世紀とする説には一定の根拠があるのかもしれない。彼らは役所に提出される書類の作成を生業とするからこそ、この広場に集まったというわけである。前出のゴンサーレスは、二〇世紀後半にいたっても広場周辺の役所に提出する文書をタイプライターで代筆していたと証言しており、役所の存在と代筆業者のつながりが最近まで続いていた事実が、植民地期の代筆業者の在り方の傍証となろう[1]。

ところで、二〇一七年五月二一日に開催された日本西洋史学会大会小シンポジウムは、一つのずれを浮き彫りにした。長谷川貴彦が近現代ヨーロッパ史に関するエゴ・ドキュメント研究の隆盛を強調したのに対し、大黒俊二は中世ヨーロッパに関するエゴ・ドキュメント研究の難しさを指摘したのである。長谷川の議論が、近現代ヨーロッパにおいてエゴ・ドキュメントを作成する主体と機会が増大した事実に規定される一方で、大黒の指摘の背景に中世ヨーロッパにおける識字率の低さがあることは、いうまでもない。このずれは、対象とされる時代、地域に応じ、エゴ・ドキュメントの生産状況およびそれらを利用する歴史研究の展開が異なっていることを教えてくれる。

冒頭で言及した、植民地期から二一世紀まで続くメキシコの代筆業者の存在は、このように多様なエゴ・ドキュメントの生産と歴史学によるその利用の流れの中でどう理解すべきなのか。結論を先取りしておくと、スペインによるアメリカ大陸諸地域の植民地化は、エゴ・ドキュメントの生産と利用に関して中世と近現代をつなぐ境界面に位置しており、代筆業者はエゴ・ドキュメントの生産拡大において固有の役割を果たしていたのである。

一四九二年以後、スペイン人の環大西洋規模での拡散が文書による通信の必要性を高め、俗語であるカスティーリャ語による公文書、私文書が大量に生産されるようになったが、これがエゴ・ドキュメントの爆発的増大の背景にあった。中世スペインでは——一介の外国人船員にすぎないコロンブスが女王イサベルに謁見できたように——国内を移動する国王に直接陳情する機会があったのに対し、アメリカ植民地に渡ってしまうと陳情のたびに本国に戻るわけにもいかず、自らの功績や不満を記した文書を送付するしかなくなる。本国に残してきた家族を呼び寄せる場合も同様であった。これらの多くが、「私」を主語にしたエゴ・ドキュメントだったのはいうまでもない。しかし、カスティーリャ語の識字能力は階層、ジェンダーなどにより異なっていたし、一六世紀中に書記能力が大幅に改善されたわけでもなかったがゆえに、聞き取りや代筆による情報伝達も重要な役割を果たし続ける[2]。おかげで代筆業者は、他人のエゴ・ドキュメントの執筆も引き受けることとなったのだ[3]。

他方で、こうした状況は一六世紀を通じ、同時代史を書く作業をも規定していた。たとえば、スペイン人によるアメリカ先住民——本章では以後、インディオと総称しておく——への残虐行為を告発したことで有名なバルトロメ・デ・ラス・カサスは、自らが見聞した事実に加え、公文書やエゴ・ドキュメントというべき他人の旅行記や報告書を利用しただけでなく、必要に応じて聞き取りを実施したうえで、アメリカ大陸征服の同時代史たる『インディアス史』(アメリカ大陸はスペインでインディアスと呼ばれていた)を執筆した。この書にはラス・カサスが「私」として登場しており、エゴ・ドキュメントとして執筆した可能性は高い。つまり、ラス・カサスは、エゴ・ドキュメント研究の先駆者であると同時に、浩瀚なエゴ・ドキュメントを書き残したことになろう[4]。これは、同時期に先スペイン期、征服および植民地化の歴史を扱ったクロニスタ(年代記作者)たちに共通する作法でもあった。

一九世紀後半以降、スペイン領アメリカ植民地史研究は制度化されていく。その出発点はラス・カサスらのエゴ・ドキュメントでもあるクロニカ(年代記)を発掘、校訂、刊行することだった。それらの内容を批判的に検討するための公文書の発掘、整理がそれに続き、新たなエゴ・ドキュメントの発掘と利用へと展開し、現在にいたっている。

このようにみてくると、一四九二年以後のスペインとアメリカ植民地の関係は、エゴ・ドキュメントの生産という面で中世から近代への転換を促すこととなったといえよう。また、スペイン領アメリカ植民地史研究は、欧米におけるエゴ・ドキュメント研究の先駆者とされるオランダ人歴史家シャーク・プレッサー[5]のはるか以前から、エゴ・ドキュメントの適切な利用法を模索してきたのである。

にもかかわらず、近年のエゴ・ドキュメント論は、スペイン帝国、とくにそのアメリカ植民地におけるエゴ・ドキュメントの生産と利用の歴史を軽視しているといわざるをえない。本章はこうした現状を是正することを目指し、第一節ではスペイン帝国の形成とエゴ・ドキュメントの増大、およびそれに基づく歴史叙述の展開を紹介し、続く第二節では一九世紀から二〇世紀初頭にかけて制度化された、歴史研究によるエゴ・ドキュメントの利用状況を概観する。第二次世界大戦後、スペイン領アメリカ植民地史研究は制度化と国際化の度合いを深めていくが、第三節ではその流れのなかでエゴ・ドキュメントの新たな利用法を開発した主要な研究と、それらを継承しつつ展開してきた日本人研究者の研究動向に光をあてる。ここまでは、スペイン領アメリカ植民地史研究者であれば共通認識となっている事柄であるが、第四節では書記能力のないひとびとのエゴ・ドキュメントとして訴訟文書をどう読むべきかという問いを立て、具体例に即して答えを探る。補助線として留意するのは代筆業者と私=依頼人の関係である。それを読み解くための手法として複数の文脈の「厚い」読解を提示する。「おわりに」では、スペイン領アメリカ植民地史研究が欧米のエゴ・ドキュメント論に軽視されてきた要因について考えたうえで、今後の方向性を示すことにしたい。

一　スペイン帝国の形成、エゴ・ドキュメント、歴史叙述

コロンブスが第一回航海から詳細な『航海日誌』(6)を記していたことは広く知られている。地中海および大西洋で航海、貿易の経験を積んだコロンブスが、航海日誌を書くという発想をどこから得たのかは不明である。大黒によれば、エゴ・ドキュメントの先進地域だったイタリアの船乗りたちが航海日誌を記した例はないそうなので、近世初期を代表するこのエゴ・ドキュメントは、同時に新しいジャンルを創り出したといえよう。政治的、財政的支援を受けたカトリック両王に対する報告を念頭に置いて日誌をつけていたのかもしれない。実際、コロンブスは航海後、両王に謁見した際に『航海日誌』を献呈している。

コロンブスがアメリカ大陸を「発見」したのは一四九二年一〇月一二日とされるが、この出来事を記した一〇月一

一日の記述には奇妙な点がみられる。

「……提督〔コロンブス〕は夜の一〇時に、火が燃えているのを船尾のやぐらから見たが、かなり曇っていたので、陸地だと確言するのをためらった。……そして翌金曜日、インディオの言葉でグアナハニと呼ばれる、ルカヨ諸島の一小島に到着した。……早速、この島の者達が大勢集ってきた。以下はこのインディアスへの第一回の航海ならびに発見の書に記されている、提督のそのままの言葉である。「私〔提督がのべている〕は、彼らが我々に対して親しみを抱くようにと考え、……赤いボンネット帽と、首飾になる硝子玉《ガラスだま》……をいくつか与えました。すると彼らは……」[7]」

日記というエゴ・ドキュメントのはずなのに、「提督は」という三人称単数形の主語で始まり、岩波文庫版で二頁が過ぎてようやく主語が「私は」に代わるのはなぜなのか。これは、『航海日誌』のオリジナルが現在に伝わっていないことに帰因する。ラス・カサスがコロンブス家の蔵書中にあった写しを筆写したものが、現在に伝わる『航海日誌』の原本なのである。

ラス・カサスは、彼からみて重要でない部分に関してコロンブスに言及するとき、「提督は」という三人称単数形の主語を用いて要約したと思われる。それに対し、重要だと判断した箇所は忠実に引用するので、「私は」が出てくることになる。『大航海時代叢書』の編集に従事した石原保徳はこの点に関し、ラス・カサスが自らの『インディアス史』を執筆するに際し、『航海日誌』を編者の視点から要約あるいは引用し、さらにコメントを加えたと指摘している[8]。つまり、ラス・カサスによるコロンブスのエゴ・ドキュメントの利用法こそが、柔軟な人称使用を生んだのである。

ラス・カサスは三〇年以上もの間、『インディアス史』を書き続けるが、登場人物は多岐にわたる。したがって、『航海日誌』以外にも膨大な文書を利用せざるをえない。探検者、植民者、征服者、植民地官僚、宣教師たちの書き残したエゴ・ドキュメントや公文書を縦横無尽に駆使するだけでなく、アメリカ大陸やスペインで積極的に聞き取りも行った。ときには、国王カール五世に送った『報告書簡』[9]を出版するにおよんだエルナン・コルテスのように、自らエゴ・ドキュメントを書き残した人物からも話を聞き、その成果を『インディアス史』に組み込んでいる。

……一五四二年、モンソーンの町で、私〔ラス・カサス〕が彼〔コルテス〕自身の口から直接聞いた話である。……「全くの話が、私〔コルテス〕はあの海域で、まるで異教徒の私掠船みたいに振舞ったわけだ」というのであった。[10]

こうしてみると、ラス・カサスは、他人のエゴ・ドキュメントやオーラル・ヒストリーを組み合わせて同時代史を描きだす先駆者だったといえよう。引用部分からは、『インディアス史』が一人称単数形で語る自伝的エゴ・ドキュメントでもあるのは明らかだ。と同時に、「ラス・カサス司祭に委託されることがすでに決まっていた土地を、自分たちのあいだで分配する計画を提出していた、ゴンサーロ・エルナンデス・デ・オビエードとその他の者たちもまた、面目まるつぶれであった[11]」と書くように、過去の出来事中の人物としては自らを三人称の「ラス・カサス司祭」として登場させるといった複合的入れ子構造が、『インディアス史』の叙述を特徴付けている。

しかし、ラス・カサスは学術的関心から同時代史を書いたのではない。特定の政治的状況のなかで彼は動いていた。具体的には、スペイン王室の植民地政策をインディオたちの生命、財産、魂を守る方向に転換させるための手段として同時代史を描き出す。一五一〇年代以降、彼は数々の報告書、請願書をスペイン王室に送付するが、それらは権力関係を変えるために過去を語るという点で典型的な歴史実践だった。当然、彼の歴史叙述にも、目的に応じて、事実の取捨選択およびその解釈において政治的バイアスがかかる。生前に刊行した『インディアスの破壊についての簡潔な報告』にそれは明らかである。(12) 手稿をドミニコ修道会に寄託するに際して当分は公にしないという条件を付したとされる(13)『インディアス史』も、本来は自らの主張を正当化するための政治的論争の書であり、(14) 晩年にいたって自らの主張の評価を後世に委ねるための自伝と位置付けるにいたったとみるべきではないか。

この種のエゴ・ドキュメント、同時代史的歴史実践は一四九二年以後、環大西洋規模で急増していく。もっとも早い事例は、第一回航海からの帰途、ポルトガルに漂着したコロンブスに先立ち、艦隊の別の船を指揮していてスペイン北部に帰港したアロンソ・ピンソンが王室に送った報告書であろう。(15) 自らの功績を強調し、恩賞を得んがためのエゴ・ドキュメントが、書き手の利害を反映し、相互に矛盾するのは避けがたい。そうしたなか、スペイン王室はアメリカ大陸に関する諸事実を確定し、スペインによる統治を正当化する必要性を認識し、一五三二年、ゴンサーロ・フェルナンデス・デ・オビエードを公式記録者に任命したのである。(16) オビエードは、パナマ地峡ダリエン植民地初代総督のペドラリアスとともに一五一四年にアメリカ大陸の地を踏んで以降、植民地官僚としての経歴を積み、その間に数回も大西洋を横断した人物であり、ラス・カサスの政敵、論敵でもあった。

公式記録者には、王室が保管するアメリカ大陸関連文書にアクセスする権利が認められていた。そうした文書のなかにはアメリカ大陸各地から送られてくる報告書、請願書も含まれており、オビエードが一五三五年、『インディアス史総説』第一部(17)を刊行するにあたり、ラス・カサスやコルテスらのエゴ・ドキュメントに目を通したのは確実である。また彼の特徴は、自ら現地で見聞したことを強調し、伝聞だけでアメリカ大陸について書く者たちを批判する点にあり、そこから「私」を前面に押し出すエゴ・ドキュメント的文体が生まれた。刊行後もオビエードは情報収集を怠らない。カリブ海のサント・ドミンゴ市で植民地官僚として働きながら、アメリカ大陸各地の遠征、征服参加者が寄港するたびに話を聞き、情報量を増やしたのである。

たとえば、アステカ王国最後の皇帝であるモクテスマ二世の娘イサベルにとってスペイン人として三人目の夫であるファン・カーノに対し、一五四四年に実施した聴き取り記録がいまに伝わる。カーノは当時、妻イサベルの保有するエンコミエンダをめぐる訴訟に関与し、妻の権利を守るべくスペインに帰国し、再びメキシコに渡航する途中で、サント・ドミンゴ市に寄ったのである。ラス・カサスの運動を受け、王室は一五四二年の新法でエンコミエンダの廃止とインディオの解放を命じたのだが、オビエードはこの問題についてカーノに意見を求めたのだ。するとカーノは、

〔二つの問題についてはケース・バイ・ケースで考えるべきだと述べた後で〕でも、いまここにはチアパス司教のバルトロメ・デ・ラス・カサス神父が滞在しています。彼こそがこれらの変化をもたらした主導者です。……ですから貴兄はこれらのインディオ問題については彼と話すことができます。私としてはこの件には関わりたくないのです。

と答えたとされる[18]。

オビエードとラス・カサスは一五一九年ころから対立しており、オビエードは『総説』でラス・カサスによるクマナ入植計画の立案から挫折までを批判的に記述する。たとえば、「神父のバルトロメ・デ・ラス・カサス学士は、仲間の不幸な出来事を知り、騎士に取り立てる約束やその他の作り話につられ、彼に従った無邪気な農民の命を守ることに、自分が十分注意を払わなかったことに気づいた[19]」といった具合である。それに対し、ラス・カサスが『インディアス史』の中で『総説』に関し、「彼の『歴史』はすでに翼が生えたようにして伝わり、その書を読むひとびとすべてを欺き騙し、……インディオ全体を嫌悪するように仕向けている」と反論した事実は、日本でも先学が指摘している通りである[20]。たしかにカーノとのやりとりからは、妻のエンコミエンダを守りたいはずの利害関係者から新法に

関する否定的な意見を引き出そうとする、オビエードの政治的意図を読み取れる。しかし、ここで留意すべきは、オビエードの手法がラス・カサスと共通している点だろう。彼もまた、自分が経験した事柄に加え、他人のエゴ・ドキュメントやオーラル・ヒストリーを活用し、同時代史をエゴ・ドキュメントとして執筆したのである。

引用箇所からは、オビエードの質問に対する答えがラス・カサスの耳に入るのを恐れた、カーノの巧みな処世術も窺える。スペイン領アメリカ植民地に暮らす者にとり、同時代史は自らの命運を左右しかねない重大な政治問題であり、だからこそときに明確な意思表明を回避するバランス感覚が求められていたのだ。それはスペイン王室にとっても同様だった。そうした配慮こそが、ラス・カサスの政敵であるオビエードを王室修史官に任命し、『総説』の出版、販売を許可する一方で、ラス・カサスを支持して新法を発布するというような、折衷的な対応につながったのだろう。

ところが、こうした状況は、フェリペ二世の即位（一五五六年）前後から変わり始める。一五五三年、民間のクロニスタであるフランシスコ・ロペス・デ・ゴマラの『インディアス全史』（一五五二年）の回収が命じられた。メキシコからコルテスを排除し、中央集権的な統治機構の確立を図っていた王室にとり、コルテスの聖堂付き司祭だったゴマラによるアステカ王国征服の叙述は不都合だったと思われる[21]。中央集権化の動きは教会運営にまで及び、王室は自らが実質上の任免権を握っている在俗教会を優遇していく。そして、フェリペ二世は一五七七年、在俗教会に抵抗してインディオ教区の管轄権を守ろうとする修道会を抑えるための手段として、アメリカ大陸の先スペイン期の歴史に関する研究を禁止し、すでに執筆中の手稿類を没収し、スペインに送付するよう命じるにおよんだ。その結果、フランシスコ修道会士のベルナルディーノ・デ・サアグンによる『ヌエバ・エスパーニャ概史』の手稿は没収され、本国に送付された[22]。修道会側は、インディオたちの改宗が不十分であり、彼らの魂の救済は本国から着いたばかりの在俗聖職者に任せられないと主張して在俗教会に対抗しており[23]、インディオの現代史や同時代史の研究はその裏付けとして利用されかねないと、スペイン王室は判断したのであろう。自由に同時代史を語ることのできる時代は去り、植民地統治の安定を脅かす歴史実践を排除しようとする時代が来たのだ。

王室による、歴史の生産を統制する動きは、一五七一年のインディアス公式修史官職の創設に結実した。その結果、たしかに先スペイン期や征服に関する年代記の出版は規制された。けれども、王室が歴史の生産を独占した訳ではない。公式修史官が公認の一六世紀史の執筆を控える事態も生じていたのである。たとえば、一七世紀初頭に一五五四年までの歴史を刊行したアントニオ・デ・エレーラは、その史書に祖父の名誉を傷つける記述があるとして、パナマ地峡初代総督ペドラリアスの孫であるプニョンロストロ伯爵に訴えられている。以後、代々の公式修史官は一六世紀史の叙述を放棄してしまう(24)。

王室に命じられた正史の生産が下から妨げられたことを示すこのエピソードは、ペドラリアスの子孫たちが異議を申し立てるために必要な情報にアクセスできたことを物語る。スペイン帝国を均一に統制するのは不可能であったし、王室の方針も一貫して施行されていたわけではなかった。歴史の生産には無数の場とそれらを接続するネットワークが存在し、それを通じ、たとえばラス・カサスは『インディアス史』のなかで、回収されたはずのゴマラの『全史』を繰り返し批判しえた(25)。また、没収されたはずのサアグンの手稿も、やはりフランシスコ修道会士だったホセ・デ・メンディエタを介し、フアン・デ・トルケマーダの『インディアスの王国』に情報を提供することになったのだ(26)。

一七世紀以降も、アメリカ植民地各地で歴史を書く営みは継続し、手稿が一定範囲で流通し、稀ではあるがこれらが出版されることもあった。報告書や請願書の形で植民地政庁やスペイン本国に送付されるのは日常茶飯事だった。歴史の書き手はスペイン人に限られず、インディオやメスティソがインディオ諸語で歴史を著すこともあれば、誰かが代筆することもしばしばだった(27)。こうして、アメリカ諸国、スペインの公文書館に膨大な量の歴史＝エゴ・ドキュメントが蓄積されていくこととなる。

二　歴史研究の制度化とエゴ・ドキュメント

一八世紀以降、スペイン本国に送付された数々のクロニカが発掘され、一九世紀に入るとそれらがつぎつぎと公刊されていく。[28]クロニカは歴史実践の産物であると同時にエゴ・ドキュメントでもあるので、そこに記載されている諸事実の確定には慎重な手続きが要請される。以後、複数のクロニカを比較し、さらに公文書館に保管された各種の文書を発掘、参照しながら慎重に諸事実を確定するという、学問的なスペイン領アメリカ植民地史研究が軌道に乗る。スペイン領アメリカ植民地史研究は、クロニカというエゴ・ドキュメントを出発点としつつ、それらを相対化するために新たな文書を見つけ出し、比較検討することで発展してきたといえるだろう。

したがって、私としては、近年のエゴ・ドキュメント論の隆盛をみると、なにをいまさらエゴ・ドキュメントなのかという感を抱かざるをえない。しかしそれは、日本だけでなく欧米においても、ラテンアメリカ史研究が歴史学の片隅に押し込められ、囲い込まれ、その他の地域を専攻する研究者から看過される一方で、その状態に安住し、方法論上の発信を怠ってきたという反省を迫るものでもある。そこで本節では、この欠を補うべく、スペイン領アメリカ史研究の歴史を、主にメキシコの事例に即し、エゴ・ドキュメントの発掘と利用という面から概観しておきたい。

一八二一年に独立した後、メキシコは五〇年以上、クーデタや内戦、戦争、列強による内政干渉などを経験した。政治的安定を見るのは、ポルフィリオ・ディアスによる独裁が開始される一八七〇年代のことであった。それ以前にもメキシコ人知識人が歴史書を著すことはあったが、彼らの大半は政治家でもあり、学術的とは言い難い。[29]そうした中、少数の知識人が独学で歴史学の素養を身に付け、史料を編纂、公刊するようになっていく。ホアキン・ガルシア・イカスバルセタ（一八二五―一八九四）を例に挙げると、彼は独立直後の一八二五年、スペイン生まれのスペイン人である父とメキシコ生まれのスペイン人である母の子としてメキシコ市に生まれ、一八二九年のスペイン人追放令を受けて出国後、一八三六年に帰国した、帰化メキシコ人であった。若くして文筆の才を認められ、米国で最初の学術的歴史家として知られるウィリアム・プレスコットの『ペルー征服史』(一八四七年)をスペイン語訳し、一八四九年に出版している。これ以後、本格的に歴史研究に取り組みはじめ、一次史料に裏付けられた研究を出版すると同時に、史料の編纂と刊行で大きな業績を上げた。一八六六年に刊行した『メキシコ史史料集』第一巻はその一例である(30)。

メキシコ国民の形成に資するはずの歴史研究、歴史叙述が、特定の政治路線を正当化するための歴史叙述にしろ、党派性を薄めた史料編纂にしろ、スペイン人として生まれた者たちに担われたのが、第一世代の特徴といえようか。

しかし、歴史研究が本格化するのはやはり一八七〇年代以降のことであった。たとえば、一八四二年にメキシコ人として生まれ、一九一六年に史料調査先のフィレンツェで没したフランシスコ・デル・パソは、ほぼ独学で歴史学とナワトル語を習得し、一八八九年に国立博物館の館長となった。スペイン政府がアメリカ大陸「発見」四〇〇周年記念の博覧会を企画し、メキシコ政府に招待状を送ると、メキシコ政府はメキシコ館の展示責任者にパソを任命した。パソがメキシコ的なるものとして選んだ展示品には、一六世紀にインディオたちが作成した多くの絵文書が含まれており、後述する「フクタカト絵文書」もその一つであった(31)。ここにインディオたちのエゴ・ドキュメントは、メキシコ国民の歴史を代表する価値のあるものとして、海外に発信されたのである。マドリッドでの展示が終わると、彼はヨーロッパ各国の文書館でメキシコ史に関係する史料の発掘と、その刊行に精力を注ぎ、メキシコにおける先スペイン期と植民地時代に関する歴史研究の礎を築いたとされる。

まず留意すべきは、パソがエゴ・ドキュメントに関心を寄せていた事実である。パソは、一六世紀の宣教師にして人類学の先駆者ともいうべきベルナルディーノ・デ・サアグンのクロニカである『ヌエバ・エスパーニャ概史』の刊行に努める一方で、クロニカ以外の一次史料を精力的に収集した。彼は、収集した史料を数十巻におよぶ『ヌエバ・

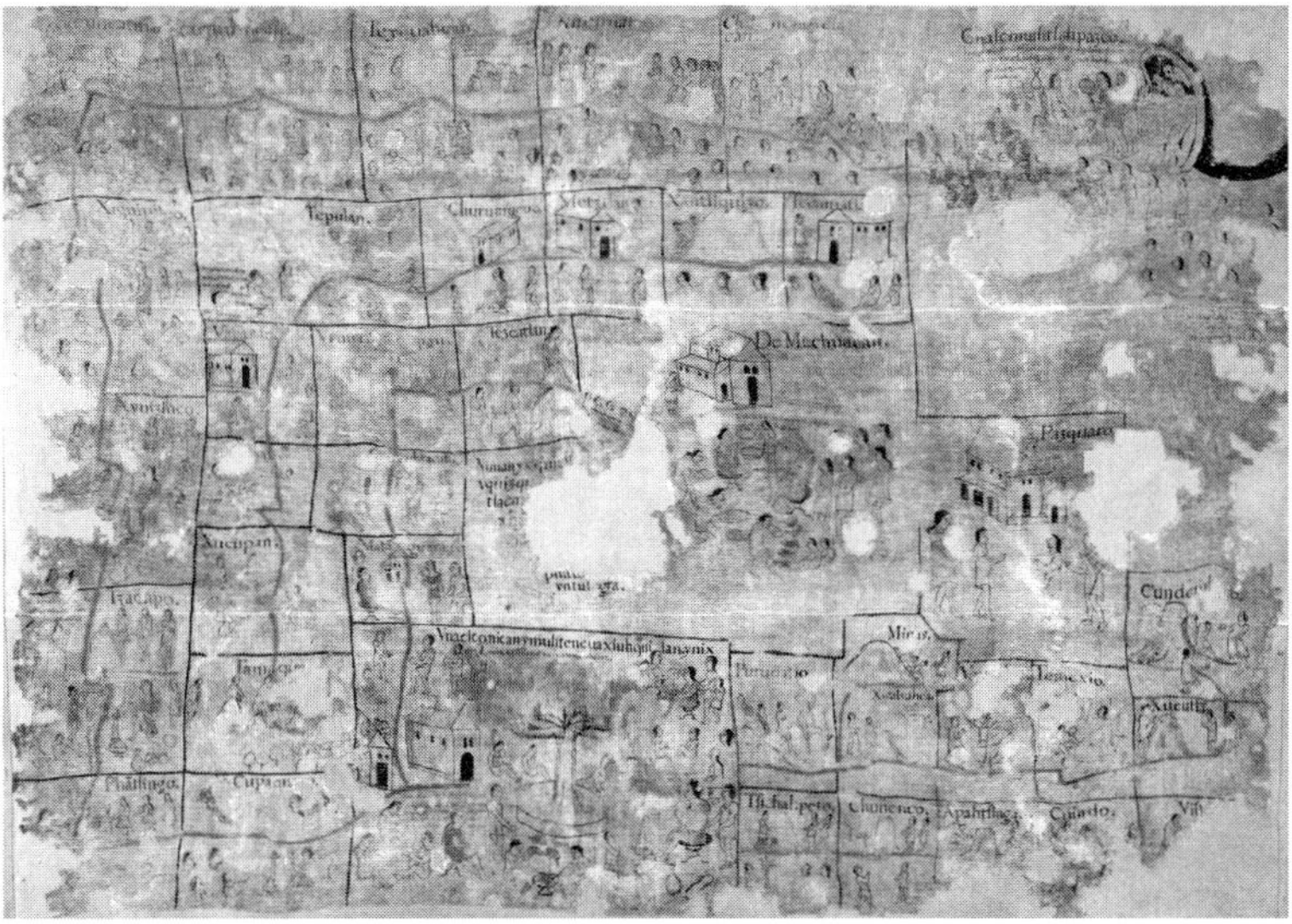

図 1　フクタカト絵文書（コレヒオ・デ・ミチョアカン大学院大学のハンス・ロスカンプ博士から提供．メキシコ地理統計協会所蔵）

エスパーニャ史料集』として刊行することを目指していたが、その第五部は手紙に充てられるはずであった。さらに第六部では、征服者や入植者が恩賞をえるために自らの功績を記し、王室に送った報告書（probanzas）、すなわち彼らの自伝を扱う予定であった。残念ながら、この史料集はパソの生前、七巻が出版されるにとどまり、その没後、一部が『ヌエバ・エスパーニャ書簡集』全一六巻として刊行された[32]。パソによる史料編纂は、後世の研究者に対し、一握りのクロニカに依拠する歴史像を相対化するよう促すと同時に、エゴ・ドキュメントが重要な素材となることをも示したのである。

パソがナワトル語で書かれた文書を重視した点も特筆に値する。ナワトル語とは先スペイン期のアステカ王国における共通語であり、現在でもその話者は一〇〇万人を超えている。宣教師たちがナワトル語を習得し、アルファベットで表記する方法を開発し、インディオ・エリート層に読み書きを教えた結果、彼らのなかからナワトル語で文書を作成する者が育ったのだ。パソは一八九九年から一九〇九年にかけ、フィレンツェで戯曲や歴史書など六つのナワトル語作品を出版した。彼は国立博物館の『年報』第四号(一八八七年)で、博物館の使命の一つはインディオ諸言語で書かれた作品の発掘と紹介であると宣言したが、異国の地でもその使命を忘れなかったのである。[33]たしかに彼自身は、主として作品と呼ぶに値するナワトル語文書を扱った。しかし、メキシコ国立総合文書館が多数所蔵する、植民地期に作成され、副王庁に送られた「ありきたりの」ナワトル語文書[34]の利用を準備したのも、彼だったといえるかもしれない。パソが切り開いたエゴ・ドキュメント研究とナワトル語の利用とが、時を経て合流するのだから。

スペイン領アメリカ植民地史研究におけるエゴ・ドキュメント論は、ここに新たな局面を迎えるのだが、それを読者に理解してもらうための前提として、植民地期メキシコにおける文書の生産様式、すなわち文書の生産、使用、保管、再利用のサイクルについて説明しておこう。スペイン本国のマドリッドを頂点とし、メキシコ市を重要な結節点としながら、文書行政ネットワークが遅くとも一六世紀半ばには確立し、メキシコに暮らす大半の人がなんらかの形でこのネットワークと接続されていく。これは、一方通行的な管理のためというよりは、自らのおかれた窮状をメキシコ市にいる副王や本国の国王に知ってもらうことで打開すべく、積極的にネットワークにアクセスし、進んで情報提供するという下からのイニシアティヴによるところが大きかった。このネットワークには保管機能も備わっており、訴訟を起こすとなれば、かつて裁判所に提出した文書を借り出し、写しをとり、それを再利用して新たな訴状を作成することができたのである。[35]借り出した後に裁判所に戻すとはかぎらない。たとえば前出の「フクタカト絵文書」の場合、一六世紀半ばに別の村が自らの由緒を証明するために作成した文書群の一部が、いつしかフクタカト村の教会を飾ることとなり、一九世紀になって研究者に発掘され、マドリッドで展示されるといった経緯を辿っている。[36]

このネットワークを機能させるうえで重要な役割を果たしたのは、通訳・翻訳メカニズムである。郡の裁判所で作成された文書にはしばしば「この人物はスペイン語を解さないので通訳を通じて証言した」という説明がみられるが、インディオはこうした通訳を介して自らの主張を展開しえたのである。スペイン語を解さないインディオであっても通訳に頼んで代筆してもらうことで、スペイン語の請願書をメキシコ市やスペイン本国に送ることもできた。インディオ村落共同体の書記は、参事会の議事録を作成するだけでなく、インディオ言語で村人の遺言書を作成、保管することを任務としていたが、その結果、訴訟に巻き込まれたインディオが遺言書の写しをメキシコ市の裁判所に提出することが可能となっていた。メキシコ国立総合文書館のカタログで「ナワトル語による遺言書が含まれている」という記述に出会い、文書に目を通すと、そのスペイン語訳も付されており、このメカニズムがどう機能していたのかを窺える。

こうして、「私」を起点としたエゴ・ドキュメントが、双方向的な政治的コミュニケーションを可能とする文書行政ネットワークを通じ、大量に生産されたのだが、ここで留意すべきはその画一性である。メキシコだけでなく、スペイン領アメリカ植民地全域で、同様のネットワークとメカニズムが機能していた。具体例を見ておこう。一七八九年一二月、メキシコ市に暮らす自称、インカ最後の皇帝の五世代目の子孫にあたる女性、マリア・ホセファ・ホアキナ・パウリーナ・ウチュ・インカ・ティトゥ・ユパンキ・イ・ワイナカパクが、副王レビジャヒヘード伯爵に宛てて請願書を提出した。故郷ペルーから離れて暮らすこの女性は、メキシコでスペイン人男性と結婚したが、高貴な出自にふさわしい生活を送れていない。そこで、インカの栄光と征服時の貢献を持ち出すことで、その身分と祖先の功績にふさわしい恩給に浴する権利があるのだと主張するにおよんだ(37)。これは、ペルーとメキシコとで手続きが共通だからこそ可能となったと見るべきだろう。

当時の識字率は高くなかったので、エゴ・ドキュメントを作成できたのは住民のごく一部だったのではないかという反論が出るかもしれない。たしかに識字率は高くなかったし、スペイン語を解さないインディオも多数いた。しかし、異端審問の記録には、メキシコ市在住のスペイン人の被告が自由黒人にラテン語文献の翻訳を頼み、謝礼を払った事実が記述されており、[38] 非識字者（この場合はラテン語を解さないという意味）を手助けするメカニズムが機能していたことが見えてくる。近年の研究は訴訟手続きに関し、このメカニズムを解明しつつある。弁護士のほかに代訴人、書記、通訳が各都市に事務所をかまえ、ネットワークへのアクセスを容易にしていた。[39] と同時に、正規の資格を持たない代筆業者がしばしば文書を作成していた。これは、『公正証書作成のための手引き』といった文献がメキシコやペルーに輸入されていたことと関連していよう。[40] 資格保持者の事務所の見習いなどが、この手引きを使って文書作成術を身に付け、無資格で「開業」したと推測できる。実際、郡裁判所で作成される文書には「当郡には正規の公証人がいないので、誰某を書記に任命した」という文言が頻出する。こうした人物が、有資格者の多い都市から拡散したおかげで、農村部でも非識字者によるエゴ・ドキュメント作成のコストが下がり、書き手の多様性を生んだのだ。

一九世紀後半以降、クロニカの刊行や史料編纂に努めた歴史家たちに素材を提供した史料は、大半がメキシコやスペインの公文書館に所蔵されていた。それは、植民地期の文書行政ネットワークと通訳・翻訳・代筆メカニズムの産物でもあった。他方で、近世スペイン帝国では公文書と私文書の境界線が明確でなかった結果、後世の歴史家たちがそこから各種のエゴ・ドキュメントを編纂することとなる。カール五世が書記に作成させた文書であっても、そこには私的書簡の匂いが残っており、逆に、私人からフェリペ二世に送った請願書や建白書が私的利益を追求するという目的をもっていたとしても、公益に資するという「大義」を押し出すことで、公的報告書の体裁を帯びることもあった。それゆえにこそ、スペイン領アメリカ植民地史研究は、制度化の初期段階で多言語のエゴ・ドキュメントをどう利用すべきかという方法論を避けて通れなかったのである。

三　現代歴史学におけるエゴ・ドキュメントの諸相

二〇世紀に戻ると、その中葉が、スペイン領アメリカ植民地史研究におけるエゴ・ドキュメント論にとっての転換点となる。それまでは、エゴ・ドキュメントといっても、クロニカの著者たちや思想家、文学者、政治家など著名人の人生や執筆過程などを解明するために利用されるのが通例だったのである。欧米諸国でラテンアメリカ史研究が制度化され、ラテンアメリカ諸国でも歴史学が確立される二〇世紀半ば以降、状況が変わり始めた。各国の正史に寄与するだけに思われた「純粋な」公文書に飽きたらない研究者が、自分なりの問いに対する答えを探るべく、一人称で書かれた私的な文書を対象とし、分類・選別し、モノグラフを生産するようになっていく。

スペイン近世経済史研究の延長線上に、メキシコに渡航した植民者たちの書簡に注目したエンリケ・オッテ(41)、インカ帝国征服に参加した一五〇名を超えるスペイン人征服者の書簡を利用し、フランシスコ・ピサロの偉人伝ではなく集団の社会・文化的特性を明らかにしたジェームズ・ロックハート(42)、訴訟文書に焦点をあててメキシコ市の裁判所の機能とインディオの訴訟戦術に迫ったウッドロー・ボラー(43)、遺言書の分析を通じてメキシコ市に居住するスペイン人エリートの死に関する心性を浮き彫りにしたベロニカ・サラテ(44)、さらにはガレオン船でマニラからメキシコに渡ったアジア系(大半がフィリピン人だった)奴隷の生存戦略を解明したタティアナ・セイハス(45)まで、エゴ・ドキュメントの種類、他の文書との組み合わせ方は、目的と問いに応じて多様だった。なかには、ルイス・ゴンサーレスのように、メキシコ西部の一つの村の四世紀にわたる歴史を描き出すべく、公正証書などに家族や親戚の昔話などオーラル・ヒストリーまで組み合わせ、ミクロ・イストリアという手法を開発することさえあった(46)。

しかし、植民地期メキシコ史研究におけるエゴ・ドキュメント論がもっとも独創的な次元を切り開いたのは、インディオ諸語で作成されたエゴ・ドキュメントの利用であろう。伏見岳志が紹介しているように、インディオ諸語で作成された「ありきたりの」史料に目をつけたのは、前出のロックハートである。パソらがクロニカや絵文書に焦点をあてたのに対し、ロックハートとその教え子たちはナワトル語で作成され、保管されてきた遺言書を言語学的観点から分析することで、インディオの言語実践にみられる先スペイン期からの連続性と、スペイン語との接触から生まれる変化を明らかにしたのである。[47] エゴ・ドキュメントを大量に利用することでインディオの集合心性や慣行に迫ったといえようが、伏見も指摘するように、それは主体としての個々のインディオを消去することとなった。[48]

インディオ諸語によるエゴ・ドキュメントにインディオ個人の主体性を探る作業は、パソによるナワトル語文書の発掘と解読の伝統を引き継いだ、メキシコ歴史学に委ねられることとなる。たとえば、パソがパリの国立図書館で発掘したエルナンド・デ・アルバラード・テソソモクのナワトル語クロニカは、従来、先スペイン期の歴史をどれだけ正確に反映しているのかという観点から研究されていたが、ホセ・ルベン・ロメロ・ガルバンは、テソソモクがスペイン語で執筆したクロニカと対照させながら、征服後に生まれたインディオ貴族がいかなる歴史的文脈において何を目的とし、誰を読者と想定して書いた祖先の歴史なのかという、エゴ・ドキュメント論と近似した視点からアプローチしている。[49] 均質なエゴ・ドキュメントの計量的処理を唱道したロックハートの教え子たちも、主体としてのインディオ個人の復権に取り組んでいるが、その際に利用するのがクロニカ類であるのは皮肉といえよう。[50]

日本のスペイン領アメリカ植民地史研究も、こうした研究動向と無縁ではいられない。たとえば、ロメロ・ガルバンと同様の手法で複数の先住民系クロニスタの作品を分析してきた井上幸孝は近年、一六世紀半ばから一七世紀初頭にかけてメキシコ市で暮らした一人のインディオのナワトル語日記に出てくる日本、アジア関連情報を検討している。[51] これは、日記というエゴ・ドキュメントを利用し、スペイン帝国における情報ネットワークを個人の視点からとらえ返す試みでもある。他方で大越翼は、メキシコ東部ユカタン半島に関し、マヤ語のエゴ・ドキュメントを使い、マヤ系インディオの個人的、集団的アイデンティティが征服以後、どのように変容したのかに迫っている。その際、大越は、一六世紀に作成された王家や個人の由緒書が一七世紀以降、村の由緒書として流用されていく過程を浮き彫りにしており、[52] エゴ・ドキュメントのリサイクル論として注目に値する。

メキシコとは対照的に、アンデス地域ではインディオ諸語で作成された文書はほとんど発見されていない。アンデスでは、インディオであってもスペイン語で遺言書を作成していたのである。溝田のぞみは、ペルーの地方文書館に残された、スペイン人公証人の作成したインディオの公正証書――遺言書もその一類型である――の形態変化を分析しており、今後はエゴ・ドキュメントとしてその内容に踏み込むことが望まれる(53)。

実際、公証人の作成する文書は三人称で書かれることが多いものの、個人の視点を色濃く反映したエゴ・ドキュメントに近い性格を有し、依頼人が一人称単数形で登場する場合もある。メキシコ、スペイン双方に残された公文書や公証人文書、なかでもエゴ・ドキュメントに着目し、移民史研究における新たな一歩を踏み出したのは横山和加子である。『二つの世界、一つの運命』というタイトルを冠してメキシコで出版した単著のなかで横山は、ファン・インファンテというエンコミエンダ保有者一族、姻戚が大西洋の両岸で一世紀にわたって展開した家族戦略を解明する(54)。

この環大西洋的家族史はさらに、移住という現象がメキシコとスペイン双方の地域社会に与えた影響を詳細に検討する、環大西洋的地域史の試みでもある。この一族は、メキシコの一地域に存在する複数のインディオ村落共同体の経済をどう変えたのか。インディオの側はいかに対応したのか。姻戚たちはスペインでどのように社会的上昇を図ったのか。同書はこれらの問いに対する答えを示してくれる。エゴ・ドキュメントも駆使することで横山は、植民地統治機構の確立、大西洋を越えた人の移動、植民地社会の成熟、本国社会の変容といった構造に関わる諸問題を、主体の選択という視点から浮かび上がらせたのだ。

四　エゴ・ドキュメントとしての訴訟文書

こうしてみると、パソが提示した、植民地期に作成されたエゴ・ドキュメントを利用する道と、インディオ諸語の文書を利用する道とは、容易に交差しないことがわかる。私としては、訴訟文書に証人や請願者として姿を現す無数のインディオたちの声を聴くのが、一つの迂回路だと考えている。遺言書と異なり、訴訟の展開という具体的な文脈のなかで証言や請願書というテクストを読み解くことで、主体の位置を測定できるからである。ただ、その際に留意すべきは、冒頭で指摘した代筆者と依頼者＝私の関係をどう考慮するべきか、すなわち通訳・翻訳・代書メカニズムを通じて作成された文書にどうやってインディオの主体性を探るのか、という問題である。

一七六四年、メキシコ市から南に六〇キロほど離れたトラルネパントラというインディオ村落共同体に暮らす若きインディオ寡婦、ペトロナ・マリアが、夫から相続した家屋、宅地を義父に奪われそうになった。それを阻止すべく、ペトロナは三通の請願書を作成、提出した。一通目はトラルネパントラ村を管轄するスペイン人代官に宛てられ、残りの二通は現地では埒が明かないと判断して副王に直訴したものである(55)。形式的には、三通ともスペイン語を用い、一人称単数形で書かれているが、副王宛ての二通は「学士号」を有する代筆者の署名があり、メキシコ市で代筆されたと思われる。一通目に代筆者の署名はない。しかし、自分の主張を裏付けるべく複数の質問項目に関して三人の証人から事情聴取してほしいと要請する文面は、法的文書の書法をきちんと守ったものであり、後に下される代官の判決文に「ペトロナ・マリアに対して通訳を通じて判決内容を知らせると……」と記されている以上、彼女が自筆したとは考えにくい。では、いずれも通訳・翻訳・代筆された請願書は、どの程度エゴ・ドキュメントといえるのだろうか。

実は長谷川貴彦が、一八世紀後半から一九世紀初頭にかけてイングランドで大量に作成された「貧民の手紙」に関し、同様の問題を指摘している(56)。ただ、長谷川は代筆のフィルターの解除方法を示してくれないし、植民地期メキシコではさらに通訳・翻訳という壁を越えねばならない。ペトロナが、第二節で言及した『公正証書作成のための手引き』を読んだとは思えないが、『手引き』に出てくる語彙や手順が村のインディオ知識人を介してナワトル語で彼女の耳に届いた可能性はある。それほどまでに、文書行政ネットワークは当時のメキシコの隅々まで張り巡らされていたのだ。夫の遺言書作成に立ち会うことで、法的文書を口述筆記する術に触れる一方で、村の知識人たるカトリックの聖職者による説教や告解を通じ、抽象的な語彙に接する機会をもつというわけだ。三通の請願書は、そのような知識をもったペトロナと代筆者が、通訳を介して意見交換しながら「共同」執筆した産物と見るべきだろう。

ペトロナの主体性は一通目と二通目、三通目で語られる事実の取捨選択や全体のトーンに見て取れる。一通目だけは、自らの過失を認め、下手に出ておいてから権利安堵のための攻勢に出て、ときおり過失に対する反省を織り交ぜていくのだ。過失とは、寡婦でありながら、愛人と肉体関係をもったことであるが、それを女性に固有の「弱さ」に帰して代官に情状酌量を求めるのは、女性によるこの種の請願書を代筆する際の決まり文句だった可能性は高い。しかし、ペトロナが代筆者の忠告に従っただけとは考えにくい。現地では愛人との関係が知られていることを前提に、代官にまず情状酌量を求めてから攻勢に転じるべきだと判断し、この文言を受け入れたと考えるべきではないか。

それは、副王に宛てた二通の請願書の文面から逆算できる。そこでの彼女は攻勢に徹し、自らの非を認めたりはしない。メキシコ市に暮らす副王の耳に自らの「不貞」の情報が入っている可能性はないと判断したペトロナは、二通目を代筆した学士にその情報を伝えなかったらしく、文面に「不貞」の事実は出てこない。三通目の請願書を出すにあたって新たな学士を選んだ点も彼女らしい。その上で、この学士には「不貞」の件を伝えたのだが、それはあくまで義父の主張に過ぎず証拠はないと代筆させている。二通目に出てくる、息子の嫁として一年に二週間は自分の家にきて家事をこなせ、こなせないなら四レアルを支払えと義父が迫った事実が三通目から消えているのも、奇異である。

二通の請願書のずれを解釈するには、三つの文脈を考慮する必要があるだろう。一つ目は、メキシコ市の法律関係者の世界である。通常、代訴人はインディオの依頼人に対し、優位に立つ。請願書が依頼人に有利な決定を引き出した場合、管見のかぎり、代訴人が新たに事実を取捨選択することはない。この文脈に二通の違いを置くと、それが代訴人の主導によるとは思えない。代訴人が書き換えを嫌がった[57]からこそ、ペトロナは代訴人を変えたのだろう。ペトロナが慣例を無視したのは、彼女が置かれていたメキシコ市と現地をつなぐ交通の文脈の産物だと考えられる。彼女はこの交通を通じて現地の情勢を把握し、それに対応すべく書き換えにこだわったのだ。クリフォード・ギアツの表現をもじれば、二つの社会的文脈と訴訟文書の文脈を重ね合わせる「厚い」読解を通してはじめて、二通の請願書のずれというテクスト上の文脈から、ペトロナの主体性を読み取れる。ただ、彼女の思惑どおりに事が進まなかった点を見逃してはならない。勝訴判決とともに村に入ろうとしたペトロナは、義父を支援する現地のインディオ村役人、スペイン人役人、聖職者に拘束されてしまう。テクスト外の文脈は、テクスト上の主体性だけでは動かせなかったのである。

冒頭で引用した記事には続きがある。ドン・ホセが息子への愛の手紙を下書きし、依頼人に読んで聞かせると、彼女は感激のあまり泣き出すほどそれを気に入り、清書を断ってそのまま下書きを持ち帰ったという。彼女、そしてそれを受け取ったかもしれない息子にとり、これは彼女の手紙だったのではないか。けれども、依頼人と代筆業者のあいだのこのような予定調和は例外かもしれないと、ペトロナをめぐる文脈の「厚い」読解は警告してくれる。

おわりに

たとえインディオ言語で書かれていたとしても、通常、遺言書は一生に一度しか作成されない。そこにインディオ個人の視点を読み取るのは難しい。それに対して訴訟では、原告や被告、証人となった同一のインディオが通訳を介して繰り返し証言したり、翻訳を通じて作成した請願書を何通も提出したりする。法的文書の専門家の協力を仰ぎながら彼女／彼がスペイン語で作成した請願書を、訴訟文書全体から浮かび上がる複数の社会的文脈に重ね合わせ、請願書間の細部のずれを測定する「厚い」読解を通じ、スペイン語を解さず、書記能力を欠いたインディオの主体性の痕跡、ないし彼らの声に迫ることができる。植民地期メキシコで機能していた文書行政ネットワークと通訳・翻訳・代書メカニズム自体に、ロックハートの陥った隘路を回避する抜け道が備わっているといえようか。

スペイン領アメリカ植民地史研究は、エゴ・ドキュメント論の隆盛とは無関係に、こうした地点まで到達したのである。にもかかわらず、欧米の歴史理論がスペイン領アメリカ植民地史研究を看過している（カルロ・ギンズブルグは例外だろう）のはなぜなのか。欧米における歴史学も、地域、時代、テーマごとに細分化しており、スペイン領アメリカ植民地史研究までフォローできないというのは確かである。しかし、それだけではない。

米国に話を限定しておこう。一九八〇年代初頭、ラテンアメリカ各国は累積債務危機に見舞われ、一九九〇年代に入ると米国発の新自由主義の実験場と化す。米国からすれば、ラテンアメリカは新自由主義政策の対象／客体であると同時に、データをえるためのフィールドとなった。地政学上のこうした非対称性は、スペイン領アメリカ植民地史研究にも及んだ。いまやラテンアメリカにおける歴史研究は、米国のラテンアメリカ史研究から最先端の方法、理論を学ぶだけの存在と見なされるようになり、米国のラテンアメリカ史研究は西半球歴史学の覇権を握りつつある[58]。

皮肉なことに、ラテンアメリカが米国にとって政治、経済、学問上の客体と化すのにともない、米国におけるラテンアメリカ史研究は発信力を失ってきた。ラテンアメリカ史研究者は、学問上の対話に値する他者を失うことで、方法や理論を米国歴史学主流派から借りるしかなくなり、主流派からすればたんなる情報提供者と化したのである[59]。方法や理論の面でスペイン領アメリカ植民地史研究が黙殺されるのは、自然な流れだった。

では、スペイン帝国史、スペイン領アメリカ植民地史研究者は、エゴ・ドキュメント論に対して何を発信できるのか。スペイン領アメリカ植民地では様々な身分、職業、言語集団に属する多くの個人が比較的容易にエゴ・ドキュメントを作成し、かつそれが保管されてきた。他方で、多くの人は狭義のエゴ・ドキュメントを残せなかった。しかし、そうした人たちの声を聞くための方法の一つが、訴訟文書の「厚い」読解なのである。多くの場合、被告や証人として訴訟に巻き込まれ、発言を強いられるのだが、それでも彼女／彼の証言(通訳を介する場合もしばしばだった)を権力関係の磁場と関連させながら複数の文脈のなかで聞き取り、読み解くことで、エゴ・ドキュメントを残せない人たちの視点から構造を捉え返しうる。この地域は、多様なジャンルに応じたエゴ・ドキュメントの利用法と、エゴ・ドキュメントを残せない者の視点を探る方法とを、エゴ・ドキュメント論に対して発信できるのではないか。

磁場は変化する。ラテンアメリカの場合、スペインからの独立が分水嶺となる。奴隷として植民地期メキシコに渡ったフィリピン人は、インディオ身分を取得しようと闘った。ラス・カサスのおかげで、インディオの奴隷化は禁止されていたからである。それに対し、独立後のメキシコではスペイン人身分に属する者が国外追放を回避しようとすれば、帰化を申請するしかなくなる。両者の間で、利用すべきエゴ・ドキュメントの種類やレトリックは異ならざるをえない。構造の変化を個人の視点から捉え返すのがエゴ・ドキュメント論の課題の一つだとすれば、ラテンアメリカ史研究は、この面でも方法上の革新に貢献できるのかもしれない。

(1) 植民地期メキシコでは、一六世紀から裁判所等に提出する文書の作成から弁護までの諸手続きを担う業者が存在し、先住民も含む一般市民の公的機関へのアクセスを円滑なものとしていた。植民地期末期のこのメカニズムの実態については、Victor Gayol, *Laberintos de justicia. Procuradores y oficiales públicos de la real audiencia de México en la época de las reformas (1750-1812)*, Zamora: Colegio de Michoacán, 2007 を参照。植民地期ペルーの公証人については、溝田のぞみ「先住民証書のファイリングシステムの変遷——植民地時代ペルー・ワマンガの事例」『ラテンアメリカ研究年報』三二号、二〇一二年、六九—一〇〇頁を参照。

(2) アステカ王国の征服者であるエルナン・コルテスが高い書記能力を有していたのに対し、インカ帝国の征服者であるフランシスコ・ピサロが書記能力を欠いていた事実については、安村直己『コルテスとピサロ——遍歴と定住のはざまで生きた征服者』山川出版社、二〇一六年、を参照。

（3）溝田、前掲論文は、公正証書を作成する公証人だけを扱うが、公証人資格を有さない代筆業者が各地で文書を代筆したと想定しないと、膨大なエゴ・ドキュメントの存在を説明しえない。そこで本章では「代筆業者」を用いる。

（4）ラス・カサスの生涯については、染田秀藤『ラス・カサス伝――新世界征服の審問者』岩波書店、一九九〇年、を参照。他人のエゴ・ドキュメントを組み込んでいる点については、バルトロメ・デ・ラス・カサス『インディアス史』（A）全五巻、長南実訳・増田義郎注、岩波書店、一九八一―一九九二年、の第五巻に寄せた増田義郎の解説（七九七―七九八頁）を参照。自伝としての性格については、文庫版『インディアス史』（B）全七巻、岩波文庫、長南実訳・石原保徳編、二〇〇九年、の第七巻に寄せた石原保徳の解説（四二九―四四九頁）を参照。

（5）長谷川貴彦「エゴ・ドキュメント論――欧米の歴史学における新潮流」『歴史評論』七七七号、二〇一五年、四八頁。

（6）コロンブス『コロンブス航海誌』林屋永吉訳、岩波文庫、一九七七年。

（7）同上、三五―三七頁。

（8）石原保徳『インディアスの発見――ラス・カサスを読む』田畑書店、一九八〇年、四二―四四頁。

（9）エルナン・コルテス『コルテス報告書簡』伊藤昌輝訳、法政大学出版局、二〇一五年。

（10）『インディアス史』（A）、第五巻、三三二頁。

（11）『インディアス史』（A）、第五巻、五五六頁。なお、一六世紀にはフェルナンデスとエルナンデスという姓はしばしば互換可能であった。

（12）ラス・カサス『インディアスの破壊についての簡潔な報告』染田秀藤訳、岩波文庫、二〇一三年。原著は一五五二年にスペインで出版されている。

（13）染田、前掲書、三五四頁。

（14）『インディアス史』（A）、第五巻、七九七―七九八頁。

（15）サルバドール・デ・マダリアーガ『マダリアーガ　コロンブス正伝』増田義郎・斎藤文子訳、角川書店、一九九三年、一二八四頁。

（16）Arndt Brendecke, *The empirical empire. Spanish colonial rule and the politics of knowledge*, Berlin: de Guyter, 2016, pp. 182-183. オビエードの経歴については、Gonzalo Fernández de Oviedo, *Sumario de la natural historia de las Indias*, México: Fondo de Cultura Económica, 1950 に付された、校訂を担当したホセ・ミランダによる研究が詳しい。

(17) 第一部一五三五年版には抄訳が存在する。オビエード『カリブ海植民者の眼差し〈アンソロジー 新世界の挑戦 4〉』染田秀藤・篠原愛人訳、岩波書店、一九九四年。

(18) Rodrigo Martínez Baracs, *La perdida Relación de la Nueva España y su conquista de Juan Cano*, México: Instituto Nacional de Antropología e Historia, 2006, p. 46.

(19) オビエード、前掲書、三三七頁。

(20) 『インディアス史』(A)、第五巻、五五九頁および解説、七九八頁。

(21) Enrique Florescano, *Memoria mexicana*, México: Fondo de Cultura Económica, 1994 (1987), p. 317. ゴマラもまた、ラス・カサスらと同様の手法を駆使して情報を集め、ある意味、コルテスのエゴ・ドキュメントを代筆したといえよう。ゴマラ『拡がりゆく視圏〈アンソロジー 新世界の挑戦 3〉』清水憲男訳、岩波書店、一九九五年、は *Historia general de las Indias* の抄訳である。なお、ラス・カサスはゴマラの偏向を痛烈に批判している。『インディアス史』(A)、第五巻、三五七—三六一頁、を参照。それに対し、オビエードと比べると、ゴマラのラス・カサス批判は抑制的である。ラス・カサスが主導して失敗に終わったクマナ入植計画に関するゴマラの冷静な記述(一七二—一七四頁)を、オビエードの批判的筆致と比べれば、それは明白である。

(22) Florescano, *op. cit.*, pp. 317-319.

(23) 修道会側と王室の意を受けた在俗教会の対立は、先スペイン期の偶像崇拝がどの程度インディオに残っているか、その残滓とどう向き合うべきかを争点の一つとしていた。一五五三年にメキシコに到着した第二代メキシコ大司教は、在俗教会にインディオたちの支持を集めるべく、先スペイン期に女神が祀られていた丘に聖母マリアが姿を現したと宣伝し、聖母グアダルーペ信仰を主導した。つまり、異教的慣行の存続を容認したのである。それに対し、フランシスコ修道会の側は、この信仰はインディオたちの先スペイン期以来の偶像崇拝を復活させるだけだと主張し、反対の論陣をはっている。サアグンもその一人である。Edmundo O'Gorman, *Destierro de sombras. Luz en el origen de la imagen y culto de Nuestra Señora de Guadalupe de Tepeyac*, México: Instituto de Investigaciones de la Universidad Nacional Autónoma de México, 1986 を参照。

（24） Brendecke, *op. cit.*, pp. 249–252. なお、エレーラは執筆にあたり、ラス・カサスの『インディアス史』をふんだんに借用しており（*ibid.*, p. 243）、ラス・カサスがペドラリアスに批判的だったことを考慮すれば、孫の提訴も頷ける。

（25） ゴマラ、前掲書の訳者解説（三〇五頁）によれば、この回収命令は王室がラス・カサスの要請を受けて下したという見解も存在する。ところが、王室はこの命令を厳格に守らせようとしなかったらしい。ラス・カサスがゴマラを批判するのは、この命令にもかかわらず『全史』が広く流通していたからかもしれない。

（26） Juan de Torquemada, *Monarquía indiana*, Sevilla, 1615. サアグンからトルケマーダにいたる系譜については、Luis González, *Jerónimo de Mendieta. Vida, pasión y mensaje de un indigenista apocalíptico*, Zamora: Colegio de Michoacán, 1996 を参照。

（27） エゴ・ドキュメントという用語は用いていないが、植民地期メキシコにおける歴史の生産の場の複数性とネットワークについては、すでに論じたことがある。安村直己「権力・メディア・歴史実践——植民地期メキシコにおける歴史の生産」『歴史学研究』八二〇号、二〇〇六年、二一—一一頁。

（28） たとえば、ラス・カサスの『インディアス史』は一八世紀に発掘され、一八七五年に刊行されている。Bartolomé de las Casas, *Historia de las Indias*, Madrid: Alianza, 1994 中の解説を参照。

（29） カルロス・マリア・デ・ブスタマンテはその一例である。一七七四年にスペイン人として生まれ、独立派に加わった。独立後も政治家として活動を続ける一方で、米国によるメキシコ侵略を糾弾する同時代史を著したことで知られる。Carlos María de Bustamante, *El nuevo Bernal Díaz del Castillo o sea Historia de la invasión de los Anglo-Americanos en México*, México: Fondo de Cultura Económica, 1994 (1847).

（30） ガルシア・イカスバルセタの経歴については、Robert Ricard, "Joaquín García Icazbalceta (1825–1894)" en *Bulletin Hispanique*, année 1934, 36-4, pp. 459–471 を参照。

（31） 「フクタカト絵文書」が博覧会に出展された経緯については、Hans Roskamp, *La historiografía indígena de Michoacán. El Lienzo de Juctácato y los títulos de Carapan*, Leiden: Research School CNWS, 1998, pp. 93–94 を参照。

（32） Francisco del Paso y Troncoso, ed., *Papeles de Nueva España*, 7 vols., México, 1905–1906; *Epistolario de Nueva Es-*

paña, 16 vols., 1939–1942. なお、パソの経歴については、Howard F. Cline, “Selected Nineteenth-Century Mexican writers on ethnohistory” in *Handbook of Middle American Indians*, vol. 13, Austin: University of Texas Press, 1973, pp. 391–403 を参照。

(33) Paul Rivet, “Francisco del Paso y Troncoso” en *Journal de la société des américanistes*, année 1921, 13–1, pp. 130–133.

(34) 「ありきたりの」という表現は、伏見岳志「メソアメリカに関するエスノヒストリーの研究動向――先住民語史料の利用とUCLAグループ」『歴史学研究』七一五号、一九九八年、三三―四一頁から借用した。

(35) 安村直己「スペイン帝国と文書行政――植民地期メキシコにおける文書行政ネットワークとその外部」小名康之編『近世・近代における文書行政――その比較史的研究』第三章、有志舎、二〇一二年、七〇―一〇七頁。

(36) Roskamp, *op. cit.*, Parte 2 を参照。

(37) 当該文書は公刊されている。Linda Arnold, “En confirmación de la fe: doña María Josefa Joaquina Paulina Uchu, Inca, Titu, Yupanqui, y Guaynacapac” en *Boletín del Archivo General de la Nación*, núm. 3, 1995, pp. 45–77.

(38) この被告の知的世界については、Irving Leonard, *Baroque Times in Old Mexico*, Ann Arbor: University of Michigan Press, 1959, chap. 6 を参照。なお、彼は二名のスペイン人にもラテン語文献の翻訳を依頼していた。

(39) Gayol, *op. cit.*

(40) Irving Leonard, *Books of the Brave*, Berkeley: University of California Press, 1995 (1940), Chaps. 13, 14 によれば、メキシコ市とリマ市の書店が輸入した書物リストに Gabriel de Monterroso, *Práctica civil y criminal, e instrucción de escribanos*, Madrid, 1563 が含まれている。なお、セルバンテスと同時代の作家、マテオ・アレマンが『カスティーリャ語正字法』を一六〇九年にメキシコ市で刊行した背景には、書記能力を向上させたいという需要の高まりがあったのだろう。Mateo Alemán, *Ortografía castellana*, México, 1609.

(41) Enrique Otte, *Cartas privadas de emigrantes a Indias, 1540–1616*, México: Fondo de Cultura Económica, 1998. オッテは一九二三年、ユダヤ系ドイツ人女性を母としてマドリッドで生まれ、一九二五年から四四年までベルリンで過ごす。二一歳のときスペイン国籍を取得し、四四年から四六年までスペインで軍役に就く。イギリス、ドイツで学んだ後、四九年からスペインで研究生活を送り、六六年以後、ベルリン自由大学で教えた。彼自身の遍歴が、植民者たちのエゴ・ドキュメントへの関心につながったのかもしれない。

（42） James Lockhart, *The Men of Cajamarca. A Social and Biographical Study of the First Conquerors of Peru*, Austin: University of Texas Press, 1972.

（43） Woodrow Borah, *Justice by Insurance. The General Indian Court of Colonial Mexico and the Legal Aides of the Half Real*, Berkley: University of California Press, 1983.

（44） Verónica Zárate, *Los nobles ante la muerte en México. Actitudes, ceremonia y memoria (1750-1850)*, México: Colegio de México, 2000.

（45） Tatiana Seijas, *Asian Slaves in Colonial Mexico. From Chinos to Indians*, New York: Cambridge University Press, 2014.

（46） Luis González, *Pueblo en vilo. Microhistoria de San Juan de Gracia*, México: Colegio de México, 1968. なお、現在入手可能な新版では植民地時代を扱った三つの章が削除されている。彼の功績については、カルロ・ギンズブルグ『糸と痕跡』上村忠男訳、みすず書房、二〇〇八年、Ⅲ—2を参照。

（47） 伏見、前掲論文。

（48） 伏見の指摘は、数と匿名性を通じてしか民衆を歴史に再統合することはできないというフランソワ・フュレに対する、カルロ・ギンズブルグの異議申し立てを想起させる。カルロ・ギンズブルグ『チーズとうじ虫——一六世紀の一粉挽屋の世界像』杉山光信訳、みすず書房、一九八四年（原著は一九七六年）、一三頁。

（49） José Rubén Romero Galván, *Los privilegios perdidos. Hernando de Alvarado Tezozomoc, su tiempo, su nobleza y su crónica mexicana*, México: Instituto de Investigaciones Históricas de la Universidad Nacional Autónoma de México, 2003.

（50） Amber Brian, *Alva Ixtlilxochitl's native archive and the circulation of knowledge in colonial Mexico*, Nashville: Vanderbilt University Press, 2016.

（51） 井上幸孝「ヌエバ・エスパーニャの先住民記録に見る日本とアジア——チマルパインの『日記』を中心に」『スペイン史研究』二八号、二〇一四年、二〇—二七頁。

（52） 大越翼「時の流れに抗して——三つのマヤ王家の由来」『歴史学研究』八四七号、二〇〇八年、四二—五五頁。

(53) 溝田、前掲論文。

(54) Wakako Yokoyama, *Dos mundos y un destino. Cien años de la encomienda de Juan Infante y sus herederos en la provincia novohispana de Michoacán, 1528-1628*, Morelia: Universidad Michoacana de San Nicolás de Hidalgo, 2014.

(55) この事例に関しては、安村、前掲論文、二〇一二年、九五―一〇一頁および安村直己「植民地支配・共同性・ジェンダー――一八世紀メキシコの訴訟文書をめぐって」『歴史学研究』九一二号、二〇一三年、二―一三頁でも論じている。

(56) 長谷川貴彦「救貧法体制の動揺――エセックス州における貧民の手紙の分析から」『イギリス福祉国家の歴史的源流――近世・近代転換期の中間団体』第五章、東京大学出版会、二〇一四年。

(57) この間、現地のスペイン人代官がペトロナの不貞を理由に副王命令の再考を求める報告書をメキシコ市に送っているが、それを読んで代訴人が信頼関係の破綻を理由として退任した可能性はゼロではない。ただ、法律専門家が素人に騙されるとは考えにくい。意図的に不貞問題を隠したとすれば、それもペトロナの主体性の現れといえよう。

(58) 安村直己「フンボルトから『アラモ』まで――ラテンアメリカをめぐる歴史実践の系譜と新自由主義」『青山史学』二七号、二〇〇九年、五七―七四頁。

(59) 米国を代表するメキシコ史研究者の一人、エリック・ヴァン・ヤングは、米国の歴史学界におけるラテンアメリカ史研究の劣位を認め、主流派からの承認をえるために比較史に取り組んだと発言している。Christopher Domínguez Michael, *Profetas del pasado. Quince voces de la historiografía sobre México*, México: Era, 2015, p. 281.

第３章　日本近世における自己語りの諸相
――「我」と天道の間で

若尾政希

我も天道へ忠信の者成故、今天下の執柄を天道より預け給へり、政道若邪路に変ずる時は、天より忽ち執柄を取上げ給ふぞ

根本は、我が身も天地ニはらまれ、生れたりと存候、諸人御同前也

はじめに

日本近世のエゴ・ドキュメント(ego-document)について論ぜよというのが、私に与えられた課題である。私自身は、一九八〇年代から今日まで、個人がいかにして思想を形成していったのかを研究してきた。思想形成の過程で、ときに時代や社会の通念や常識といったものとぶつかることもあるが、そうした葛藤の内実を解明することを目指してきた。それができれば、時代や社会をいきいきと叙述できると考えたからである(1)。あらためてふりかえってみると、このような私の問題関心は、本書の主題であるエゴ・ドキュメント論と深く関わっているということができよう。しかしながら、日本史研究者の性であろうか、横文字で言われると、急によそよそしく感じられる。そこで、本章では、エゴ・ドキュメントではなく、自己についての語りという意味で自己語りという言葉を使うことにする(2)。違和感があ

る方は、「自己語り《エゴ・ドキュメント》」とフリガナをつけて読んでいただければと思う。

まず、冒頭に置いた二つの自己語りをみてほしい。前者の「我」は、徳川幕府初代将軍である徳川家康(一五四二―一六一六)である。[3] 他方、後者の「我が身」は、武蔵国川越(現、埼玉県川越市)の塩商人榎本弥左衛門(一六二五―一六八六)であり、最晩年の境地を表現したものである。[4] 前者は将軍、後者は上層民衆の相違はあるが、「天道」・「天地」と関わらせて自己を位置づけていることが注目される。本章は、日本近世のさまざまな自己語りにおいて、自己をいかに位置づけているのかということに焦点をあわせたい。そして、そうした自己語りの史料を、私がどのように読み解き、歴史を叙述してきたのかについて、一九九〇年代後半に取り組んだ三つの事例をあげて述べていきたい。

一 『陽広公偉訓』を読み解く

思想的基盤を探りながら読む

『陽広公偉訓』あるいは『光高公御夜話』という名前の、写本でのみ伝わる冊子がある。陽広公とは、金沢城を本拠に加賀国・越中国・能登国を治めた加賀藩第三代藩主である前田光高(戒名陽広院、一六一五―一六四五)のことである。国文学研究資料館の日本古典籍総合目録データベースによれば、現存が確認される一四部のうち、かつての加賀藩領域に九部も所蔵されており(そのうち七部は金沢市立玉川図書館近世史料館所蔵)、おもに加賀藩内に出回った書物だといえる。

実は、近世の大名が、子孫や家中に教訓を下すという体裁の書物が、『勝茂公御教訓』(佐賀藩主鍋島勝茂)、『保科正之家訓』(会津藩主)、というように、一七、八世紀に数多く作成されており、研究史上、大名家訓と呼ばれている。[5] こうした大名家訓のなかでも、『陽広公偉訓』は、よく取り上げられてきたものの一つで、たとえば福井久蔵氏はその

第三一条「政道十九ヶ条」の全文を引用し、「訓言中には聖経などの中より採りたるもあれど、自家の胸裡より出でたるもの少からず」と意義づけている。[6]『陽広公偉訓』を通して、光高は、聖経＝儒学を学んだ好学の大名というイメージで語られているのである。

しかし、『陽広公偉訓』の成立事情はよく分かっておらず、作者が光高であることを確実に示す史料は見つかっていない。『陽広公偉訓』を光高の著作とした最も古い史料は、当時加賀藩士で藩儒をつとめた室鳩巣（一六五八―一七三四）が延宝五（一六七七）年に『陽広公偉訓』に付けた序文「陽広公遺《ママ》訓序」である。[7] それによれば、この書物は、「祖」（祖父か）が光高の「侍従」であった藩士の家に家宝として伝わっていたものを、「宝訓」を聞くのが藩士一人ではもったいないとして鳩巣が「序」を付けて世に出したのだという。つまり『陽広公偉訓』は、光高没後三十余年にして鳩巣にいわば発見されて世に出た書物なのである。このようなわけで、この書物を光高の著作とすることについて――これまで疑われたことはなかったのであるが――、ひとまず保留して、考察を進める必要があろう。

さて、このような素性のわからない書物を、その思想的背景を明らかにして歴史的に位置づけていくには、書物の内容を綿密に分析し、作者がそれを執筆する上で参考にした書物や影響を受けた人物等を特定し、作者のいわば思想的基盤を掘り起こしていく必要がある。[8] そこで私は、五五条（四二条、続一三条）からなる『陽広公偉訓』の基礎的研究を行い、その成果を踏まえてこの書物が加賀藩で作成されたことの歴史的意義を考察して、一九九八年に「幕藩領主の思想史的研究序説――『陽広公偉訓』の歴史的位置」という論考を執筆したのである。[9]

『陽広公偉訓』の思想的基盤

『陽広公偉訓』は、いったいどのような思想的背景をもって、作成されたのであろうか。最初の第一句に、「貴モ賤モ学文ナクシテハ、国家治マルコト難《かた》シ」（第一条）とあることからわかるように、『陽広公偉訓』の作者は、貴賤身分にかかわらず学文が重要であること、とりわけ学文が国家統治に不可欠なことを強調している。しかし作者によれば、そのように重要な学文も仕方によっては「身ノ災」「国ノ仇」になる。第四条にいう（①―②の数字及び傍線は筆者による）。

①諸文ヲ読コト舌ニ任セテ正ストイヘトモ、義理不通ナレハ、諸芸ヲ習テモ理クラキ者アリ。其事ヲ少シク得トイヘトモ、奥ノ心ヲ不レ知、師伝ノ如ク云ハ愚ナリ。耳ヨリ口ニ出ルノミニテ味ヲ不レ知者、何ソ用ユルニ足ンヤ。其類ハ言ヲカヘテ問ヘハ、理通セサルニヨリ対《こと》フルコト能ハス。然レトモ如レ此ノ人②一ヲ聞テ十ヲ得タルト云ヒ、初ヲ習テ奥ノ心ヲ極メタリト思フナリ。是ニ因テ道ヲトクニ邪曲アリ。不レ知人ハ是ヲ正道ト思ヒ久ク迷ヒ晴サル者也。是等ノ人諸人ヲ迷ス罪アリ。不レ知道ヲ知レリトスルハ、愚ナル哉。虚誉ハ身ノ災ニ国ノ仇、無量ノ罪アリ。心アル人ハ爪《つま》ハシキヲシテ忌《いみ》思フヘシ

「諸文」・「諸芸」を学習しても、うわつらの修得に止まり、「奥の心」・「義理」にまで到達できない者がいる。このような者が「虚誉」（実力を伴わない名誉）から慢心を起こし「知らざる道を知れり」として人々を迷わすことがあるとして、これを「無量の罪」と厳しく非難している。この一文からすぐに想起されるのは、「居敬窮理」の説を掲げ「理を窮める」（『大学章句』）ことを学の方法として採用し、「記誦詞章」の学を退けた朱子学であろう。ここから『陽広公偉訓』の作者は朱子学的教養の持ち主だと結論づけたいところではあるが、実は『太平記評判秘伝理尽鈔』（『理尽鈔』と略記）巻二六に、楠正成（一二九四?―一三三六）の言葉として次のような一文を載せている。[10]

愚ナル奥旨ニ不《ト》レ至《ラ》云ハ、不レ限《ラ》二太平記《ニ》一諸文ヲ読事、舌ニマカセ文字ヲ正スト云ヘ共、義理不レ通替《ヘテ》二言語《ヲ》一問ニ

不レ答、師ノ伝ノ如ク言語ヲチカヘシテ説耳《のみ》也

これを右の傍線①と比べれば、両者がきわめて似ていることがわかるであろう。『理尽鈔』では同じ箇所で、

一ヲ了《しり》テ十ヲ伝タリト謂《ヒ》、最初ヲ習テ奥ノ意ヲ極タリト謂《フ》、依《テ》レ之《ニ》道《ヲ》説ニ邪在《あり》〔下略〕。

一ニハ人来テ其道ヲ問ニ答ル則ハ、邪在リ。不レ了《しらざる》者ハ此ヲ正ナルラント欲フ《をも(ママ)》。然レハ人ヲ惑ス禍《とが》アリ。〔中略〕

二ニハ一ヲ了テ十ノ事ヲ知タリト謂、虚言ノ禍有リ。〔中略〕此等ノ人ノ胸中ヲ以《をもんみる(ママ)》ルニ、其道ヲ知レリト人ニ被《ント》レ謂《ハ》思フ外ニ誉《ほまれ》ヲ聞カシメント欲フニ在ランカ、愚ナル哉。虚誉ハ国ノアタ身ノ災、無量ノ禍在レバ、無《キニ》レ誉出ル事万ニシテ其一ニモ及ブマジキ物ゾト、鎌倉ノ時頼禅門ノ宣《のたまひ》シモ理《ことはり》ニコソト覚ヘタリ

という。ここで、鎌倉幕府執権北条時頼（一二二七—一二六三）の発言だとして正成が述べている内容は、傍線②と似通っている。すなわち、『陽広公偉訓』の作者は、第四条を作る際に、『理尽鈔』の文章を利用しそれを再構成して、文末に「心ある人は爪はじきをして忌思ふべし」とつけ加えてこの条文を作ったのである。

次にあげたのは、先に少し触れた、『陽広公偉訓』第三一条の「政道十九ヶ条」である。その六条目にいう。「六《ニ》上下ヲ遠サクルコト勿レ。諸事ヲ老中頭人ニ任セ自カラ知ラサルコト勿レ」と。

「上下を遠ざくる」とは、政治を老中頭人任せにして、上（君主）と下との間に老中頭人が介在することにより、上下が遠くなることをいう。『陽広公偉訓』では、これを戒め、君主が「自《みづか》ら知る」親政を行うべきだと主張している。

『理尽鈔』でも、「楠正成云、国ヲ治メン者、〔中略〕行ニ怠リ下《ノ》訴《うつたへ》ヲ不《ハ》レ聞《カ》、国中ノ是事非事《ぜじひじ》ヲ不レ知《ラ》。此《レ》上下自然ニ遠ク成テ、民《たみ》主ヲ主トセス、奉行頭人ノ威アルヲ以テ主トスル物也。国ヲ被レ奪《ルノ》端《ハはし》ニ非スヤ」（巻三八）等と、楠正成に

繰り返し語らせている。すなわち上下懸隔を戒め君主親政を説くのは、『理尽鈔』の政治論の骨子なのである。一つひとつ見ることはしないが、他の一八条についても、『理尽鈔』に同趣旨の文を見出すことができる。ところが、『理尽鈔』は、その政治論を「政道十九ヶ条」と箇条書きに整理してはいない。実は『恩地左近太郎聞書』(『恩地聞書』と略記)という書物に次の一節がある。[11]

此《ノ》一巻ノ大体ニ十九ヶ条ノ法アリ。一ツニハ、(中略)六ツニハ上下ヲ遠《ク》スル事ナカレ。諸事ヲ奉行頭人ニ任テ、己《をのれ》知《しら》ズ有事ナカレ。

一見して明らかなように、『陽広公偉訓』の「政道十九ヶ条」は、この「十九ヶ条ノ法」を引用・抜粋したものなのである。なお、『恩地聞書』とは、楠正成の家老である恩地左近太郎が正成の教諭を「聞き書き」したという体裁をとった一巻の書物である。

以上のような検討を、全五五条にわたって行うと、『理尽鈔』・『恩地聞書』から、なにがしかの影響が認められるものは全五五条中四七条であり、全体の八割に達しており、『陽広公偉訓』の作者が、いかにこの両書の深い影響下にあるか、知ることができよう。では、『理尽鈔』と『恩地聞書』はどういう書物で、いかに読まれたのであろうか。実は、両書をテキストにした講釈こそが、私が「太平記読み」と名づけ、三〇年にわたって研究し続けているものなのである。

「太平記読み」とは何か

『太平記』は、一四世紀半ばの南北朝動乱期を描いた軍記物語である。太平記読みという言葉があることからもわかるように、『太平記』は口誦による読み、講釈というかたちで享受された。『太平記』の講釈には、『太平記』の本文を読むものと、『太平記』本文中の人物や事件を批判・論評するものがあった。このうち近世初期、一七世紀初めから半ばにかけて武士を対象に流行したのは後者であり、そのテキストが『理尽鈔』なのである。私は、この『理尽鈔』の講釈及びその講釈師を、一七世紀半ば以降に出てくる大道芸人としての太平記読みと区別するために、カギカッコを付けて「太平記読み」と呼び、一九九九年に『「太平記読み」の時代』と題する本を書いた。

最初の「太平記読み」は、日蓮宗僧侶大運院陽翁《だいうんいんようおう》（一五六〇?—一六二二?）であり、陽翁自身が『理尽鈔』の作成に関わった可能性が高い。その経歴は不詳であるが、姫路藩主池田輝政（一五六四—一六一三）、唐津藩主寺沢広高（一五六三—一六三三）らに仕え、晩年は加賀藩主前田利常（一五九四—一六五八）に招聘され金沢の地で没したという。陽翁がこうした歴々たる武将・大名たちに講釈をしたことからも明らかなように、『理尽鈔』は、元来、武士の中でも上層の為政者層を対象にしたものだった。その内容は、政治論・軍事論を真面目に語ったものであり、政治論では、指導者像や政治のあり方を鋭く提起していた。この『理尽鈔』において政治・軍事を教諭する理想的指導者として登場していたのが、『太平記』中の最大のヒーロー楠正成であった。もとの『太平記』では、正成は知謀・忠義の武将であったのだが、『理尽鈔』世界では、それに加え、仁政を掲げた農政を行い民の支持を得、家臣を信服させ意のままに操る理想的指導者として描かれた。近世初頭は、武士たちが、武将から為政者への転換を余儀なくされた時代であった。そうした武士たちにとって、「太平記読み」の教えは切実な生きたものだったと推定されるのである。一方の『恩地聞書』は、正成の自己語りを聞き書きしたという体裁の書物で、『理尽鈔』中の楠正成の政治論・軍事論のいわばダイジェスト版である。池田家の系図が書き込まれていることから、陽翁が池田輝政に仕えていた頃に作成されたと私は推定している。

陽翁は、寺沢広高、前田利常や加賀藩家老本多政重（一五八〇—一六四七）らに講釈をし、陽翁の弟子大橋全可（本多政重家臣)は藩主・藩士に講釈をする一方で、乞われて京都所司代板倉重宗(一五八六―一六五六)、幕府老中稲葉正則(一六二三―一六九六)に講釈をしたことが分かっている。また、陽翁の弟子で岡山藩士(藩医)の横井養元(一五七八―一六六七)は、池田輝政の孫である岡山藩主池田光政(一六〇九―一六八二)や藩士たちに講釈をした。このように「太平記読み」は、対面口誦の講釈により、領主層を中心にその受容の輪を確実に広げていったのである。

『陽広公偉訓』の思想的特質

一七世紀前半の加賀藩が、岡山藩とならぶ、「太平記読み」のメッカであったことを考えあわせれば、『陽広公偉訓』の作者が、そうした世界の中の住人であったのは当然と言えるかもしれない。ここで問題にすべきは、「太平記読み」とは異なる『陽広公偉訓』独自の思想的特質があるのかどうかということであろう。たんに「太平記読み」の思想の受け売りなのか、あるいは「太平記読み」をベースにしながらも独自性を出しているのか。

結論的にいえば、『陽広公偉訓』の作者は、『理尽鈔』・『恩地聞書』を利用しながらも、付加・改変を加え、独自な味を出している。ここでは二点のみ指摘しておきたい。『陽広公偉訓』第三一条の冒頭を、その典拠である『恩地左近太郎聞書』第九五条と比べてみよう。

此一巻ノ大体ニ十九ヶ条ノ法アリ。一ツニハ食終間《しょくをはるあひだ》ニモ道ヲ失《うしなフ》、謀《はかりごと》ヲ忘《ルル》事ナカレ(『恩地左近太郎聞書』)

学文ナクシテハ政道正カラス。十九ヶ条ノ法アリ。一《ニ》ハ食ノ間ニモ道ヲ心ニ忘事勿《なか》レ(『陽広公偉訓』)

『恩地聞書』に「謀」の字が見えるように、もともとの十九ヶ条の一条目は、軍事的な謀略を述べたものであり、「道」も軍事に関わるものであった。『陽広公偉訓』の作者は、この「謀」を削り、冒頭に「学文なくしては政道正からず」という一文を付加することによって、「道」の意味を政道に変質させ、政道には学文が大事だと論じているのである。

もちろん、「太平記読み」においても学文は重要である。「太平記読み」にとって、学文は、「文字ヲ耳嗜《のみたしなみ》テ、諸語ヲソランジ詩作」するようなことではなくて、「奥の意」・「義理」を知ることである。「奥の意」とは何かというと、「相応ノ理」である。すなわち「太平記読み」によれば、「戦場ニ臨デ」は時相応の謀略を、政治に臨んでは「時ニ相応ノ治国」のあり方を知ることが、学文の目的である。そのために歴代の聖賢の行を学ぶのだと「太平記読み」は論じている。

それに対して、『陽広公偉訓』の作者は、その第一条で、「学文ハ聖賢ノ道ヲ知リ、善道ヲ国ニ行ンタメ也。文字ヲ知ヘキトノ為ニ非ス。博学多才ナルモ自徳ヲ明カニセス、行ニ失アルハ、用ユルニ足ラス」と述べる。この学文論のポイントは、「自徳を明かに」しなければならないとしているところにある。第三条で「明徳ハ人ノ所レ得ル天ニ也。自然ニ悟リ自ラ明ラカニシレ之ヲ、不昧《ふまい》ニシテ万事ニ応スルハ、人倫ノ正道ニシテ人欲ノ私ナキ所也」と述べているのではっきりするが、これは朱子学の経書である『大学』の冒頭「大学之道、在明明徳」を踏まえたものである。各人が天から得ている明徳を自ら明らかに輝かせることを、学文の目的とする朱子学の教義を入れ込んでいるのである。こういった箇所は他にもあり、『陽広公偉訓』の作者がかなり朱子学を学んでいることがわかる。

『陽広公偉訓』の作者は前田光高か

『陽広公偉訓』の作者はいったい誰か。ほんとうに前田光高が著したのであろうか。

これまでの光高に対するイメージは、前述のように、儒学を学んだ好学の大名というものである。実際に、前田家旧蔵書を伝える尊経閣文庫には、光高著『自論記』(自筆本、寛永一九(一六四二)年三月五日識語)があり、寅(寛永一五(一六三八）年）七月二六日の日付をもつ『論語御聴書二』の他、『論語御聞書』二冊、『論語御聴書』論語序之聴書、『中庸御聞書』一冊が現存している。光高が熱心に儒学を学習していることがわかる。光高が父利常から譲られて加賀藩主になったのは、寛永一六（一六三九）年六月二〇日であり、数えで二五歳であった。ちょうどその前後に、光高は深く儒学を学習しているのである。このような光高が、本当に「太平記読み」を学んでいるのだろうか。

実は、参勤交代で江戸に滞在中の前田光高が、国元の家老本多政重に宛てた書状がいくつも伝わっている。(12) 年不明、正月一四日付書状に次のようにいう。

態々《わざわざ》申候、此地相《あいかわる》替儀無之《これなく》候条可被御心安《おこころやすかるべく》候。其地相替事なく候也《や》　承《うけたまわりたく》度候。扨而《さて》太平記評はん承《うけ》候ほと身にしみおもしろく存候、其方年々我等へ承候様とて御すゝめ候御心さしかんし入申候

安否をうかがう常套句に続けて、光高は、なんと、「太平記評ばん」すなわち『理尽鈔』の講釈は聞けば聞くほど身に染みおもしろいと述べている。そして『理尽鈔』講釈を聞くように繰り返し勧めてくれた政重に、謝意を表しているのである。光高は、続けて、「此丈《これだけ》たしかなる者にて候ゆへ、如《かくのごとく》此申もおろかにて候へ共、此書物いつかたへもちり候ハぬやうニ頼申候。まい〳〵其心得被存《ぞんぜられ》候」と『理尽鈔』が散佚しないようにと、その保管までも気に懸けている。私の調査によれば、光高の書状の内、「太平記読み」に言及しているのがはっきりとわかる書状が、この他に五通ある。これらはいずれも寛永一八年前後のものと推定されるが、書状から、当初は半信半疑で「太平記読み」を受け始めた光高が、急速に傾倒していったさまを読みとることができる。くわえて、尊経閣文庫には、光高の「御扣本《おひかえほん》」であるという識語を付けた写本『理尽鈔』が現存している。こうして光高と「太平記読み」との深い関わりを実証することができたのである。

光高の儒学学習の成果に『自論記』があることは、先にも述べた。「自ら論じる記」すなわち自己語りであることをタイトルにうたったこの書物の来歴を説明した識語で、光高は次のように述べている。「予雖《モ》二不敏《ナリト》一、寛永丁丑春三月三日適《たまたマ》聴《キ》下大学之明《ラカニスル》二明徳《ヲ》一一句《ヲ》上、而有《リ》二恍然《トシテ》得《ル》者一」と。

寛永丁丑は寛永一四（一六三七）年である。数えで二三歳の光高は、その年の三月三日に、『大学』の「明明徳」の一句を聞いてたちまち得るものがあったと、朱子学への開眼体験を語っている。この一句が『陽広公偉訓』の第一条、第三条に引かれているのは、先に見たとおりである。つまり『陽広公偉訓』は、二〇歳代半ばの前田光高による自己語りであり、具体的には、「太平記読み」から学んだことと、朱子学学習の成果をあわせたものということができよう。

「太平記読み」と藩政の確立

光高が藩主になった時期は、「西国一揆」（光高書状、島原・天草一揆、一六三七、三八年）と、それに続く大凶作・大飢饉（寛永飢饉、一六四一、四二年）が勃発し、大名たちが対応を余儀なくさせられた時期である。このような大きな課題を背負わされて船出をした若き光高を支えたのが、父利常と、家老の本多政重であった。政重は、徳川家康の腹心であった本多正信（一五三八—一六一六）の次男であり、利常の依頼を受けて光高の藩政に参与したのだが、この政重から強く勧められたのが政治と軍事のやり方を教えてくれる「太平記読み」だったのである。その講釈を受け始めて半年もたたないうちに、光高は「太平記読み」に傾倒した。藩主になって政治のあり方を切実に模索していたであろう光高にとって、「太平記読み」はそれを教えてくれるものであり、しかも光高の見るところでは、それは利常・政重の政治のバックボーンをなしていたものだったのである。光高が急速に「太平記読み」に傾倒したことの歴史的意義を、ひとまずこのように位置づけることができよう。ただし、光高は、「太平記読み」の主張だけでは納得できなかったのであろう。『陽広公偉訓』には、「太平記読み」を引用しながらも、適宜文章を変えたり、朱子学の修己・治人論を入れ込んだりしている。まさしく『陽広公偉訓』は、光高による自己語りの書物であり、その語りには藩主としての主体をいかに形成すべきかという葛藤が織り込まれている。『陽広公偉訓』には、主体形成の途上の光高の姿を確かに見出すことができるのである。

ところが、光高は、正保二(一六四五)年に、志半ばで、急逝してしまった。加賀藩政の確立は、光高の子前田綱紀(一六四三—一七二四)を補佐した前田利常により行われることになったのである(「改作仕法」と呼ばれている)。利常による改作仕法は、岡山藩主池田光政による改革(光政は「仕かへ」と呼ぶ)とともに、寛永飢饉を契機とした民の疲弊という危機的状況のなかで「仁政」を旗印として行われた藩政改革の典型として、研究史の中に位置づけられてきた(13)。両藩の藩政改革の背景には、『理尽鈔』が説いた民を恵む政治=仁政という政治理念があって、それが具現化されたと見通すことができるのである。

二　『河内屋可正旧記』を読み解く

『理尽鈔』の出版の画期性

もともと『理尽鈔』は「秘伝」であり、「太平記読み」の講釈に接することができる者のみが享受できるものであった。ところが、陽翁が唐津藩主寺沢広高に伝授した写本の『理尽鈔』が、一七世紀に日本史上はじめて登場した出版業者の手に渡り、出版されたことにより、状況は一変する。刊行された『理尽鈔』(四〇巻四四冊)には刊記(本屋の名前や刊行年の記載)はなく、刊行年はわからない。だが、いっしょに伝来することが多い『恩地左近太郎聞書』には正保二(一六四五)年の刊記があり、この頃には出版されたと推定される。『理尽鈔』は出版されると、「都鄙《とひ》貴賤《きせん》此書ヲ信シ、世挙《こぞっ》テ好ミ用ル故ニ、又事ヲ好ム者大全綱目ナンド、名付ケ、此書ニ大部ノ末書ヲ重ネ」(小林正甫編『重編応仁記』[14])と言われているように、地域・身分を問わず流行していった。『理尽鈔』それ自体も大部であるが、さらに大部の『太平記大全』(四〇巻五〇冊)・『太平記綱目』(原友軒編、四〇巻六〇冊)といった末書も出版された。その一方で、正成の主張のみを引用・敷衍した、『楠法令巻』等のダイジェスト本も多数出版され、直接に講釈師によらずとも、これらの書物を読むことによって、その内容を享受できるようになった。

さらに『理尽鈔』の影響を受けた『太平記』物、正成物の書物が次々と作られ出版されていった。こうしたブームに便乗する形で、一七世紀の後半には、民衆を対象とした大道芸能者、太平記読み——講談の源流の一つといわれる——が、登場し、町(辻)講釈の盛行を迎え、さらには歌舞伎や浄瑠璃にも影響を与えた。たとえば赤穂浪士の敵討を題材にした『忠臣蔵』は、『太平記』・『理尽鈔』の世界や人物を借りて劇化されたものであった。

河内屋可正と『可正旧記』

ところで『理尽鈔』は、なぜ地域・身分を超えて読まれたのか。政治にも軍事にも直接にかかわらない民衆が、なぜ『理尽鈔』を読んだのか。『理尽鈔』から何を学ぼうとしたのか。

この問いに答えるべく、私が書いたのが、一九九六年の「幕藩制の成立と民衆の政治意識[15]」であり、分析対象としたのが『河内屋可正旧記』(『可正旧記』と略記[16])であった。これは、河内国石川郡大ヶ塚村(現在の大阪府河南町)の上層農民で、酒造業も兼ねた河内屋《かうちや》可正《かしょう》(一六三六—一七一三)が、隠居後の元禄初年頃から宝永年間頃(一六八八頃—一七一一頃)にかけて、子孫らへの教訓として書き綴ったものである。一九五五年に清文堂史料叢書第一巻として翻刻出版[17]されて以来、『可正旧記』は「庶民史料」の代表として、民衆史、民衆思想史研究においてしばしば取り上げられてきた。なかでも安丸良夫氏は、『可正旧記』を「石門心学成立の背景をもっともよく理解させる史料」と位置づけ、

「「家」の没落についての危機意識がよびおこす思想形成の方向」は石田梅岩(一六八五―一七四四)と「おどろくほど類似」しており、可正の立場を「より徹底して一貫性と原理性を獲得すれば、梅岩の立場となるように思われる」と述べる[18]。具体的には、可正が「天狗、ばけ物、生霊、死霊、地獄、極楽など」を「己が心の妄乱」と見なしたことを挙げて、「「心」の哲学をおしすすめてすべての呪術を否定」する姿勢は、「梅岩、尊徳、幽学などの重要な主張の一つ」でもあったとし、梅岩らの唯心論的通俗道徳の形成の先駆として可正を位置づけているのである。

『可正旧記』から、安丸氏が注目した文章の一部を引用しておこう(①―④の番号は筆者)。

①内魔外魔と云事あり。夫天地の間に有物ハ、皆是非共に理有、此理を明らかにしる者は、疑ひまとハすして心常に安楽なり。此理をしらさる故に疑ひまよひて心をくるしむる也。凡世愚のまとふ所ハ、天狗はけ物狐の人をまとハす沙汰、生霊死霊の噂也。世愚は云にたらす、学文を勤め、和尚上人なんといはれて、導師する人々の身にも、此まとひにおほるゝ人も有と聞えたり。悟道の僧に似て売僧也。其故ハ、己先道をさとりてこそ、世間の愚かなるをも引導すへけれ、浅間敷《あさましき》事に非《あらず》や。②爰に又世俗の利発たてをする輩、正法に奇特なし、なとゝ云事を聞ならひて、地獄極楽と云事もなし、化物幽霊なともなき物也と、一向にいひ破る人々多し。是又愚昧に非や。夫万法の奇特をなす事正に有事也。偽にあらす。子細の有事を此奥に具に顕ハすべし。将又良将の奇怪なる謀をなすハ我為にあらす。悪敵を降伏し安民の為也。仏神の神変、名僧権者達の御身の上に、不思議を顕すハ、衆生を度せん方便也。③然るに不学の売僧、無行の山伏、不弁の陰陽、へたのかハの判はんし、事ふれ、たゝきみこ、或ハ物もらひの輩、道心にことよせ、己か利養のための欲心より、愚人をたふらかし、金銀をむさほり、良民をまとはす事言語道断也。かくのことき者共、古しへも有けるにや、是を禁止給へと、太公望文王に語り給へり。④猶具にいはゝ、地獄外になし。貪嗔痴の三毒、是地獄也。極楽又此うら也。天狗外に非、己が我慢邪慢高慢、鼻

の高き皆天狗也。化物外に非、己か心の妄乱に依て、なき者眼に遮り、異形の物顕はる丶なり。〔下略〕

まず①で呪術的なものに惑うことの愚かさを述べ、③で呪術により人をたぶらかして金銭を儲ける者を批判し、④で呪術を心で解釈している点を見れば、安丸氏が、「「心」の哲学をおしすすめてすべての呪術を否定」したと可正の思想的営為を評価したのも、なるほどと納得させられる。

ところが、②で呪術を否定する輩を批判していることからわかるように、ことは単純ではない。実は、これは、呪術を軍事や政治に利用するように説いていた『理尽鈔』の主張を受けたものである。詳細な説明は省かせていただくが、『理尽鈔』は、神仏や地獄等は存在しないし祈禱は実際には効果はないとして呪術を否定している。しかしながら、領主は呪術を否定する発言を行ってはいけないという。民衆が呪術を——たとえば地獄が本当にあると——信じているのであれば、「国法に背くと地獄に落ちる」と説いて、呪術を利用して民衆を教化せよと主張するのである。右の文章中の「良将の奇怪なる謀をなすハ」「悪敵を降伏し安民の為也」という表現は、まさに『理尽鈔』の政治・軍事論に由来するものである。

可正の思想的基盤を掘り起こす

実は、可正が具体的に依拠したテキストもわかっている。

同時代に安藤掃雲軒（一六二六—？）という軍学者がいた。『理尽鈔』に通暁し、正成に仮託して作られた軍書『楠三巻書』『神道正授』を再編して評注を加えた『南木武経』（延宝九（一六八一）年序）等を出版するとともに、「南木」すなわち楠正成の流れを汲む軍学（楠流軍学）の知識をもって大名家（福井藩や高松藩等）を渡り歩き藩主らに講義をしていた。(19)

この『南木武経』に、「天地ノ間ニ有物ハ是非共ニ皆理アリ。此理ヲ知ル者ハ疑惑ハズ、心中安楽ナリ。愚者ハ知ラザル故ニ疑マドヒテ心中安カラズ。世愚ノ惑所ノ大方、地獄極楽ノ沙汰、天狗化物狐ノ人ヲ惑ハス沙汰、生霊死霊幽霊ノ沙汰、是皆世人ノ嫌疑スル所専ラ此ノ如シ。世愚ハ云ニタラズ、博学ノ俗儒、亦和尚上人ナド謂テ大寺ノ住持別当ナド名付テ導師スル人、大概疑アルコト数多シ」（巻五「諸魔降伏之事」）[20]云々とある。一見してわかるように、先の文章は、これに依拠したものなのである。

こういうと、なんだ（!?）、読んだ書物から引用したに過ぎないのか、自己語りではなかったのかと思われるかも知れない。しかし、掃雲軒は先の一節を次のようにしめくくっている。

万法疑イナキヲ物格《こといた》ルト謂ナリ。物格レバ智アリ、智アレハ意ニ誠アリ。故ニ予カ教ル所ノ兵法ハ狐疑ヲ決了シ、万法ニ嫌疑ナク、意ヲ誠ニスルヲ先トス。意誠アレバ心正シ、身治リ国天下ヲ平ニス。是大人ノ兵法ナリ

掃雲軒は、万法の理《ことわり》を明らかにし呪術的なものに囚われないようにする工夫を『大学』の八条目（ただし斉家はない）に重ねて論じている。治国平天下の担い手たる「大人」（ここでは明らかに領主層を指す）は、そのような工夫の階梯を経なければならないという。掃雲軒は、「太平記読み」の呪術論を承けて、呪術的なものに囚われない自己形成を自身の兵学の核心においているのである。

それに対し、可正は次のように締めくくっている。

諸法の理を明らめ、万法に疑ひのなきを物格《こといたる》と云也。こといたれハ智有。智あれハ意に誠有。意にまことあれハ心たゝしく成て身治り、家斉フ。是大人の行ひ也。貴むへし

これをもとの掃雲軒の主張とくらべてみよう。掃雲軒が呪術的なものに囚われない自己形成の階梯を述べて正心・修身・治国・平天下まであげていたのに対し、可正は正心・修身・斉家の段階でとどめ、治国・平天下にまで言及していない。可正のいう「大人」は、領主層ではなく治国・平天下を任としない民衆をさしているといえよう。また「大人ノ兵法」を、「大人の行ひ」と変えている。このように可正は、意図的に字句を改変して、もともと政治論であったものを修身・斉家論に読みかえているのである。

以上のように、『可正旧記』がいかなる思想的な背景をもって執筆されたのか、可正の思想的基盤を掘り起こすことによって、可正の思想形成の過程を明らかにすることができる。『可正旧記』は可正の自己語りであり、その自己語りを分析することにより、それまでに書物を読んだりして学んできたことを、可正がいかに読みかえようとしてきたかという思索の跡まで読み取ることも可能なのである。

民衆にとっての「太平記読み」

可正は、「太平記読み」に由来する政治論を修身・斉家論へと読みかえ、新たな修身・斉家論を形成していた。『可正旧記』を読むと、可正が、『理尽鈔』及び関連書を読んで、「太平記読み」の楠正成像を受容していることがわかる。可正は、まず、「修身・斉家」の論に読み替えて受容する。もともとの、「いかに国を治めるか」という論を「いかに家をおさめるか、いかに心を落ち着かせ身をおさめるか」に、読み替えて受容したのである。さらに、可正は、みずからが村役人として村民を治める指導者であるという強い自覚を持って、村落指導者像とその仕置のあり方を説く。つまり、自身が村を治めるときに、正成のように治めようというように、正成像を受容していくのである。

ここで面白いのは、「太平記読み」の政治論が、領主層だけでなく、村落指導者層、村役人レベルまで下降化しているということである。つまり、武士層から民衆上層までに共通の治者像・指導者像が形成され、定着している。

「政治とはどうあるべきか」、「為政者というのはどうあるべきか」ということが、武士から民衆上層までの広範な人々に共有されている。そういう社会が、日本列島史上はじめて実現したと見ることができる。同じ本を読むということ、読書により、それが実現したのである。ここから、私は、『理尽鈔』が、領主層から民衆までの社会の広い層に読まれることによって、指導者像や政治のあり方に関する社会の共通認識、政治常識の形成に寄与したという仮説を提起したのである。

心を落ちつかせ身をおさめること

可正が「太平記読み」をいかに読みかえたのかを、見てきたのであるが、『可正旧記』を分析すると、可正は「太平記読み」関連の書物だけでなく、さまざまな書物を読んでいる。たとえば、宇野田尚哉氏は、可正が浅井了意の『堪忍記』を『可正旧記』に引用・利用していることを指摘しているが、そのとおりである。(21) 可正の思想形成の全貌を解明するには、可正が思想的基盤としているものを一つひとつ解明していく作業を行わなければならないのである。

このように可正ら、近世を生きた人びとの自己語りを読み解いていくなかで、私は、彼らの最大の関心事が、「いかに家をおさめるか、いかに心を落ち着かせ身をおさめるか」に収斂していることに気付いた。(22) 本章の冒頭に挙げた川越の塩商人榎本弥左衛門は、その自己語り(「三子より之覚」)によれば、二一歳の時、正直に奢らないようつとめたのだけれども、若かったため、人々はあまり評価してくれなかったと、晩年に回顧している。ここには、自身への自己評価と世間の評価との乖離に悩む若者の姿をみることができる。他人の目を気にしながら、いかに自分を形成したらよいかわからない。どうしたらよいか納得できず、心が落ちつかない状態のなかで、弥左衛門は、「可笑記をよみ候て心おち付申候」と述懐している。『可笑記』とは如儡子《にょらいし》と名乗る人物が『徒然草』の筆致をかりて古今の人物や世相を批評した書物で、寛永一九(一六四二)年に出版されている。『可笑記』には、「我身よくおさまり。わが心だに、よくあきらかにして、心身無為無事なれば、万事千端安楽なるべし[23]」等と、各所で心を修めることに言及している。弥左衛門にとって『可笑記』の読書体験は、三十有余年を経てもなお特筆すべき大事な出来事だったのである。

それから三五年後、五六歳の弥左衛門は、一四歳で嫁ぐ娘に次のように言い渡した。嫁入りのときに、『女鏡』・『大和西銘《せいめい》』・『二十四孝』・『長者教』・『心学五倫書』・『今川』・『自心養記』の七部の書物を持たせるので、毎日この順に読んで、講釈は亭主に承けるように。「徳道仕候はゞ、上気しづまり、心おちつき、病《やまい》いてまじく候事」と読書の効能を挙げている。このうち『自心養記』は現存を確認できない(あるいは弥左衛門が書いたものか)が、他の六つは、いずれも仮名あるいは漢字仮名交じり(漢字にはフリガナが付けられる)で書かれた書物で、研究史上、仮名草子と呼ばれるものである[24]。可正が読んだ『堪忍記』もそうだが、これらの書物は、いずれも心をいかにおさめるかということを主題としているが、これは偶然ではない。すなわち一六世紀日本＝「戦国」の世は、とにかく生き抜くことが先決であった。「偃武《えんぶ》」の世に移行した一七世紀日本では、いかに生きるか、生き方の質が問われるようになった。「いな《異》物じや、心は我がままなれど、ままにならぬは、いな物じや」(『いな物』明暦二(一六五六)年刊行)と、心がままにならないことを歌った俗謡が流行し、心をいかに修めるかをテーマとした啓蒙的な仮名草子が作られるようになり、産声をあげたばかりの本屋から陸続と出版された。そして、そうした書物を読んで心を修めたと実感する人々――いわば「書物の時代」の子――がでてきた時代、日本の近世とはそのような時代である。日本の近世は「書物の時代」であるが、同時に「心の時代」でもある。それはともに現代まで続いているが、その始まりが一七世紀なのである。

「天地の子」意識の形成

弥左衛門の最晩年の境地は、冒頭であげた「根本は、我が身も天地ニはらまれ、生れたりと存候。諸人御同前也」である(『心学五倫書』に依拠したものであるが)。可正も「人ハ天地ノ子也」(『可正雑記[25]』)、「人ハ天地の具」(『可正旧記』)と述べている。近世の人々は思想形成に際して、「天地自然はどのように形成されてきたのか、人は(私は)どこからきて、何をすべき存在なのか」というコスモロジー的な裏付けを求めたようである。「天地の子」意識を持ち、天地と直接向き合うことによって、自らを律し主体形成を行うことができたと推定されるのである。可正はいう、「天地の寛大なる事をはかり知て、人をそしらす、人をにくますハ、人又我をそしる事あらし。にくむ事あらし。此時忍の一字をさとり、無我の大虚に出て、をのつから中道を見通し、躰広くこゝろ融通《ゆるやか》に、四海兄弟万物一平等の心とならん。善にほこらす、あらそハさるハ、一生の栄花是に過たるハあらし」(『可正旧記』)と。天地の寛大なる心を我が心とすることによって、「四海兄弟万物一平等」の境地にまで到達しているのである。(26) 天、天地と向きあうことによって、自らを律するという、近世の人々に通有する自己形成のあり方が、一七世紀後半には確かに成立しているといえるのである。(27)

こうした同時代の人々の生き方を体系化して平易に説いたのが、福岡藩儒貝原益軒(一六三〇—一七一四)である。現在の研究者が「益軒本」と呼んでいるように、益軒の著作はいくつも出版され、上は八代将軍徳川吉宗から、百姓まで、広く流布し、読まれた。益軒によれば、「人は天を父とし、地を母として、かぎりなき天地の大恩を受けた」天地の子である。天地の子たる人は、「天地の人と万物を愛し給ふ御心《みこころ》」=仁の心を自らのものとして、「天地の御めぐみの力を助くる」べき存在である。そして、上は天より「其の地の人民を預け」られた将軍・大名から、下は民衆まで、それぞれが「四民」の家職を実践すべきであるという。家職はそれぞれ違うが、仁の心をもって行う道徳的実践という点では同一であり、「同じ人」(『五常訓』)である。すべての人が「天地の子」であり、すべての人が直接、天と向かいあうのである。中国においては、天と向かい合えるのは天子＝皇帝だけであったのだが、益軒は、天子＝万民とすることによって、天をすべての人に開放したのである。

三　『本佐録』・『東照宮御遺訓』を読み解く

もう一つの自己語り

以上、『陽広公偉訓』と『可正旧記』を取り上げて、私が自己語りの史料をいかに読み解いてきたのか、述べてきたが、ここでは、もう一つの自己語りとして、自己語りを装って作られたものを挙げようと思う。いわゆる偽作・偽書であるが、偽作・偽書というと、特別なことだと思われるかも知れない。しかし、前節でとりあげた『恩地聞書』も正成の自己語りを腹心の恩地左近太郎が聞き書きしたという体裁の書物で、実は偽書である。『陽広公偉訓』の場合は、分析の結果、前田光高の真作であることが証明されたのであるが、実のところ偽作された大名家訓書は少なくない。自己語りを装った偽書が、日本近世において次々と作成されたのである。これから検討する『本佐録』と『東照宮御遺訓』は、現在では明らかに偽書であるが、近世では偽書だと疑われることもなく通用していた(28)。

『本佐録』

『本佐録』という書名は、徳川家康の腹心本多佐渡守正信から来ており、本多正信の話したこと（すなわち家康の政道論）を聞き書きしたという体裁の書物である。一九世紀に入る頃に木活字で印刷されるが、近世を通じて書写され写本として出回っている。私はこれまで三〇年ほどかけて日本各地に現存する『本佐録』の悉皆調査を行ってきた。それによれば現時点で二〇〇点ほどの現存が確認されているが、そのうち刊本は五〇点ほどに過ぎず、大半は写本である。大名家、その家臣から、村役人ら上層民衆の蔵書中にも見ることができる。現存する最古のものは、島原藩主松平忠房（一六一九―一七〇〇）の蔵書中の写本で、書写年の記載はないが、幕府儒者林鵞峰（一六一八―一六八〇）が忠房から借りて読んだという文章を延宝五(一六七七)年に書いているので、この年より前の写本である。『本佐録』の目次には、「天下国家を治御心持之次第」と副題をあげて、その第一に「天道を知る事」の重要性を述べている。冒頭の一句を引けば次の如くである。(29)

天道とハ、神にもあらす。仏にもあらす。天地のあいた乃主《のある》しにて、しかも躰《たい》なし。天心ハ万物に充満して、至らさる所なし。縦《たとへ》ハひとのこゝろハ目にも見えすして、一身の主しとなり、天下国家を治る事も、此心より起ルか如し。彼天道の本心は、天地の間太平に、万人安穏に、万物生長するを本意とす。また天下を持人を、天子といふ。天下を治《おさむ》へき其心器量にあたりたる人を撰ひ、天道より日本のあるしと定るなり。

ここでいう「天子」とは、将軍をさすのであるが、天子(将軍)は民を安穏に治める能力を持っているから天道から政権を委任された存在である。よって我が身の栄華のために人民を疲弊させる悪政を行えば、「天道に背き人民にうとまれ、のち必ずその身を亡《ほろぼ》すことになる」という。悪政により人民が苦しみ、その苦しみが天に通じ、大地震、大火事、大洪水、飢饉といった天譴が降されるとも説いていく。

『東照宮御遺訓』

一方、『東照宮御遺訓』という書名は、徳川家康の神号「東照大権現」から来ている。家康が駿府で井上主計頭正《かぞえのかみまさ》就《なり》(一五七七—一六二八)に語った話を松永道斎(経歴未詳)が聞き書きしたとされる書物で、『井上主計頭覚書』『松永道斎聞書』等という書名でも伝わっていて、本文と附録から成る。私は『東照宮御遺訓』の悉皆調査も行っているが、多くの大名やその家臣たちが所蔵しており、村役人ら上層の民衆の蔵書にもなっている。その存在が確認されているものは二〇〇点を超え、すべて写本で出版されていない。現存するもののほとんどは貝原益軒が天和二(一六八二)年に「潤色」「改正」した旨を記した益軒改訂本である。益軒が改訂する以前の『東照宮御遺訓』(私の調査では一〇点ほど現存している)は家康を阿弥陀の生まれ変わりとする等、仏教的な言辞が多数使われているが、益軒はそれを除去し、儒学的な粉飾を加えている。なお、現存する最古の写本は、岡山藩主池田家の文庫(岡山大学附属図書館池田家文庫)所蔵の、承応三(一六五四)年に書写した本で、これより前の写本は見つかっていない。また、現存する最古の附録も池田家文庫のもので、その多くの条の話者は、「佐渡守殿物語のよし」と、本多正信からの聞き書きだと述べており、『東照宮御遺訓』附録と『本佐録』がきわめて近い関係にあることがわかる。

天道委任論

本章の冒頭で掲げたように『東照宮御遺訓』も、「我も天道へ忠信の者成故《なるゆえ》、今天下の執柄を天道より預け給へり」と、『本佐録』と同様に、自らの政権が天道から預けられたものだという天道委任論を説いている。この天道委任論こそが、実は将軍を中心とする近世政治秩序を正当化する論理であった。岡山藩主池田光政は、一七世紀半ばの家臣教諭のなかで、「上様ハ日本国中の人民を天より預り被成候、国主ハ一国の人民を上様より預り奉る、家老と士とハ其君を助けて、其民を安クせん事をはかる者也、一国の民の安と不安とハ、一国の主人にかゝるへき事なれとも、天下の民の一人も其所を得さるハ上様御一人のせめなれは、此国民を困窮せしむるは上様の御冥加をへらし奉る義なり、不忠なる事是より甚はなし」(「申出覚」)[30]と述べている。将軍による全国支配、大名による領内支配を正当化する際に、天道委任論が持ち出されるのである。この天道委任論は、幕末期に急速に浮上してきた天皇からの大政委任論にとってかわられるまで[31]、近世社会のいわば通念・常識であった。天からの政権委任というと、中国の歴代の王朝が天により自己の政権を正当化し、皇帝が毎年天の祭祀(郊天祭祀)を行ったことが思い起こされるが、天によって正当化され荘厳化されるという点では、日本の近世は中国ときわめて類似しているといえるのである。もちろん徳川将軍が天の祭祀を行ったことは一度もない。にもかかわらず、天道委任論は通念・常識となった。どうしてであろうか。

これを解く鍵は、書物である。一七世紀、この列島で商業出版が成立し大量の書物が出版されるようになった。書物が出版され本屋で売られそれを買うことができるようになったのであり、現代まで続く出版メディアが形成された。ここで忘れてならないのは、出版された書物と同じほどの量の写本が流通していたという事実である。写本のなかには、出版された書物を書写したものもあるが、出版されていない書物、あるいは出版できない書物が、日本全国に出回った。『本佐録』と『東照宮御遺訓』は、出版されない、あるいは出版できないが故に、秘匿された貴重なものと価値づけられ、権威を帯びることになって、上は将軍から下は民衆に至るまでの広い人々に尊崇され、写され続けたのである。すなわち写本という媒体(メディア)を通じて、この二つの書物が流通し、天道委任論が近世社会の通念・常識となるのに寄与したと推定される。徳川家康の政道論をかたる偽書が、日本近世の政治秩序を荘厳化し支えたということができるのである。

『本佐録』・『東照宮御遺訓』の思想的基盤

自己語りを装って作られた両書を読み解いていくには、『陽広公偉訓』や『可正旧記』と同じように、その内容を綿密に分析し、作者がそれを執筆する上で参考にした書物や影響を受けた人物等を特定し作者の思想的基盤を掘り起こしていく必要がある。というわけで、現存するすべての写本の悉皆調査を行う一方で、私は、内容分析を行ってきたのだが、いまだ道半ばである。現時点で分かっているのは、両書が、天道論だけでなく、私欲批判、目付論など政道論の中味も類似しており、設定については、前者は本多正信、後者は徳川家康とその話者こそ異なるが、家康の政治の要諦を説いたという点で共通していることである。両書とも南北朝期の武将細川頼之(一三二九—一三九二)を高く評価している。頼之は、『理尽鈔』が最も高く評価する人物の一人で、その活躍はその巻四〇で描写されている。両書は、『理尽鈔』の頼之像を継承して、その世界に足場を置いて形成された。両書の政治論も『理尽鈔』と似通ったものが多く、『理尽鈔』の影響下で、一七世紀半ばまでに作られたのは確実である。ここまでは言えるのであるが、その制作の現場をつきとめてそこに足を踏み入れることはできていない(32)。

「天地の子」意識と天道委任論

本章の「はじめに」でも注目しておいたが、天道は将軍に政権を委任する一方で、万人の親としてすべての人を包んで育み、行動の指針を与える存在となっている。「天地の子」論と天道委任論、両論の核心に天道が置かれているのであるが、どうしてこのようなことが可能なのか。「天地の子」論を啓蒙的な著作のなかで説いていた貝原益軒は、『東照宮御遺訓』を改訂した人物でもあり、福岡藩家老に宛てた上書のなかでは天道委任論を説いている。益軒が、また当時の人々が、「天地の子」論と天道委任論との関わりをどのように理解していたのか、についてはよく分かっていないのが現状である。ただ、言えるのは、中国とは異なり、将軍が天の祭祀を行わず、天道を独占しなかった日本では、天道は万民にも開放されたということである。近世から使われるオミクジの文言に、「このみくじにあふ人はてんとうをいのり」とあり、天道は個人の運命を司るものとされたのである(33)。近世の人びとは天道を意識し天道との関わりで自己を律し、自己を意義づけることによって、思想を形成してきた。「御《お》天道様《てんとうさま》に申し訳ない」という言葉が現代にも残るように、天道は人びとの思想形成に大きな役割を果したのである。

おわりに

以上、日本近世の自己語りの史料を、どのように読み解き、歴史を叙述してきたのか、私自身のたどたどしい研究の軌跡を述べてきた。あえて自己語りとか聞き書きという言葉を用いてきたので、気付かれた方も多いかと思うが、自己語りの史料を読み解くことは、オーラル・ヒストリー研究と密接に関わっている。

大門正克氏は、『語る歴史、聞く歴史――オーラル・ヒストリーの現場から』(34)のなかで、「文字が普及し、印刷技術が発達するまで、庶民のあいだでは、生活や文化、政治に至るまで声が重要な役割をはたしていた。文字がひろがり、活版印刷技術などが発達するようになると、声の文化から文字の文化へと移っていった。ただし、その過程には、声の文化と文字の文化が共存する長い時間があった」と述べ、長谷川まゆ帆氏の「オーラルとエクリの間《あわい》」(35)と大黒俊二氏の二〇一四年度歴史学研究会全体会報告「文字のかなたに声を聴く――声からの／声に向けての史料論」(36)を引く。そして「活字と手書きのひろがりは、オーラルを衰退させるのではなく、むしろオーラルを刺激する時代があったことに留意したい。オーラルは文字に書きとめられ、書きとめられたオーラルは、あらためて声に出して読まれることで、想像以上に多くの人びとの耳に届けられた。音読の時代であり、識字率が低いなかでも、活字と手書き、代書、読み書き、音読などが相互に刺激し合う時代が長く続いたのである」と、論じている。

日本の近世において、自己語りを聞き書きしたものがいかに多いかについては、本章でも見てきたとおりである。大門氏は同書の「はじめに――「語る歴史、聞く歴史」から開ける世界」で、「聞き取りやオーラルヒストリーを同時代のテーマに限定せずに、広い歴史の視野のなかで検討する必要があるのではないか」と問題提起をしているが(37)、まったく同感である。もはや、近世の自己語りは文字史料だから事実が書きとめられているのだと気楽に依拠することはできない。周到な史料批判を行わなければ、読み解けないのである。日本近世の自己語りを読み解いて、思想形成の過程を解明していく方法を、さらに鍛えていかねばならない(38)。

(1) 最近、自らの研究の軌跡について省みる機会があった。若尾政希「歴史研究に何ができるか――『第4次現代歴史学の成果と課題』を編みながら考えたこと」(『歴史科学』第二三五号、二〇一九年)、同「思想史という立ち位置――総合史としてのかまえ」(東京歴史科学研究会編『歴史を学ぶ人々のために――現在をどう生きるか』岩波書店、二〇一七年)、同「思想史という方法――歴史と主体形成」(『歴史学研究』第九一四号、二〇一四年)等、参照。
(2) 自己語りについては、渡辺浩一氏がego-documentを訳してこの言葉を使っている。渡辺浩一、ヴァネッサ・ハーディング編『自己語りと記憶の比較都市史』(勉誠出版、二〇一五年、英文タイトル"Comparative Urban History of Ego-document and Memory")参照。なお、社会学の分野では、小林多寿子・浅野智彦編『自己語りの社会学――ライフストーリー・問題経験・当事者研究』(新曜社、二〇一八年)が、自己を語る営みに着目して、「自己語り」という言葉を使っている。
(3) 『東照宮御遺訓』、近藤斉『近世以降　武家家訓の研究』(風間書房、一九七五年)所収。
(4) 「三子より之覚」、大野瑞男校注『榎本弥左衛門覚書――近世初期商人の記録』東洋文庫、平凡社、二〇〇一年。
(5) 前掲近藤斉『近世以降　武家家訓の研究』参照。
(6) 福井久蔵『諸大名の学術と文芸の研究』上、原書房、一九七六年。
(7) 金沢市立玉川図書館近世史料館加越能文庫蔵『松雲公採集遺編類纂』所収『陽広公偉訓』から引用。なお、この序文は、杉下元明編集・解説『鳩巣文集前編』巻一三(『近世儒家文集集成』巻一三、ぺりかん社、一九九一年)にも所収。
(8) 私自身は、安藤昌益を対象とする研究を行っていくなかで、思想的基盤を探る研究手法を鍛えてきた。若尾政希『安藤昌益からみえる日本近世』東京大学出版会、二〇〇四年。
(9) 若尾政希「幕藩領主の思想史的研究序説――『陽広公偉訓』の歴史的位置」『富山史壇』第一二五号、一九九八年。のち、若尾政希『「太平記読み」の時代――近世政治思想史の構想』(平凡社選書、一九九九年、のち平凡社ライブラリー)に改稿の上、収録。

(10) 引用は若尾政希蔵『太平記評判秘伝理尽鈔』による。
(11) 引用は若尾政希蔵『恩地左近太郎聞書』による。
(12) 金沢市立玉川図書館近世史料館加越能文庫蔵『本多氏古文書等』(五巻五冊)参照。これは本多家所蔵の古文書等を書写したものである。
(13) 山口啓二『鎖国と開国』一四八頁(岩波書店、一九九三年、のち岩波現代文庫)、佐々木潤之介『幕藩権力の基礎構造――「小農」自立と軍役』(御茶の水書房、一九六四年)、同『幕藩制国家論』上・下(東京大学出版会、一九八四年)等参照。
(14) 小林正甫編『重編応仁記』「発題」、東北大学附属図書館狩野文庫蔵。
(15) 岩田浩太郎編『新しい近世史5　民衆世界と正統』(新人物往来社、一九九六年)所収。のち、改稿して、若尾政希『「太平記読み」の時代』に収録。
(16) 近年、山中浩之氏の尽力により『河内屋可正旧記』(影印と翻刻)は、大阪大谷大学博物館報告書に収められた。『河内屋可正旧記一』(大阪大谷大学博物館報告書第六二冊、二〇一五年)、『河内屋可正旧記二』(同第六四冊、二〇一七年)、『河内屋可正旧記三』(同第六五冊、二〇一八年)を参照。
(17) 野村豊・由井喜太郎編『河内屋可正旧記』(清文堂出版、一九五五年)。ただし、翻刻の際に、巻一―三が見つからず、欠けている。
(18) 安丸良夫『日本の近代化と民衆思想』(青木書店、一九七四年)、のち平凡社ライブラリー。
(19) 若尾政希「軍書を携えし者たち――安藤掃雲軒の場合」鈴木俊幸監修『江戸文学』三九号、ぺりかん社、二〇〇八年。一七世紀という時代には、安藤掃雲軒のような軍学の知識で諸藩を渡り歩いた軍学者が大量に存在していた。若尾政希「「太平記読み」の享受者たち――肥前蓮池藩鍋島直澄の場合」深谷克己編『藩世界と公儀――九州地方を中心に』、科研費報告書、二〇〇八年)も参照されたい。
(20) 引用は若尾政希蔵『南木武経』による。
(21) 宇野田尚哉氏は、可正が浅井了意の『堪忍記』から三九箇所にわたり引用・利用して『可正旧記』を執筆したことを解明している。宇野田尚哉「『河内屋可正旧記』の思想的典拠」澤博勝・高埜利彦編『近世の宗教と社会3　民衆の〈知〉と宗教』吉川弘文館、二〇〇八年。これに関連して、若尾政希「神・儒・仏の交錯――「太平記読み」とその時代」島薗進・高埜利彦・林淳・若尾政希編『シリーズ日本人と宗教2　神・儒・仏の時代』春秋社、二〇一四年、参照。

(22) 若尾政希「近世における「日本」意識の形成」若尾政希・菊池勇夫編『〈江戸〉の人と身分5　覚醒する地域意識』吉川弘文館、二〇一〇年、若尾政希「江戸時代前期の社会と文化」『岩波講座　日本歴史第11巻　近世2』岩波書店、二〇一四年、等参照。

(23) 浅井了意『可笑記』『仮名草子集成』第一四巻、東京堂出版、一九九三年。

(24) 仮名草子とは、「仮名または仮名交じりで書いた草子という、表記による命名」であり、室町期のお伽草子、西鶴の『好色一代男』(天和二年刊)を嚆矢とする浮世草子と区別すべく、便宜上付けられた用語である。前田金五郎「解説」『日本古典文学大系90　仮名草子集』岩波書店、一九六五年。

(25) 『可正雑記』大谷女子大学資料館報告書第四一冊、一九九九年。

(26) ただし、可正が「四海兄弟万物一平等」を説く一方で、天地といっても天と地との間には絶対的な差別があるとして、君臣、男女、親子、主人と下人の間の差別を正当化していることに注意する必要があろう。

(27) 安丸良夫氏は、通俗道徳を自分のものとして実践している人たちが、たとえば自らの心は天から分かれてきており、また心の中に天を分有しているとコスモロジーに支えられているのに着目して、これを近世的コスモロジーと呼んでいる。安丸良夫「民衆宗教と近代という経験」『安丸良夫集3　宗教とコスモロジー』(岩波書店、二〇一三年)所収。

(28) 若尾政希「『天道』幕藩制秩序」玉懸博之編『日本思想史――その普遍と特殊』ぺりかん社、一九九七年、同「『東照宮御遺訓』の形成――『御遺訓』の思想史的研究序説」『一橋大学研究年報　社会学研究』第三九号、二〇〇一年、同「『本佐録』の形成――近世政道書の思想史的研究」『一橋大学研究年報　社会学研究』第四〇号、二〇〇二年。なお、『本佐録』については、山本眞功『偽書『本佐録』の生成――江戸の政道論書』(平凡社、二〇一五年)がある。

(29) 引用は刊本『本佐録』、東北大学附属図書館蔵。

(30) 「申出覚」、藩法研究会編『藩法集　I　岡山藩　上』創文社、一九五九年。

(31) 一八世紀末に幕政を担った松平定信(一七五八―一八二九)は、天道委任論を説く一方で、内憂外患の危機のなかで将軍権力を補完するものとして天皇権威に着目し大政委任論を説いた。藤田覚『松平定信』中公新書、一九九三年、参照。天道委任論については、水林彪『封建制の再編と日本的社会の確立』山川出版社、一九八七年、参照。

(32)『本佐録』が、本多正信の次男である本多政重の家から出てきたと伝えられること、政重は『理尽鈔』講釈を熱心に受講し家臣の大橋全可を専任の講釈者としていること等から、政重周辺で両書が作られた可能性も考えて、研究しているところである。

(33) 大野出『元三大師御籤本の研究――おみくじを読み解く』思文閣出版、二〇〇九年、参照。

(34) 大門正克『語る歴史、聞く歴史――オーラル・ヒストリーの現場から』岩波新書、二〇一七年、三―五頁及びii―iii頁。

(35) 長谷川まゆ帆「オーラルとエクリの間《あわい》――近世期ヨーロッパの「個人の語り」とその変容」『Odysseus 東京大学大学院総合文化研究科地域文化研究専攻紀要』第一七号、二〇一三年。

(36) 大黒俊二「文字のかなたに声を聴く――声からの／声に向けての史料論」『歴史学研究会』第九二六号、二〇一四年。

(37) 近年のオーラル・ヒストリー研究を整理して展望した人見佐知子氏の論考も参考になる。「文字資料」と「口述資料」との関係についての議論や、〈わたし〉の存在を含んだ歴史叙述のあり方を考えるという問題提起は、刺激的であると同時に説得的である。人見佐知子「オーラル・ヒストリーと歴史学／歴史家」歴史学研究会編『第4次 現代歴史学の成果と課題 3 歴史実践の現在』績文堂出版、二〇一七年。

(38) なお、拙著『百姓一揆』(岩波新書、二〇一八年)は、大門氏の問題提起に対する私なりの応答である。

第4章　オーラルとエクリの間《あわい》からの創造

——啓蒙期ロレーヌの作家グラフィニ夫人の場合

長谷川まゆ帆

人は「話す動物」[1]である。言葉を通じて感じ考えるとともに、言葉を通じて何かを他者に伝えようとする生き物でもある。近世期のヨーロッパでは、この言葉を通じて話し伝える人間の様態にいまだかつてない変化がもたらされた。その大きな契機となったのは、活版印刷の技術の発明である。初期には揺籃期本《インキュナブラ》——写本と見まがうばかりの手の込んだ高価な木版活字本——が主流であったが、一六世紀前半とくに一五一六—一五四六年のドイツではビラ／小冊子《フルークシュリフト》[2]のかたちで政治的出版物が大量に出回り、それらが宗教改革に多大な影響を及ぼしたと言われている[3]。

この時期以降、人間の「話し伝える」様態に、何がしかの変化が生じていたことは誰しもが認めるところである。しかしながらこの変化が具体的にどのようなものであったかについては十分な考察がなされているとは言いがたい。近世期の三〇〇年ほどの間に、オーラル(orale 話すこと)とエクリ(écrit 書くこと)はどのように出会い、話し伝える人間の「語り」や伝達の仕方はそれによってどのように変化しつつあったのか。とくに人間の自由や主体／個人の形成、共同体のあり方にどのような影響を及ぼしていったのか。

この出会いと変化は、しかしオーラルの衰退あるいはオーラルからエクリへの「移行」という単純な置換の歴史としてはとらえられない。したがって単純な移行の歴史としてではなく、両者の間《あわい》に生じていた、絡み合い結び合う複雑な展開過程をとらえることが必要となる。ここでは、近世期ヨーロッパのいくつかの事例をとりあげながら、この時代のオーラルとエクリの間《あわい》に分け入り、この両者の出会いと融合が近世期の「個人の語り」「エゴ・ドキュメント」、そして「話し伝えようとする生き物」の様態にどのような影響を及ぼしていったかを考えてみよう。

そのための考察の対象としてはさまざまに考えられる。たとえば、カルロ・ギンズブルグの『チーズとうじ虫』に登場するメノッキオの語りはその格好の事例である。メノッキオは、カオスという非日常的な語彙を用いて宇宙の発生に関する独自の理論を練り上げていたが、それは彼が行商人の運んでくる書物に触れ、チーズに湧くうじ虫という見慣れた光景と読書によって得た言葉や考え方とを創造的に結び合わせることで可能になったものであった。「すべては自分の脳で作り上げたことです」というのがメノッキオの自説である。このようにエクリとオーラルが出会い、自家薬籠中の結晶化に至ること、それこそが近世初頭に生じていた新しい現象である。(4)

すでに別の機会に書いたことであるが、一八世紀の書簡体小説の先駆けとなり感情形成に影響を与えたと言われるセヴィニエ夫人の書簡や、ブルゴーニュのオーセールの司祭の書簡、さらには小説家レチフ・ド・ラ・ブルトンヌの自伝などにおいて、たとえば「火事」がどのように叙述されているかを比較考察してみると、それぞれの叙述におけるオーラルとエクリの関わり方には大きな違いがあることがわかる。(5) それらの違いについて詳細はここでは繰り返さないが、この時代の叙述を仔細に検討し比較してみることで、叙述のオーラルな経験との関わり、書くことを通じて生まれてくる書き手の感情世界、書き手の身体の内と外の境界に立ち現れる感じ考える主体など、見えてくることは少なくない。

ここでは、これまで行ってきた考察を踏まえてさらに、一八世紀半ばにパリで、書簡体小説『ペルー人女性の手紙』を出版してベストセラー作家となったロレーヌ出身の女性、グラフィニ夫人(一六九五—一七五八)とその作品をとりあげ、同様の問題設定のもとに、個人の人生や体験と叙述との関わりについて考えてみたい。(6)

一　グラフィニ夫人『ペルー人女性の手紙』

グラフィニ夫人は名をフランソワーズと言い、ライスワイク条約締結の二年前にナンシー郊外に生まれたロレーヌ出身の貴族であり[7]、少女時代は父の姓を付してフランソワーズ・ダッポンクールと呼ばれていた。その前半生はしたがってロレーヌ・エ・バール公国の再建期とちょうど重なっている[8]。それはフランスによる占領期に比べれば概して平和な時代であったが、三十年戦争以来の度重なる戦争による荒廃はすさまじく、飢饉や疫病から免れていたわけではない。家族や結婚にまつわる生活も波瀾万丈のなかにあった。一六歳で借金返済のために親の決めた相手との結婚を余儀なくされ、三人の子に恵まれたがすべて夭折している。夫はロレーヌ公に仕える運に恵まれながらも粗暴で、結婚生活は夫の暴言、暴力、不平、ふしだらにより穏やかではなかった。裁判記録によると、夫からは言葉による侮辱のみならず暴行を受けることもあったようで、最初の子が二歳でなくなると、グラフィニ夫人は意を決していよいよ裁判に訴え、離婚に代わる「肉体の分離」の許可を勝ち取っている。以後、夫は姿を消していたが、やがて殺人未遂と窃盗の疑いで逮捕され、証拠不十分で釈放されたものの、結局、病のために一七二五年、親族に引き取られて亡くなっている。かくしてグラフィニ夫人は三〇歳の若さで寡婦となる。両親も相次いで亡くなっている[9]。

寡婦となってからは、ロレーヌ・エ・バール公国の政務の中心のあったリュネヴィル宮に、公妃の侍女として身を寄せていた。この時代は彼女にとって最も穏やかな、またヴァランタン・ジャムレ・デュヴァル（一六九五―一七七五）を含む学者や文人たちとの交流により、多くの書物に触れ文芸の仲間と語り過ごした幸福な時期であった。しかしその生活も長くは続かなかった。一七二九年、ロレーヌ公が公国の再建半ばにして亡くなると、その息子エティエンヌ・フランソワは、マリア・テレジアとの結婚を条件に、一七三三年、トスカナに領地を得て公位を譲り渡してしまい、ウイーン協定により一七三七年リュネヴィル宮も消失したからである。公国は存続したが、一七三八年のピレネー条約により、元ポーランド王スタニスワフがフランス王の画策で公位につき、宮廷はナンシーに移された。以後、公国は一七六六年のフランスへの併合に至るまでの三〇年近く、フランスの傀儡政権の支配する地となった。

グラフィニ夫人はそれゆえ一七三七年一月にナンシーに戻るが、一年三カ月後から徐々に西に移動し始め、国境付近の都市ドゥ・マンジュ・オ・ゾまで来ると、一七三八年一二月三日黎明、以前から親交のあったヴォルテールの誘いを頼りに一気に馬車で国境を越え、そこから六〇キロメートルほど南西のシレー城に向かった。借金もあり、周囲の妨害を懸念してか誰にも告げずに決行した越境である。シレーでのヴォルテールたちとの暮らしは日々、刺激に満ちたものであったが、デュ・シャトレ夫人との行き違いのため、快適に思われたその滞在も二カ月ほどであっけなく終わっている。一七三九年二月一二日、彼女は迎えに来た故郷ナンシーの知人（恋人）レオポルド・デマレに付き添われ、シレーを去り、三日後ついにフランスの首都パリにたどり着くのである。四四歳のときのことであった[10]。

しかしパリでも苦難は続いた。後ろ盾となっていたリシュリュー公妃がほどなくして亡くなり（一七四〇年八月）、しばらくは修道院や知人の家に身を寄せ、住居を転々としていた。その後、一七四二年一一月二七日からは、リュクサンブール宮に近いサン・イヤサント街に友人二人と家を借りて住むようになる。それが彼女の終の住いとなる。この時期から彼女は徐々にパリの文芸や演劇に関わる文人たちとの交流を深めていくが、グラフィニ夫人が作家として自らペンをもち執筆するに至るのは、文芸世界で身を立てたいという野心からではなく、成り行きと、何よりも生活苦から抜け出さねばならないという経済的な理由からであった[11]。晩年こそ文筆で成功を収め、亡くなる数年前（一七五六年）には皇帝となったエティエンヌ（フランツ一世）から年金を得て暮らしは安定したが、それまではパリでも長く先の見えぬ不安定な暮らしが常態化していた。それはまさに没落貴族の貧窮の暮らしである。

この時代はオーストリア継承戦争（一七四〇―四八年）が暗い影を落としていた時代であり、ロレーヌ時代からの文通仲間サン・ランベールやアントワーヌ・ドゥヴォ（通称パンパン）など故郷ロレーヌの友人たちのほとんどが従軍し、伝わってくる戦況の知らせに翻弄されていた。一七四四年頃には彼女の困窮もいよいよ深まり、奉公人に給金が払えないほどの状態で、知人にして数学者のモーペルチュイ（一六九八—一七五九）から借りていた借金返済の催促にも全く応えられないみじめな日々が続いた。心身も消化不良やめまい、閉経による気分喪失に苦しみ、気苦労は絶えなかった。[12]

しかしどん底のなか、一方では、文芸の庇護者にして組織者でもあった有力者ケーリュス公や偶然知り合ったコメディ・フランセーズの有名女優キノー嬢らの主催する「ブー・デュ・バン（ベンチの端）」と呼ばれる文人たちの集い「木曜会」に通うようになり、それ以後、エルヴェシウスやデュクロ、ショサック、クロード・クレビヨン、モンクリフ、ピロン、ヴォワズノン、ダルジャンタル、ポン・ド・ヴェイルなど若き著述家たちとの交流が始まる。[13]当然のことながらこうした暮らしは、リュネヴィル宮でもそうであったように、多くの書物や印刷物、情報や物に触れ、それによって思考や感性を磨き、自己を陶冶していく貴重な機会となった。夫人はこうして、故郷から遠く離れた大都会パリにおいて、孤独と向き合いながらも、徐々に文筆の才を現していく。

特筆すべきは、夫人には故郷ナンシーにドゥヴォという一七歳年下の親友がいて、彼との間で頻繁な手紙のやり取りがあったことである。二人はリュネヴィル時代に知り合い、文芸を通じた共通の関心で結ばれていた。グラフィニ夫人はドゥヴォの作家としての成功を願い、パリにいたってからも、自分のことよりこのドゥヴォの作品をコメディ・フランセーズに売り込み上演許可を得るために尽力していた。しかしそれは果たせぬまま、やがて彼女自身がケーリュス公の勧めもあって『文人集成（*Recueils de ces Messieurs*）』（一七四五年三月刊）に教訓的寓話『新しいスペイン人女性（*Nouvelle espagnole*）』を書く機会に恵まれ、そこから「書く」人生が動き出した。かくして五〇歳という遅咲きではあるが、グラフィニ夫人は予期せずして一気に文筆の世界に足を踏み入れていくことになる。[14]

その二年後、一七四七年出版の匿名小説『ペルー人女性の手紙』がベストセラーとなると、人生はさらに大きく展開していく。この小説は、インカ帝国の滅亡に際して太陽神殿から拉致されたインカの王の許嫁ジリアが、移送途中の海上でフランス海軍に救出され、パリに連れてこられて保護されているという設定であり、そのジリアからスペインに幽閉されているインカ帝国の王家の末裔アザに宛てて綴られた書簡からなる。書簡は三九通(改訂版は四一通)あり、すべてジリアの独白のような語りで綴られたアザに向けた愛の書簡である。この小説は初版出版とともにたちまち人気を博し、後に触れるように「女でありながら」と留保を添えながらも、概ね好ましい作品として文壇から好意的に受け止められた。

しかしこの本は、王の特認はもとより認可のないまま出版されたために、すぐさま海賊版が出回ることになる。我こそが作者であると自称する論者も現れ、さらにはアザからの返信と称した関連本も出版されている[15]。それだけこの小説が人気を博し、広く読まれたからでもある。とはいえこの時代に女が小説を書くことは、そうそうあることではなく、事実、グラフィニ夫人の残した作品で小説と呼べるものは後にも先にもこの一作だけである。彼女はその後も戯曲の執筆を続け、一七五〇年に戯曲『セニ(*Cénie*)』[16]があたり、コメディ・フランセーズで繰り返し上演されるようになると、『ペルー人女性の手紙』の改訂版の作成に取り組み、一七五一年、今度こそ允許を得て、実名を冠した増補改訂版『ペルー人女性の手紙』[17]を世に送り出している。

『ペルー人女性の手紙』は題名からしてモンテスキューの『ペルシャ人の手紙』(一七二一年)を思わせる。しかし内容的には単なる模倣ではない。またすでに述べたように、グラフィニ夫人には故郷の親友ドゥヴォとの間に頻繁な書簡のやりとりがあり、作品以外にも膨大な数の私信を残している[18]。それゆえ彼女の場合には、考察の際に公共空間に発信された作品と親密空間で書かれた手書きの書簡の両方を参照する事が可能である。それによってエクリとオーラルの間を往還することができる。

この小説はそもそもいかなるものであり、その着想はどこからやってきたのか。改訂のねらいは何であり、どんな改変が行われたのか。以下ではこの小説の物語の枠組みを簡単に示した上で、執筆に至る着想や初版出版後から改訂に至るまでの体験と改変の中身を探り、その叙述の内と外の関わり、オーラルとエクリの交錯について考えてみたい。

二　物語の枠組み

『ペルー人女性の手紙』は、ジリアからの書簡だけで構成された、いわゆる書簡体小説である。一八世紀はモンテスキューの『ペルシャ人の手紙』をはじめとして書簡体のエクリが流行した時代であり、文学史上「書簡の世紀」と呼ばれている。この小説もそうした時代のなかに位置づけられる。背景には郵便網の整備・拡充があり、庶民の間でも書簡のやり取りが広く盛んになっていくことに加え、書籍や雑誌など定期刊行物も前世紀に比べて急増していた。識字率も上昇していく変化の激しい時代でもあった。

重要なのは、この時代になると、セヴィニエ夫人の書簡のように私信が書籍となって出回ると同時に、本物を装った虚構の書簡が創作され、本当に書かれた個人の書簡として出版されるようになり、これによって虚構と現実の境界が曖昧になっていくことである(19)。実際、愛の書簡体小説の嚆矢とされる『ポルトガル文』(一六六九年)(20)も尼僧マリアナ・アルコフォラードの手紙としてのみ出版されたために長らく本物の書簡であると信じられていた。このようにエクリのどこまでが虚構で、どこまでが現実かがわからなくなっていく現象は、現代のフェイクニュースやネットの書き込みを思い浮かべれば、遠い過去だけの現象ではないことがわかる。

書簡の書き手にしてヒロインのジリアは、王妃となるためインカ帝国の太陽神殿に暮らしていた聡明な女性であるが、ある日突然、神殿に武力で押し入ったスペイン人兵士によって捕えられ、スペイン本国へと連れさられる。しかしその海上で、デテルヴィル船長率いるフランス軍船団によって救出され、今はそのデテルヴィルのパリの実家に庇護され、デテルヴィルの母親と妹セシルとともに暮らしている。ジリアはスペインにいるはずの王家の末裔アザを一途に思い続けて、そこから何通もの書簡をしたためる。

船長デテルヴィルはジリアへの思慕を抱きつつも、アザへの愛を貫き通すジリアを優しく庇護し、やがて二人を引き合わせようと画策し、ついにデテルヴィルはマルタ島にいるアザと会う。しかし、そこで明かされたのは、アザがすでにキリスト教に改宗しているという事実と、スペインに戻って別の女性と結婚することになっているという心変わりの現在である。デテルヴィルから送られた短い手紙でそれを知ったジリアは悲嘆に暮れ、嘆き苦しむが、しかしアザの不実が明確になった後も、彼女はデテルヴィルと結ばれる道を選ぶことはなかった。デテルヴィルとはこれからも友愛(amitié)の関係のなかに留まり、つながりを保つことを願うとだけ告げて、物語はそこで終わっている。(21)

書簡は次のような、アザへの一途な思慕と現況への憂いの吐露に始まっている。この冒頭を読んだだけでもこの物語が、涙、おそれ、失望、苦悩の激しい心の揺れを表出した感情小説であることがわかる。

アザ！　わたしの愛しいアザ！　朝靄のように漏れるわたしの今にも消え入りそうな声は、あなたに届く前に消えてしまいます。あなたが隷属の鎖を砕きに来てくださるのをお待ちしていますがそれも虚しい。ああ、なんということでしょう！　わたしの知らぬその逆境はいともおぞましく、あなたの苦悩はわたしのそれをはるかに上回っているのでしょう。

太陽の都市は、野蛮な国の獰猛な人たちに支配され、涙せずにはいられません。わたしの痛み、わたしの恐れ、わたしの失望は、あなたのためだけにあります。(22)

興味深いのは、言語の問題である。書簡はみなフランス語で書かれているが、ジリアはフランス語を知らないため、当初はキープ（インカ帝国で人口や徴税記録のために用いられていた彩色ひも）を使って書き、彼女を庇護するデテルヴィルがそれをフランス語に訳しているという設定である。しかも途中からはそのキープが尽きてしまうため、ジリアはやむなくデテルヴィルからフランス語を学び、やがて自らフランス語で書くようになる[23]。

一方、ジリアは王妃となるはずの高貴な存在であり、パリの社交界にも出入りしている。そこでジリアはフランスの貴族たちの虚栄心や嫉妬、かけひき、本心を隠す儀礼に満ちた表層的な世界に違和感や居心地の悪さを覚え、社交界に体現される「文明」に辛辣な批判を投げかける[24]。この物語で「野蛮」として語られるのは非ヨーロッパ世界ではなく、高度な文明を有していたインカ帝国を武力で滅ぼし、貪欲さから金銀を奪ったスペイン人である。アザとジリアのいたペルーは太陽を祭る高貴な信仰と習俗を有し、「自然（nature）」を体現した社会でもあって、フランスに勝るとも劣らぬもう一つの尊重すべき社会として、対等に評価されている。この作品は、『ペルシャ人の手紙』のパロディながら、この時代には他に類例をみない女による反戦／反植民地の立場を思わせる批判の書であり、同時に、修道院か結婚かという二者択一に限定されていた当時の女の生き方、社会通念には与さず、「今ここにあることの喜び（le plaisir d'être）[25]」という当時としては極めて新しいもうひとつの道を指し示している。

もちろんこの種の文明批判、ヨーロッパの外部世界の人間の目からなされる内部批判の書は、新大陸との接触や古代への関心の高まりにより、一七世紀末の古代派と近代派の新旧論争などを経て徐々に醸成されてきた、この時代に特有のものでもある[26]。実際、モンテスキューも、アムステルダムに亡命したフランス人Ｊ‐Ｆ・ベルナール（一六八〇―一七四四）の『道徳的・諷刺的・喜劇的省察』（一七一一年）に収録されていたあるペルシャ人哲学者の辛辣な手紙を読み、そこから着想を得ていた。ベルナールはその後さらに『アメリカの住民および彼らの習俗と古代ならびに近代の他の住民の習俗との一致にかんする論考』（一七二三年）を出版し、新世界の習俗と古代のそれを比較してその類似性を指摘していた[27]。それゆえグラフィニ夫人がモンテスキューの書のみならずベルナールの書にも触れていた可能性は十分ある。ギンズブルグが述べているように「ヨーロッパはみずからを二つに分割し、ヨーロッパ人によって征服され奴隷化された人々の目をとおして自分自身を見つめることを学びつつあった」のである[28]。

『ペルー人女性の手紙』には時間や年代の記載が一切なく、「わたし(je)」であるジリアからの「あなた(tu)」であるアザに向けての独白の書簡が続くだけである。スペイン人によるインカ帝国の征服は一六世紀のことであり、グラフィニ夫人のいたこの時代に、このような王家の末裔やその王妃あるいは許嫁が実在するはずはない。それが一八世紀に存在するとするこの物語の舞台設定はどうみても時代錯誤の感がある。しかしこの物語が虚構であることは、当時の読者には明らかであり、またインカ文明の滅亡という史実を基にしたこの小説は、本当らしさと虚構のないまぜとなったファンタジーとして読者をそのフィクション世界へといざなうのに有効に機能したと考えられる。

ここでは紙幅の都合で詳述はできないが、この作品世界の特質として、とりあえず以下の四点をあげておきたい[29]。(1)インカ帝国の宗教や習俗を体現するジリアの目を通してパリの社交界を描き、痛烈な批判を展開していること、(2)現実の身分制社会を前提としつつ、スペインを冷血漢とする一方で、フランス人男性を優しい庇護者として批判の対象から除外し対比させていること、(3)言語の習得をめぐる問題、言葉と心/魂の関係が問われていること、(4)アザへの成就されない一途な愛とデテルヴィルとの友愛が並置され、結婚か修道院かという二者択一の幸福とは異なる「今ここにあることの喜び」を示そうとしていること。

三　仏語版『インカ皇統記』との関わり

それにしても、小説の着想はいったいどこから、いかにしてやってきたのか。グラフィニ夫人はかなりの読書家であり、演劇にも足繁く通っていた。先にも触れた『ポルトガル文』や、フランス座で一七三六年に上演されたヴォルテールの悲劇のヒロイン「アルジル」[30]の影響を受けていたことはまちがいない。とくにアルジルはインカの王女で、父からキリスト教に改宗してスペイン人と結婚することを強いられているが、実はフランス人ザモールを愛しているという設定で、この戯曲からの『ペルー人女性の手紙』への影響をみることは容易い。

またこの時代にはー方でペルーをはじめとした南アメリカについての学術的記述は少なくなかった。たとえば、ザラート『ペルー発見と征服の歴史』（Ｊ・Ｌ・ド・ロルム編、一七〇〇年、アムステルダム）やＰ・ラフィト『古代の習俗と比較したアメリカの野蛮人の習俗』（一七二四年）、プーフェンドルフの『歴史学序説』（一七三五年）に引用のあるブルゼンの『アメリカ史序説』や、ペルー探検隊の生き残りであるシャルル・ド・ラ・コンダミンヌの『南アメリカ奥地の旅行通信』（一七四五年）、さらにはアベ・プレヴォの『旅行についての歴史』（一七五四年）も挙げられよう[31]。

なかでもペルーに派遣された探検隊の生還者コンダミンヌの通信が一七四五年に出ていることは重要である。この時期にフランスがペルーに探検隊を派遣したのは次のような理由による[32]。フランスでは一七世紀末から、ニュートンが数学的論証の帰結としてロンドンで発表していた地球についての理論、すなわち地球の地表は地球の両極に対して平らに延びた球体であるはずだという考えが知られていたが、これを単なる仮説に留めるのではなく、地球の正確な形を地表を計測することによって確かめたいと考える学者たちの熱意が高まっていた。とくにフランスの科学アカデミーは率先してこれを証明しようとしていたが、彼らの論証に対する懐疑や批判、酷評もあり、論争は絶えなかった。それゆえ科学アカデミーの学者たちは、王権に働きかけて、片方の極地と赤道の両方に探検隊を送り、緯度一度分の子午線の弧長を実際に地表を測ることで計測し比較するという大掛かりな調査を企画した。その際、地理や、政治状況、文化的状況を考慮して、最も計測しやすい場所として選ばれたのがペルーだったのである。ペルーは敵国スペインの支配している領土という難点もあったが、かつて高い文明が存在した地域でもあり、また何よりも南北に長く延びた土地の地理的性格が計測に有利に働くという期待が選択の理由であった[33]。

それゆえ彼らは一七三三年頃から植民地相モールパに働きかけ、出資を募り、一七三五年五月にラ・ロシェルからペルーに向け、実際に探検隊を出発させた。この船には、数学者であり天文学者であるピエール・ブーゲや、数学者ルイ・ゴダン、医者にして自然学者ジョゼフ・ド・ジュシュー、地理学者であり数学者でもあったシャルル・ド・ラ・コンダミンヌの四名の科学アカデミー会員と、外科医や専門の技師などからなる六名の補助者を加え、さらに何人かの協力者が乗船していた。しかし疫病や自然の険しさ、隊員たちの嫉妬や仲たがいのために探検は難航を極め、道半ばにして命を落とす者も少なくなかった。一七四〇年から四三年にかけては実際に地表の長さの計測も行われ、地球が完全な球体ではなく、赤道方向に長い回転楕円体(扁球)であることを明らかにした。しかし四名の科学アカデミー会員のうちフランスに生還できたのは二名だけで、うち一人は気が触れた。残るコンダミンヌが一七四四年にフランスに戻ると、翌一七四五年、科学アカデミーの会報に測定結果と地図とともに旅行記(上述『南アメリカ奥地の旅行通信』)を発表し、さらに一七五一年に『南半球の子午線の最初の三度の測定[34]』と題した調査結果を出版した。

一方、この時代は古代ローマの遺跡への関心も高まっていた。たとえば一七三八年には遺跡ヘルクラネウムが発見され、一七四八年にはポンペイの再発見と発掘作業が行われている。噴火によって消失した廃墟の都市についての情報が発掘によって伝えられると、建築はもとより、道や水道など都市建設の面で古代ローマには優れた文明が存在したことが再確認され、その技術水準はニュートン力学など数学や物理学を駆使した新しい知識に匹敵するものであるともみなされた。古代ローマ世界は、滅びたとはいえ高い文明の象徴であり、憧憬と敬意を呼び起こしていた[35]のである。

しかしグラフィニ夫人がインカ帝国の社会や文化、習俗について知り、小説の細かな着想を得たのは、主としてインカ・ガルシラーソ・デ・ラ・ベーガ(一五三九—一六一六)の『インカ皇統記』第一部(一六〇九年)からであり、その仏訳[36]に触れたことが大きかったと考えられる。そのことは後で述べるように、彼女の文通相手ドゥヴォにあてた書簡の記述からも確認できる。また一七五一年の増補改訂版に挿入された「〈ペルー人女性の手紙〉に向けての歴史紹介[37]」にインカ・ガルシラーソ・デ・ラ・ベーガの『インカ皇統記』第一部にあるインカ帝国の初代インカの王の名前マンコ・カパックや太陽神殿に関する習俗、宗教等についての固有名詞を伴う言及が多数現れることからも、この書物との関わりが深いことが見て取れる。

「最初の混血児《メスティーソ》」の歴史叙述

インカ・ガルシラーソ・デ・ラ・ベーガの語るインカ帝国は、先にあげたJ－F・ベルナールの書のような外部者による観察に基づく調査記録とは異なり、インカの血を引く著者自身が書いたものであり、子どもの頃に体験的にも知っていたペルーについての詳細な歴史記述であって、その点で信憑性の高い記述と考えられた。『インカ皇統記』の訳者牛島信明氏によると、インカ・ガルシラーソ・デ・ラ・ベーガは本名をゴメス・スワレスと言い、一五三九年にインカ帝国の古都クスコに生まれている。父カピタン・ガルシラーソ・デ・ラ・ベーガは一五三一年にスペインにやってきた征服者、母はチンプ・オクリョと呼ばれるインカの王女である。オクリョは、第一〇代の王トゥパック・ユパンキの孫でありかつ第一一代王ワイナ・カパックの姪であり、第一二代、一三代の王となった異母兄弟のワスカルとアタワルパといとこの関係にある。つまり征服者の血と征服された側の王家の血が流れる、まさに「最初の混血児《メスティーソ》」と呼ぶにふさわしい出自をもっていた[38]。

同様に牛島氏によると、ガルシラーソは母語ケチュア語を話し、インカの没落貴族や古老たちの語る王たちの栄耀を子守歌に育ち、心とからだにその記憶を宿すインカ帝国の末裔である。父からラテン語やスペイン語の教育も受けて育ち、両親が別れてからは父の家に住み、一五五四年に父がクスコの執政官になるとその秘書のような仕事もしていた。一五六〇年の父の病死の後はスペインに渡り、伯父を頼ってコルドバ近郊のモンティーリャに赴き、晩年は文筆に専念した。『インカ皇統記』は征服者の言語で書かれてはいても、出版当時から被征服者自身の語る稀有な歴史書とみなされていた[39]。

フランス語訳との関わり

ガルシラーソの書のフランス語訳は、ガルシラーソが生前に出版した第一部に限定されたものであるが、アムステルダムで出版されたI・ボードワン訳『王についての論述』(一六三三年)が最初である[40]。このボードワン版はその後も何度か再版されており、そのうち一七三七年版がグラフィニ夫人の手にしえた最新版である。その後一七四四年になると、Th - F・ダリバールがボードワン版をもとにした『インカの歴史』[41]を出版している。

グラフィニ研究の第一人者イングリッシュ・ショウォルターは、グラフィニ夫人が『インカ皇統記』の仏訳に触れたのは、ダリバール版が出る一七四四年よりも前であり、ボードワン版が執筆前から手元にあったことを指摘している。ショウォルターによれば、グラフィニ夫人は一七四三年五月に故郷ナンシーにいる文通相手にして文芸仲間のドゥヴォに宛てた書簡のなかで「わたくし、今日は昼間に〈インカの歴史〉を読みましたのよ、あなたご存知かしら?」と尋ねており、これに対しドゥヴォが読んでいないと返信すると「〈インカ〉を知らないなんてあなただめよ、インカ人自身によって書かれていて、それが訳されているの、たぶんタラポワン(仏教僧)によってだと思うわ」と返信している[42]。グラフィニ夫人はガルシラーソがスペイン語も使いこなすバイリンガルのメスティーソだとは知らずにいた可能性がある。ともあれ、グラフィニ夫人は同じ五月の書簡でこの本は読みにくいとも述べている。

しかしながら、G・ヴェラも指摘しているように、『ペルー人女性の手紙』の初版にはすでにいくつかの箇所でダリバール版にしかない言葉や語彙が用いられており[43]、執筆に際してはダリバール版により多くを依拠していたことが推察される。たとえば第五の手紙と第一六の手紙には、ジリアがインカの統治者をさす言葉「カシク(cacique)」が出てくるが、この語はダリバール版にしか現れない。また第二七の手紙でインカの偶像に言及する際にも、ダリバール版の巻頭にしかない記述が引用されている。

またボードワン版では、インカの民が不吉として恐れた三つの事象(月の周りに現れる輪、彗星、他の鳥に追いかけられる鷲)を別々の箇所で言及していたが、ダリバール版では一カ所にまとめて列記している。また征服者スペイン人への嫌悪はどちらの版にも言及されているが、ダリバール版でのみスペイン人を「貪欲(avarice)」であると書いている。このavariceという語彙はボードワン版にはない[44]。この不吉なもの三つの事象の列記と貪欲の語彙は、一七五一年の増補改訂版に挿入された「〈ペルー人女性の手紙〉に向けての歴史紹介」にも出てくる。そのことからも、グラフィニ夫人は執筆に際してはダリバール版からも言葉や知識を得ていたと考えられる。

ダリバール版の影響と改変

ただしダリバール版は、原文により忠実なボードワン版とは内容が大きく異なっていた。ダリバールはボードワン版に不完全さがあるのでそれを正す必要があったと述べており、ボードワン版を大きく二つに分けて配置そのものを変えている。これにより、ダリバール版では、前半はインカの王たちの歴史であり、後半はインカの宗教、習俗、技芸、科学、農業についての描写となっている。また原著にはあった太陽崇拝に命をささげる処女たちについての章がすっかり削除されている。ボードワン版はスペイン語の原著の内容をそのまま訳していて、スペインの歴史家たちに信じられているように処女たちが太陽神殿の中で育てられていたわけではなく、彼女たちは実際にはクスコに建てられている大きな家に住みそこに囲われていたと書いている。その章ではまた、処女たちは決して結婚することはなく、王も特権を使ってそこを訪れることはなく、いくつかの地区の家が王に妾を提供していたが、王は妾たちと結婚することはなかったとも書かれている。ダリバールはそれについては触れず、生涯、処女のまま生きる者と、王の妾になる者がいるとだけ述べ、クスコとそれらの家とのちがいについては故意に書き落としている(45)。

グラフィニ夫人の物語におけるジリアは、クスコの太陽神殿から連れさられたが、王妃となるはずだった聡明な女性という設定である。これはボードワン版であれダリバール版であれ、どちらの訳本にもない女性像である。またどちらの版にも、王妃にしろ、処女たちにしろ、女たちがキープを操り重要な記録を残していたとは書かれていない。しかしジリアはキープを使いこなすだけの能力をもつ。グラフィニ夫人は、読書を通じて得たインカ帝国の没落という史実に着想を得ながらも、自分にとって理解可能な自らの分身としての女性像を、ジリアという架空の存在に託して作り上げている。またジリアはキープを操る有能な女性であるだけでなく、ひたすら王を思う聡明な処女でもある。こうした賢く一途な女性像は、トマス・シモン・グレット『千一夜物語』(一七三三年)の「ペルー人の小話」に現れるペルー人女性アクリュアにすでに存在していた。そこではペルー人女性が王子の自殺を思いとどまらせる賢明な処女として登場する。彼女がこの書に触れていた可能性もある。

結局のところ、前述のギンズブルグの『チーズとうじ虫』によって明らかにされたメノッキオと同様、グラフィニ夫人もまた多くの読書に支えられて自分の想念世界を作り上げているが、彼女も読んだ書物の言葉や事象を正確に理解し再現していたわけではない。語彙や出来事をもともとの文脈から自由にもぎ取り、独自の造形と融合、改変のもとに配置し直し、自分にとって理解可能なものとして結晶化させているのである。それによって自家薬籠中のオリジナルなイメージ世界を創造している。

四　改訂版の出版——ねらいとその中身

『ペルー人女性の手紙』が興味深いのは、前述のように、一七四七年の匿名出版のあと、四年後の一七五一年に著者自身による改訂版が出されていることである。[46]リライトつまり改稿や改竄《かいざん》を含む書き直しや改訂の歴史は、文献研究や文学研究には欠かせない重要な研究分野であるが、歴史学においても、とくに書物と公共空間、エクリとオーラルの間を考えようとする場合に、有益な探査のポイントとなる。たとえば医学書の事例であるが、再版新版が出ている著書の場合これまでの筆者自身の経験からも、なぜ改訂がなされたのか、どこがどのように改変されたのかを子細に検討することで、出版の背景にある検閲制度、出版事情、社団間の闘争、さらには時代の規範やモラルなど、政治文化のありさまがさまざまに透けて見えてくることがある。改訂の背後には改訂を必要とする何らかの論争や批判、力関係が潜在しているからである。[47]何と何がぶつかり、せめぎあっていたか、その争点に密着することで、表だっては見えにくい舞台裏の力関係をあぶりだすことができる。

それゆえここでも書籍の改訂という事態に着目し、改訂によって何が変わり、それによって何が求められていたかを探ってみよう。そもそも再版のねらいは初版の出版事情と出版のもたらした結果に密接に関係していた。というのも、当時は正式な出版物には国王による認可が与えられていたが、すでに触れたようにこの本の初版は出版許可が得られず、「黙認」の位置づけで出版され、違法ではないとしても、そのために出版人からも安く買いたたかれた上に、出版後すぐさま海賊版が出されて出回っても、それを規制する手立てはなかった。出版社の側も認可のない原稿は、実入りの少ないことが予想され、それを理由に安く買いたたく習いである。グラフィニ夫人の場合は、海賊版だけでなく、勝手に創作された続編のような類似本が書かれて出回り、それらが初版を追い越して独り歩きするようになっていた。グラフィニ夫人がこの状況を快く思っていなかったことは明らかである。ここではこうした出版後の世間の反応、喧騒を垣間見るとともに、作品がどのような改変へと向かったかを見ておこう。

出版の成功と評価の両義性

『ペルー人女性の手紙』は書簡の記述からすると、一七四七年の八月から一〇月の間に出版されたと考えられるが、出版されるとたちまちベストセラーとなり、一七四七年のうちにもパリ版に加え、すぐさま匿名の同じ内容の書籍(アムステルダム版)が出された。これは今で言う海賊版であり、出版社は特定できない。また翌一七四八年にはロンドンで英訳版が出ている。[48] これも勝手になされた出版で、内容も勝手に改変されている。この間に書評は多数現れている。概ね好評ながら、評価は絶賛と難癖が入り混じったものであった。

たとえば、ラポールは『現代文芸省察』(一七四八年、ハーグ)において、熱狂するファンたちをみて自分も共感したと言い「幸運なことに彼女は女でありながら十分な才知があり、その性にたいする偏見を乗り越えた」と添えている。[49] クレマンも『新しい文芸』(一七四九年)で、最初はそうでもなかったが人気が出たのを見て自分も熱中するようになったと告白している。[50] レナール神父は『文芸通信』において、感情表現における「上品な素直さ」を指摘し「この作品ほど心地よいものに長らく出会ったことがない」と絶賛したが、その一方で「しかしこの作品には十分考慮に値する欠陥がある」とし、「筋書きは全くもって醜悪であり、まことに多くの書簡に欠点がある」、「指摘には説得力がなく、……場面は本当らしさ(vraisemblance)に欠けている」と身も蓋もないことを述べている。[51]

また初版の出版から一年もしないうちに『続編(Suite)』が現れ、原作の内容をほぼ尊重しつつもデテルヴィルとその妹セシル、ジリアの間で交わされた七つの書簡を付け加えて話を延長させている。この続編の著者はムーイ男爵と名乗る作家シャルル・ド・フェ(一七〇一—一七八四)で、原作も含めて自分が著者であるかのように名前を冠している。[52] さらに一七四九年になると無認可匿名の『アザ又はあるペルー人男性からの手紙(*Lettres d'Aza ou d'un péruvien : Pour servir de suite à celles d'une péruvienne*)』も現れる。これはアザによる三五通の書簡からなるが、ここではアザはジリアの手紙を受け取っておらず、大部分がマドリッドから友人カヌイスカプに宛てて書かれたという設定である。この関連本では、アザのデテルヴィルへの嫉妬心が描かれ、最後はフランスの船団でジリアとともに祖国に帰還するというメロドラマになっていて、宗教への批判はみられるものの、原作のような揺れ動く感情の高まりや緊迫感、結婚への批判的問いかけは消えている。これは匿名出版であったが、この作者が無名のエッセイストで雑文作家のイニャス・ユガリ・ド・ラマルシュ・クルモン（一七二八―一七六八）であることが判明している。一七六〇年からは原作とこの匿名初版のアザの手紙を合本にしたセット版が、同じデュシェーヌ社から刊行されるようになる(53)。

こうした関連書がすぐさま無認可で出版されたのは、何よりもグラフィニ夫人の匿名の原著初版が広く読まれ、爆発的に売れたからに他ならない。便乗して一儲けしようという野心が見え隠れする。しかし同時に、その初版に描かれているジリアの、結婚も修道院も選ばず、デテルヴィルともあくまで友愛を貫くその生き方に、人々が不安と不満を覚えたからでもある。まさに物議をかもしたのである。

グラフィニ夫人はこうした賛否両論のなか、続編などにもきっちりと目を通していたようで、ドゥヴォに宛てたいつもの書簡に不満を記している。出版からまもなく改訂版の話が持ち上がっていたが、しばらくして戯曲『セニ』（一七五〇年初め、出版は一七五一年）が予想外の成功を得て生活が安定すると、今度こそ出版許可を得て自らの実名を冠した『ペルー人女性の手紙』（増補改訂版）を出すことを決意する。申請に関しては以下に述べるようにジャック・テュルゴー（一七二七―一七八一）の助言もあった。執筆にとりかかった時期は不明であるが、おそらく追加挿入する予定の二つの書簡の草稿をドゥヴォに送った一七五〇年一一月には、改稿作業はかなり進行していたと考えられる(54)。

改訂版に至る契機――テュルゴーの勧め

改訂版の出版にいたる過程で、テュルゴーが果たした役割は小さくない。テュルゴーはまだ若かったが、この頃グラフィニ夫人の借家(55)にも頻繁に出入りしており、正式に認可を得て改訂版を出すようグラフィニ夫人に勧めていたからである。一七四八年の初めのことである。テュルゴーが認可を得て改訂版を出すことを勧めたのは、彼が何よりも著作権を守ることを必要だと考えていたからである。また物語がジリアに体現された身分や特権階級の名誉を守ろうとしている点でも、テュルゴーたちの価値観に照らして逸脱がなく、古代の習俗を重視していることにも大いに賛同できたからである。『ペルー人女性の手紙』の改変にあたってテュルゴーは実際にいくつかの助言を行っている。ただしグラフィニ夫人は、若きテュルゴーの知性と教養を高く評価しつつも、必ずしもその助言に全面的に賛同していたわけではなかった。彼女はドゥヴォに宛てた書簡で「テュルゴーはたしかに教養は豊かでいらっしゃいます。でもわたしたちの意見が一致することなどめったにありませんでした」と書いている[56]。

こうしてテュルゴーの後押しもあり、マブールに代わってその頃検閲官に就任したマレルブがまもなくグラフィニ夫人のもとを訪れ、認可の話が進んだ。そんななか出版社との交渉も始まっていた[57]。グラフィニ夫人は当初、初版の原稿が買いたたかれた苦い思い出もあり、初版の出版人ピソ（書簡内のあだ名はウド）[58]とは異なる別の出版人を探し、印刷屋兼書籍販売業者の寡婦デュシェーヌに持ち込むことを画策していた。一七四七年の初版はもともと認可のない黙認書籍である。認可を得た改訂版の草稿を別の出版社に売ってもピソは文句を言えないはずである。そのためグラフィニ夫人は強気で、ピソが安く見積もるなら他に売るつもりでいたところ、ピソが一〇〇〇エキュ（約三〇〇〇リーヴル）つまり初版の一〇倍にあたる代金を支払うと言ってきた。これには本人も仰天したが、しかし彼女は最初から決めていたのか、結局のところ、寡婦デュシェーヌの印刷屋兼出版人に原稿をわたすことを決意している[59]。

「〈ペルー人女性の手紙〉に向けての歴史紹介」の挿入

では改訂版にはどのような改変がなされたのか。一つは、出版社の緒言と本文の間に「〈ペルー人女性の手紙〉に向けての歴史紹介」と題するインカの歴史についての一六頁に及ぶ長々しい説明が挿入されたことである。この原稿を書いたのは、グラフィニ夫人本人ではなく、文芸仲間の一人A・ブレであったと言われている[60]。

その内容は、スペイン人のペルーへの侵攻と破壊がいかに貪欲で卑劣であったか、またインカの太陽神殿を中心とする統治がいかに法に基づく理性的なものであったか、若者たちがどんなに賢く教育され、人々がいかに簡素であることに幸福を見出していたかを述べている[61]。こうした説明はインカ帝国というかつて実在した社会がフランスとは異質ながら尊敬すべき社会であったことを読者に知らせ、物語がこうした史実に基づいていることを明確に示すために挿入されている。その目的はしかし、物語の「本当らしさ」を補強するということだけではなかった。たしかにレナール神父による「本当らしさに欠けている」という辛辣な批判は、「本当らしさ」が小説の評価における重要なメルクマールとなりつつあるこの時代に、無視できないものであった。しかし、それだけではなく、何よりも出版許可を得るために必要な体裁であったと考えられる。というのも一度認可の下りなかった書物を同じように申請しても許可は得られないからである[62]。また初版は書物の内容の「道徳性」が疑われたため、改訂版では、何よりこの作品のもつ社会における有用性と「道徳性」を明確に指し示すことが不可欠だったからでもある。

一七五一年の改訂版は二分冊になっている。第一巻の「〈ペルー人女性の手紙〉に向けての歴史紹介」から一部を引用すると、たとえばこんな具合である。

> ペルーの尊き立法者マンコ・カパックは、土地の耕作を神聖なものとみなし、耕作は共同で行われていた。労働の日々は喜びであった。驚異的に広がる運河がいたるところに新鮮さと肥沃さをもたらしていた。しかし、ほとんど想像できないことは、いかなる鉄も鋼鉄の道具もなく、ペルー人たちがひたすら腕の力だけで岩を転がし、とても高い山を穿ち、国中に見事な水道橋や道を敷いて、利用できるようにしたことである。
>
> ペルー人たちは、土地を耕し分配するのに必要な地理学と同様のものを知っていた。医学は、彼らが特定の事

故に際して秘儀のようなものをどれだけ用いていようとも、それこそが知られざる科学であった。ガルシラーソが述べているように、彼らは一種の音楽や何らかの類の詩を有し、彼らの詩人であるハサヴェク(Hasaveq)と呼ばれる者が一種の悲劇や喜劇を創作し、祭りのときにカシクあるいはクラカス(Curacas)と呼ばれる地域統治者の息子らがそれを実演し、インカの王や宮廷みなの前で披露していた。

それゆえ社会に有用な徳や法だけが、ペルー人たちの首尾よく身につけていたものである。(ある歴史家の言うに)彼らは現に実によく治安の守られたすばらしい社会を創りあげていたが、これほどよくできた社会であることを自慢しようとする国民はいなかった。(63)

ここでは、技術や科学、医学、文芸の存在が語られ、インカの社会がその統治に有用な「徳」や「法」に基づいて成り立っていることが強調されている。最後の段落に出てくる「ある歴史家」には脚注が付されていて、「プーフェンドルフ『歴史学序説』」とある。(64) プーフェンドルフ(一六三二―一六九四)と言えば、『自然法と万民法』(一六七二年)で一七世紀末から知られ影響力のあったドイツの自然法学者であり、自然状態のなかには服従の契約とは異なる社会契約があり、それが人間の結合の基盤となっていると考え、政治社会は道徳的存在でなければならないと説いていた。プーフェンドルフの名を引き合いに出すことでグラフィニ夫人の作品の立場が明確に示されると期待したのであろう。

増補と改変

では改訂によって本文のエクリはどう変わったのか。新たに挿入された手紙は第二九の手紙と第三四の手紙の二通だけである。しかし既存のいくつかの手紙の叙述にもマイナーな削除や加筆が行われている。子細に検討してみると、そこには微妙な改変が施されていることがわかる。ここでは紙幅の都合もあり、一部を垣間見るだけであるが、ヴェラ・レ・グレゾンによるこの作品の改訂についての先行研究をもとに、その中身を少しだけ見てみよう。たとえば、改訂版の第二八の手紙の結婚式の宴の場面では、初版にはあった次の文章がばっさり削除されている。

装いは男も女もとてもけばけばしくて余計な装飾で飾り立てています。どちらもとても早口でしゃべるので、言っていることを注意して聞こうとすると、彼らのことを見ることができず、見ようとすると今度は言っていることが聞きとれません。わたしはある種呆然としてしまいます。そのことに彼らがもし気付いていたら、からかいにあったのでしょうが、彼らは自分のことに夢中で、わたしの狼狽には気づきもしません。[65]

グレゾンによると一七四七年の初版では、このように人々の喧騒のなかでジリアがその威厳と心の平和を守ろうと身構え、周囲から完全に孤立している様子が描かれていたが、一七五一年の版では、こうしたジリアの孤立状態はやわらげられ、また初版にはみられたフランス人男性の欲望にさらされることもなくなり、フランス社会の戯れの会話や恋の騒々しさからも冷静にうまく距離を保つことができるようになっているという。[66] またジリアの側でフランス社会を観察しようとする傾向が以前よりも強まり、フランスの習俗を知ることや、フランス人と話すことを喜びだと思うようにジリアが描かれている。ジリアはたとえば、改訂版では「贅沢がフランスの〔悪しき〕風習だとわたしが考えるとしても、わたしが真実からそれほど隔てられているわけではありません。私は彼らの慎みのない本性よりも彼らの啓蒙(Lumière)のほうを大切に思っています。啓蒙によってわたしはそう考えますし、また彼らの依拠している風習については切り離して、彼らの精神を褒めたたえるのです[67]」と、わざわざ「啓蒙」という言葉を用いて分析的に意見を述べもする。また改訂版ではジリアはフランスの習俗が不必要な気まぐれな愛を基盤にしているとして、この社会は技術や科学面で勝っていて魅力的ではあるが、道徳的浅薄さの餌食になっている、と冷静に批判を述べる。[68]

内容面での比較的大きな変更は、初版では見られた国政に関わる批判、とくに領主への軽蔑や職人たちの生活が貴族の贅沢によって少しも潤っていないことへの批判のトーンが、少しやわらげられていることである。ブルジョワや商人、職人についての話題を避けようとする傾向もみられる。新たに挿入された第二九の手紙では、フランス人はモラルが欠如しているというよりも軽薄なだけだと語られる。また初版にはあったフランス人の性的攻撃性についての記述は削除されている(69)。

興味深いのは、どちらの版にもデテルヴィルがジリアにアザの不実を告げるシーンがあるが、応答の仕方が若干変化していることである。グレゾンも指摘しているように一七四七年の初版ではジリアは、アザの不実を聞かされてもなおアザを信じ、その不実を受け入れようとはせず、真実に直面するのを避けるために死のうとまで考えていたが、一七五一年の改訂版では、アザの不実を同じように嘆きながらも、アザの側の心の問題として語り、ジリア自身の感情の動揺を抑えようとしている(70)。

この作品は、ジリアがアザへの愛を抱きながらも、最後には「今ここにあることの喜び」に目覚め、自尊心をもち知的好奇心を有することによって心の安寧を見出していく女の自立と幸福を考える物語であり、その点は改訂版でもなんら改変が行われていない。初版の方向性は妥協なく保たれていて、ジリアが高い教育を受けたインカのすぐれた知性の持ち主であるという物語の前提も最後まで崩れることはない。むしろ一層強調され、結婚か修道院かという二者択一の女子教育のお粗末さをいっそう明確にあぶりだしていくところもある。改訂によって社会への批判的トーンが少し抑えられ、より受け入れられやすいものになっていることは否めない。しかし彼女が経験から知っていた同時代のフランスの女子教育の二者択一性、狭隘さとは異なるもう一つの道を示そうとしていたことは明らかである。

おわりに

近世期と一口に言っても、エラスムスの生きた一五世紀後半から一六世紀前半、メノッキオの生きた一六世紀半ばから後半、セヴィニエ夫人が生きた一七世紀半ばから後半、そしてグラフィニ夫人やレチフのような小説家があらわれる一八世紀半ばから後半とでは、「個人の語り」のあり方は同じではない。そのちがいは単純な発達とか進化の過程としては語りえないものでもある。しかし共通して言えることがあるとすれば、それはオーラルとエクリが互いにその境を接し、叙述の内と外、テキストの内部と外部が影響を及ぼしあっていたことである。エクリがオーラルと結びつくことで、人間の「話し」「伝える」その仕方は確実に押し広げられ、豊穣化していったと言えよう。

ここではそのほんのわずかな痕跡を垣間見たにすぎないが、それらはみな「話す(=ロゴスをもつ)動物」の重要な変化の一端をさし示している。現代はインターネットが広く浸透し、わたしたちのコミュニケーションの様態を再び大きく変容させつつあるが、書物や書簡の時代が全くの過去となることはない。オーラルとエクリは相互に重なりあい、密接に結びついているのであり、影響を及ぼしあっている。「個人の語り」が今も世界を開示し、それがときに世界を変えていく「爆発性の」「危険な」混合物となりうる可能性があるとすれば、それはロゴスをもつ人間が、オーラルとエクリの出会うその間《あわい》に生き続けているからである。わたしたちが知りたいのは、このオーラルとエクリの境界に、あるいは身体の内部と外部の閾域に立ちあがる意味生成の瞬間であり、ロゴスをもつ生き物が、その身体とエクリの関わりのなかで、意識的にも知らず知らずのうちにも介在させていくであろう生きた解読格子である。

(1)　アリストテレスの文章で人間の特質を言語能力にみようとする記述は、『政治学』(1253a) や『修辞学』(1355b2) などの中にあり、たとえば「動物の中で人間だけがロゴスをもつ」と記されている。Berns, Laurence, "Rational Animal-Political Animal : Nature and Convention in Human Speech and Politics", *The Review of Politics*, 38-2, 1976, p. 177. アリストテレスのロゴスに関する記述については、古代ギリシャ史研究者の上野慎也氏から文献の詳細なご紹介をいただくことができた。記して感謝を申し上げたい。

（2） 小野光代「一六世紀ドイツの Flugschrift における語・句の重ねについて——言語平衡論との関連において」『研究論集』関西外国語大学、第八三巻、二〇〇六年、一四四頁によると、ドイツ語の Flugschrift は、日本の歴史書、宗教改革関係の書物では「パンフレット」と訳されてきたが、これは、当初、単に小冊子 Büchlein とか、回状 Sendbrief などと呼ばれていた印刷物が、後のとりわけ書物史研究の中で、綴じられていない紙葉から成り立っている小冊子をさす総称として用いられるようになった用語であり、これをパンフレットと訳すのは適切ではないという。小野氏の論稿で興味深いのは、この時期の Flugschrift で一つの語がいくつかの言葉に言い換えられて重ねて表記されているのは、従来考えられてきたような単なる言葉遊びのためではなく、いわゆる標準ドイツ語をまだ有していなかった当時のドイツ語圏の様々な地域でそれが読まれることを想定して、それぞれの地域の言葉でわかるように複数の地方語に言い換えて語を重ねて記していたからであると指摘している点である。こうした印刷物は、黙読ではなく、大勢の前で声に出して読まれていた可能性が高い。

（3） アンドルー・ペティグリー『印刷という革命——ルネサンスの本と日常生活』新装版、桑木野幸司訳、白水社、二〇一七年。

（4） C・ギンズブルグ『チーズとうじ虫——一六世紀の一粉挽屋の世界像』杉山光信訳、みすず書房、一九八四年／原著一九七六年。

（5） 長谷川まゆ帆「オーラルとエクリの間《あわい》——近世期ヨーロッパの「個人の語り」とその変容」『Odysseus 東京大学大学院総合文化研究科地域文化研究専攻紀要』第一七号、二〇一三年（http://hdl.handle.net/2261/53578）；同『女と男と子どもの近代』山川出版社、世界史リブレット、二〇〇七年。

（6） グラフィニ夫人の生涯と作品については以下の科研シンポジウムでも報告させていただいたが（コメント「近世フランス史から」）、本章の内容はそれと同じではない。第六六回日本西洋史学会（二〇一六年五月一橋大学）での小シンポジウム「エゴ・ドキュメント——パーソナル・ナラティヴの歴史学」。また二〇一九年九月二一日慶応大学での鷲見洋一・井上櫻子主宰研究集会「アンシャン・レジームの家族史」において、家族史との関連で以下の報告を行った。«Étude de famille sous l'Ancien Régime : Le cas de Mme de Graffigny (1695–1758)».

(7) «Biographie de Mme de Graffigny: la période 1695–1739», *Correspondance de Madame de Graffigny*, Tome I, The Voltaire Foundation, Taylor Institution, Oxford, 1985, pp. xxv-xxviii.

(8) ライスワイク条約により、ロレーヌ・エ・バール公国の自立が国際的に認められた。当時のロレーヌ地方がまだフランス領ではなかったことを忘れてはならない。この時期のロレーヌ・エ・バール公国の歴史については、長谷川まゆ帆(博子)「バロック期のジェンダーと身体――国境地域ロレーヌから考える」樺山紘一ほか編『岩波講座世界歴史16　主権国家と啓蒙　16―18世紀』岩波書店、一九九九年及び同「地方長官と助産婦講習会――併合期ロレーヌの遺制と国家プロジェクト」近藤和彦編『歴史的ヨーロッパの政治社会』(山川出版社、二〇〇八年)を参照されたい。

(9) 夫フランソワ・ユゲ・ド・グラフィニはヌシャトーの公国代理官の下の息子で結婚当時二五歳だった。Graffigny はヌシャトーの南二〇キロメートルほどの村で、当時は Grafigny と表記されていた。一七一一年にロレーヌに天然痘が蔓延した際、レオポルド公(ロレーヌ公)夫妻の子も三人亡くなり、疫病から逃れるために一時フランソワーズの叔父アントワーヌ・ド・ソローの屋敷にレオポルド公夫妻と子どもたちが隠遁したことがあり、後にレオポルド公夫妻がヌシャトーを訪問した際に催された宴に、ソロー家の親戚のダッポンクール家もたまたま居合わせ、それがきっかけで縁談が進んだ。ユゲ家は富裕な貴族でレオポルド公との縁故も太く、宴の後レオポルド公が公国代理官ユゲの歓迎に報いるために次男のフランソワを宮廷に連れていき、侍従及び騎馬警察隊長の地位につかせたこともあり、ソロー家の叔母が縁組によりダッポンクール家の借金返済が可能になると期待したのである。«Biographie de Mme de Graffigny : la période 1695–1739», *Correspondance*, Tome I, p. xxviii.

ローマ教会は「婚姻の非解消」を原則とし離婚を認めていなかったが、五年以上の別居の事実があり、①宗教上の理由により合意が得られている場合、②どちらかの配偶者に不義密通のある場合、③妖術の実践、④異端への関与、⑤酷い暴力や虐待に限り、「肉体の分離」を認めていた。Alain Lottin, J. R. Machuelle, S. Malolepsy, K. Pasquier, G. Savelon, *La désunion du couple sous l'Ancien Régime : l'exemple du Nord*, Université de Lille III, Éditions Universitaires, 1975. グラフィニ夫人の場合は⑤が該当した。夫の数々の暴行の詳細については目撃証言が裁判記録に残っている。«Biographie de

Mme de Graffigny : la période 1695–1739», *Ibid.*, p. xxix-xxx. 夫の逮捕と死については以下を参照。*Ibid.*, xxxii.

（10）詳細は *Ibid.*, pp. xxxvi-xxxvii, xlii-xliii. およびシレーからのドゥヴォへの書簡を参照した。*Vie privée de Voltaire de Mme Du Châtelet, pendant un séjour de six mois à Cirey, par l'auteur des Lettres péruviennes : suivi de cinquante Lettres inédites, en vers et en prose, de Voltaire. Mme de Graffigny*, Paris : Treuttel et Wurtz, Pélicier, Delaunay, et Mongie, 1820. 行き違いは、ヴォルテールの身を守ることを口実に届いた手紙を密かに開封し内容を読んでいたデュ・シャトレ夫人が、ある日ドゥヴォから届いた手紙にヴォルテールの未発表の作品の一節が記されているのをみつけ、グラフィニ夫人が許可なくヴォルテールの作品を漏らし、その身を危険にさらそうとしている悪質なスパイではないかと勘違いしたのが発端である。傷ついたグラフィニ夫人は年明けにはシレー城から出ていくことを決意する。二月に入り、軍人であり忙しい愛人デマレがようやく迎えに来てシレー城を後にした。詳細は *Ibid.* ちなみにこの文献のタイトルに *un séjour de six mois à Cirey*（シレーでの六カ月の滞在）とあるのは間違いで、実際には二カ月滞在しただけである。

（11）«Introduction», *Correspondance*, Tome IV, p. xv.

（12）«Introduction», *Correspondance*, Tome V, p. xiv.

（13）«Introduction», *Correspondance*, Tome IV, p. xiv.

（14）一八世紀には著名人であったグラフィニ夫人であるが、一九世紀の内に酷評され忘れられていく。それが一九六〇年代になってまずはジェンダー研究との関連で掘り起こされ、現在は啓蒙期に関する歴史研究の重要な文献として広く受容されている。一九六〇年代の初期の開拓は（米）イングリッシュ・ショウォルター、（伊）ジャンニ・ニコレッティ、（独）ユルゲン・シュターケルベルクらによる。近年ではA・リルティなど啓蒙期の社会史研究者によって積極的に活用されている。Antoine Lilty, *Le monde des salons*, Fayard, 2005.

（15）関連本の詳細については本文一二二頁の説明と註（53）を参照されたい。

（16）*Cénie* は一七五〇年にコメディ・フランセーズで初演され、人気を博し繰り返し上演されたが、それだけではなく、翌一七五一年にシナリオ *Cénie, pièce en cinq actes*, Paris, Cailleau, 1751 が出版されると、書籍もたちまちベストセラーとなった。その後一七五一年から一八二九年までの七九年間に二四の版（うち六つは再版）が出ている。ほとんどが生前および革命以前の出版で、一九世紀に入ると出版が急減する。一方、翻訳も多数存在し、ドイツとオランダでそれぞれ一版ずつ、イギリス、デンマーク、スペインで二版ずつ、イタリアで六つの版が訳本として出ている。*Théâtre de femmes de l'Ancien Régime*, Tome IV, XVIIIe siècle, Edition d'Aurore Evain, Perry Gethener et Henriette Goldwyn, Paris, Classiques Garnier, 2015, p. 330.

(17) Mme de Graffigny, *Lettres d'une péruvienne*, Paris, Duchesne, 1751.

(18) ドゥヴォ宛の書簡は二五〇〇通近く残存している。郵便馬車の運行にあわせてその間に朝に夕にと間歇的に何度も書き足してつないでいった数ページに及ぶ手紙であり、一通一通が長い。これらはすでに専門家による丁寧な校訂作業を経てThe Voltaire Foundation から『書簡集』として続々と出版されており、現在までのところすでに一五巻に達している。第一巻は以下。*Correspondance de Madame de Graffigny*, Tome I, préface de English Showalter, The Voltaire Foundation, Tailor Institution, Oxford, 1985. ドゥヴォからの返信の書簡集は出ていないが、グラフィニ夫人の書簡集の注に必要に応じて関連部分が引用されている。

(19) Christian Biët, «L'orale et l'écrit», *Histoire de la France littéraire*, Tome 2 Classicismes: XVIIe–XVIIIe siècles, dirigé par Jean-Charles Darmon et Michel Delon (sous la direction de Prigent Michel), Quadrage/PUF, 2006.

(20) 『ポルトガル文』は一六六五年から六七年にかけてポルトガルに駐屯したフランス軍士官シャシリー侯爵に宛てて書かれた五通の恋文からなり、初版出版後、繰り返し再版された。現在ではフランスのギュラーグ伯によって創作された小説であると推定されている。

(21) 『ペルー人女性の手紙』のテキストからの引用に際しては、本稿では以下の一七七三年版を参照している。Mme de Graffigny, *Lettres d'une péruvienne*, Paris, Chez la veuve Duchesne, 1773.

(22) *Ibid.*, pp. 25-6.

(23) *Ibid.*, LETTRE SEIZIEME, pp. 104-8.

(24) *Ibid.*, LETTRE VINGTIEME, pp 122-126; et TRENTE-DEUXIEME～TRENTE-QUATRIEME, pp. 19-211.

(25) 最後の四一番目の手紙に次のように記されている。「わたくしがわたくしであり生きていまここにあるという存在の喜び le plaisir d'être、それは人間のあまたの盲目によって忘れられ、ないがしろにされてきた喜びですが、人がこの喜びを思い出し、その価値を体験的に知るならば、それだけで人は幸福になれるのです」と。*Ibid.*, LETTRE QURANTE-UNIEME,

p. 245.

（26） カルロ・ギンズブルグ「世界を地方化する——ヨーロッパ人、インド人、ユダヤ人」『ミクロストリアと世界史——歴史家の仕事について』上村忠男編訳、みすず書房、二〇一六年、二八—五五頁。

（27） Jean-Frédéric Bernard, *Réflexions morales, satiriques et comiques sur les mœurs de nôtre siècle*, Cologne, 1711 ; "Dissertation sur les peuples de l'Amérique, et sur la conformité de leurs coutumes etc.," in *Cérémonies et coutumes et religieuses des peuples idolâtres*, I premère partie, pp. 1-74, 1723. ただし一七四一年以降パリで出版されている改訂版にこのアメリカの住民の習俗についての論考は収録されていない。ギンズブルグはさらにベルナールは無名に近いラ・クレキニエールの『東インド人の習俗とユダヤ人及びその他の古代の諸国民の習俗との一致』（一七〇四年）からも着想を得ていた可能性を指摘している。ギンズブルグ、前掲書、五三頁。

（28） ギンズブルグ、前掲書、五五頁。ちなみに一七六八—七一年頃にスペイン人ホセ・デ・カダルソによって出版された『モロッコ人の手紙』があることを邦訳版（『モロッコ人の手紙／鬱夜』富田広樹訳、現代企画室、二〇一七年）を通じて知った。この種の異邦人の目を通じた社会批判という形をとった書は、一八世紀には珍しくなかったが、ただし内容はそれぞれに異なり、独自の立ち位置を有する。

（29） こうした特質は必ずしも現代の視点で単純化できるものではなく、実際には矛盾や揺れ、曖昧さを含む。当時の文学上のコードや既存の言説、出来事や体験とどのように関わりあっていたかについては、さらに吟味が必要である。

（30） 原タイトルは『アルジルあるいはアメリカ人（*Alzire ou les americains*）』。Préface de Colette Piau-Gillot, dans *Lettres d'une Péruvienne, 1747, Françoise Grafigny*, Côté-femmes, Paris, 1990, p. 13.

（31） Colette Piau-Gillot, *Ibid.*, p. 17.

（32） フランスの科学アカデミーによって企図されたペルー探検隊に関しては、以下を参照した。Florence Trystram, préface de Haroun Tazieff, *Le procès des étoiles: Récit de la prestigieuse expédition de trois savants français en Amérique du sud et des aventures qui s'ensuivirent (1735-1771)*, Petite biblio payot Histoire, Editions Payot & Rivages, Paris, 2001 et 2017 (Editions Seghers, 1979, 1989; Editions Payot, 1993).

（33） *Ibid.*, pp. 25-6.

(34) *Ibid.*, pp. 26–52. *Mesure des trois premiers degrés du méridien dans l'hémisphère austral, tirée des observations de Mrs de l'Académie Royale des Sciences, envoyés par le Roi sous l'Equateur*, par M. de La Condamine, Paris, L'imprimerie royale, 1751.

(35) ポンペイは一五九九年に建築家ドメニコ・フォンターナによって遺跡が発見されその存在が知られていたが、いったん埋め戻され、本格的な発掘作業が行われたのは、ヘルクラネウムの発見(一七三八年)に続く、ポンペイ再発見(一七四八年)以降のことである。グラフィニ夫人が古代ローマについての情報をどのように入手していたかは今のところ明確ではないが、発掘により古代ローマへの関心がこの時期に高まっていたことはまちがいない。啓蒙期には、とりわけ建築家ブレーやピラネジなどに多大なインスピレーションを与えていたことが知られている。古代への関心と啓蒙は必ずしも矛盾するものではない。

(36) 最初に刊行された邦訳は、牛島信明訳『インカ皇統記』大航海時代叢書エクストラ・シリーズ第一・二巻(岩波書店、一九八五—八六年)であるが、本章では岩波文庫版(全四巻、二〇〇六年)を参照した。原典は全九巻からなる。

(37) 註(21)にあげた一七七三年版の Introduction Historique aux Lettres péruviennes, *Lettres d'une Péruvienne, Ibid.*, pp. 9–24. マンコ・カパックについての記述は p. 10.

(38) ガルシラーソについては、前掲岩波文庫版『インカ皇統記』第一巻の牛島氏の解題を参照。それによればガルシラーソはスペイン軍に兵士として加わるなどしているが、一五九〇年にイタリア語のレオン・エブレーオ著『愛の対話』のスペイン語訳を出版した後は文筆に専念している。ガルシラーソにとってスペイン語はもはやほとんど母語であったと考えられる。

(39) 訳者の牛島氏によるとこの書は「母に対するオマージュ」となっているという(前掲書、三〇三頁)。ちなみに『インカ皇統記』第二部はガルシラーソの希望に反して死後一六一七年に『ペルー征服史』と題して出版されているが、邦訳されているのは第一部のみである。前掲解題参照。

(40) Garcilaso de La Vega, *Le Commentaire royal*, Traduit par I. Baudoin, Amsterdam, 1633.

(41) Garcilaso de La Vega, *L'Histoire des Incas*, traduit par Thomas-François Dalibart, Paris, 1744.

(42) Grayson Vera, "The genesis and reception of Mme de Graffigny's *Lettres d'une Péruvienne* and *Cénie*", *Study on Voltaire and the Eighteenth Century*, 139, Oxford 1996, p. 8.

(43) *Ibid.*

(44) *Ibid.*

(45) *Ibid.*, p. 9.

(46) 篠田勝英・海老根龍介・辻川慶子編『引用の文学史――フランス中世から二〇世紀文学におけるリライトの歴史』(水声社、二〇一九年)参照。

(47) 実際、一度出版された書籍が何度も再版されるだけではなく、内容に改訂が施されたり、続(suite)と称して関連書が別途出てきたりすることが、文芸書に限らず、この時代にはしばしばみられる。たとえば、コタンタンの外科医モケ・ド・ラ・モットの『助産についての完全なる概論』(初版一七一五年)は、著者の死後三〇年を経た一七六五年に初版の構成を大きく組み替えた二分冊の増補改訂版として再版されていた。またA・ルブレの『いくつかの難産の原因と事故についての考察』(一七四七年)は、その四年後に「続(suite)」を冠した同名の、しかし改訂とは異なる内容の著作が同じ著者によって出され、まもなくそれらが合本として出版され流布した。その背景には外科医と内科医のヘゲモニー闘争が見え隠れしている。長谷川まゆ帆『さしのべる手――近代産科医の誕生とその時代』(岩波書店、二〇一一年)第二章、及び同『近世フランスの法と身体――教区の女たちが産婆を選ぶ』(東京大学出版会、二〇一八年)第六章参照。

(48) この小説は一七四七―一七七七年の三〇年間に三〇版を重ね、そのうち一〇版は英語やイタリア語への翻訳である。この小説は少なくとも革命期までは読者を得ていたが、一八一一年にジャンリス夫人がこの作品は「魅力的であり、女性が書いた最初の作品である」が、「自国ではいかなる称賛もえず、たくさんの非難を受けた」と書いた。この評価は必ずしもグラフィニ夫人の作品の価値を低めるものではなかったが、否定的なニュアンスで伝わったことは否めない。V・ユゴーも一八二〇年にグラフィニ夫人のシレー書簡が出版されると、ヴォルテールやフェルネらに関係する不名誉な記述に反応して、「名誉のために言わねばならないが、この著者はこれをいつか印刷しようと思って書いたわけではない」と断った上で、「グラフィニ夫人は観察の才がない。とくに偉人を観察する才がなかった」と断じた。またロマン派詩人サント・ブーブも一八五〇年に「『ペルー人女性の手紙』に唯一長所があるとすれば、テュルゴーにたくさんの考えを無理やり吹き込んだことだけだ」と酷評した。こうした大作家たちの非難により、グラフィニ夫人は一九世紀には共感に値しない作家として貶められ、葬り去られていった。Préface de Piau-Gillot, *Ibid.*, pp. 9-10.

(49)　*Observation sur la littérature moderne*, La Haye, 1749. Préface de Piau-Gillot, *Ibid*., p. 9.

(50)　*Nouvelle littéraire*, 1789. Piau-Gillot, *Ibid*.

(51)　Correspondance littéraire, 1745-1755, Ed. Tourneux, p. 132. Piau-Gillot, *Ibid*.

(52)　一七五二年にはその『続編』の第二版が出ているが、グラフィニ夫人の改訂版がすでに認可を得ていたせいか、そこではムーイの名前を載せていない。

(53)　«Notice» de *Lettres Portugaises, Lettres d'une péruvienne et autres romans d'amour par lettres*, GF-Flammarion, 1983, p. 243. ちなみに、グラフィニの死後、一七七四年になると、この『続編』はR・ロバーツなるイギリス人翻訳家によって英訳されるが、ジリアがキリスト教に改宗するなど内容が書き換えられている。また一七九七年にはモレル・ド・ヴァンデ夫人による一五書簡からなる『続編』新版が出るが、ここではデテルヴィルが事業に失敗して破産するもジリアが財産を差し出して助けるというありふれた三文小説になっている。*Ibid*., p. 244. ともあれ、こうした関連本や海賊版については、この時代の表象空間を探る上で興味深いものがあり、別の機会に改めて考察する予定である。

(54)　Vera, *Ibid*., pp. 32-3.

(55)　この当時は後に「文芸サロン」と呼ばれるような特別な集まりがあったわけではない。そうしたイメージは一九世紀に描かれた啓蒙思想家が一堂に会した油彩画(ジョフラン夫人の夜会など)やゴンクール兄弟によって作られたものであるが、個人の屋敷での夜食 souper や夕食 dîner、閨房 ruelle での集いは頻繁にあり、グラフィニ夫人の場合も例外ではなかった。彼女はサン・イヤサント街の借家に友人とシェアして暮らしていたが、そこにヴォルテールやルソー、テュルゴー他多くの才人が立ち寄っている。ちなみにグラフィニ夫人が庇護していたリニヴィル嬢(通称ミネット)(一七二二—一八〇〇)は、戯曲『セニ』のモデルとなった実の姪で、セニ(Cénie)というヒロインの名はフランス語 nièce(姪)のアナグラムである。リニヴィル嬢は一七五一年にエルヴェシウス(一七一五—一七七一)と結婚し、サロンを開き、エルヴェシウスの死後も多くの文人に交流の場を提供し続けた。グラフィニ夫人によると、一七五〇年頃にはテュルゴーもこのミネットに思いを寄せていて、彼女と結婚したがっていたという。

(56)　Vera, *Ibid*., p. 31.

(57)　この認可に際しては、同じく出版を予定していた『セニ』も同時に認可を得ている。

(58) グラフィニ夫人のドゥヴォ宛書簡のなかでは、人物名を勝手にあだ名で呼んで暗号表記しているため、コードネームが多数登場する。たとえばヴォルテールはドゥヴォの憧れの的であったため *ton idole*、デュ・シャトレ侯爵はその城の形から *le petit Trichâteau*、デュ・シャトレ夫人はヴォルテールの愛人であったため *Nymphe* などと呼ばれていた。*Vie privée de Voltaire et de Mme du Châtelet, Ibid.*, pp. 3-5.

(59) Vera, *Ibid.*, pp. 32-3.

(60) Colette Piau-Gillot, *Ibid.*, p. 16.

(61) たとえば増補改訂版に挿入された「〈ペルー人女性の手紙〉に向けての歴史紹介」には「インカでは若者に簡素さを幸福とする心が求められていて、それがとても幸せな時間であると教えられている。専制や驕りが若者の心のいかなる部分も占めることがないがゆえに、こうした教えに従うことによって若者たちの心が不安に脅かされることがない。謙虚であることや相互の思いやりが子供の教育の何より大事な土台となっている」と説明されている。Mme de Graffigny, *Ibid.*, p. 20.

(62) 註(47)でも触れたように書物の改訂は珍しいことではなかったが、初版で認可を得ていても再版で認可を得るためにはそれなりの必要性と意義が示されなければならなかった。認可を得ることは決して容易なことではなかったと考えられる。

(63) Mme de Graffigny, *Ibid.*, pp. 22-4.

(64) *Ibid.*, p. 24.

(65) Vera, *Ibid.*, p. 34.

(66) *Ibid.*, pp. 34-5.

(67) *Ibid.*, p. 36.

(68) *Ibid.*

(69) *Ibid.*, p. 37.

(70) *Ibid.*, pp. 38-9.

第５章　法律家の手紙
――一九世紀初頭のイングランドにおける日常的な法の利用

キャロライン・スティードマン
梅垣千尋、長谷川貴彦 訳

その翌朝、訴訟代理人のところに行きましたか？――はい、行きました。

どんな目的で？　法律家に、被告人に届ける手紙を書いてもらうためにですか？――はい……

あなたは訴訟代理人に会いましたか？――いいえ、私が会ったのは事務員でした。

（『ザ・タイムズ』一八一九年八月二四日、ブリッジウォーター王立巡回裁判、R・バートレットによるレイプ事件にかんするエリザベス・ミンソンからの告発について）


作家のイアン・マキューアンは、二〇一三年に発表した小説『未成年』について論じながら、ほとんどの物語、もしかするとすべての物語は、イギリス高等法院の家事部の業務のなかに見つかるはずだと言っている(1)。彼はこうも言うことができただろう。家事部だけでなく、一七世紀以降のあらゆるイギリスの裁判所のなかに見つかるはずであると。はっきりとは言わなかったが、――おそらく――彼はなかば法に恋しており、ひとつの思考様式や物語の方法としての法がもつ力に魅了されているのだ。なぜ私にそれがわかるかというと、私自身もそうだからである。私もまた、法への羨望、つまり法を理解し、その言語を知り、その物語を語ることができるようになりたいという欲望にかられている。私は最近刊行した二冊の本を執筆するために、自分のパソコンで一八世紀の法律用語辞典をいつでも見られるようにブックマークし、〔一八世紀に書かれた〕『ジェイコブ法律辞典』を〔実際に〕手にすることになった。しかし、〔法律用語は難しく〕自分が正確に理解しているのか、まったく自信がなかった。たとえば、『針の眼』（一九七二年）のなかでマーガレット・ドラブルが描く登場人物は、〔架空の法律書〕『普通の人の法知識』『一般人のための法』を読んでも、まるでその内容が頭に入ってこないのである。

> 彼女はゆっくりと独学で学んでいこうとした。……それはひどい経験で、読んだ内容を自分があまりにも理解していないらしいという事実によって、さらに悲惨なものになった。……その詳細かつ洗練された説明は、まったく理解しがたいままで、計り知れないほどの意志の力によってでなければ、言わんとすることが理解できないのだ[2]。

私自身の嘆かわしい無能さの感覚にさらに付け加わるのが、私の著書を読むかもしれない法律家たちにたいする神経質なまでの気おくれである。彼らは私の論文のなかの法律用語の使い方が、意味的には、とても奇妙で、とても見当外れであることに気づくのではなかろうかと。私は当初、『針の眼』のローズのように〔「ローズは奮闘努力するなかで、自分が本当に馬鹿なのだと確信しなければならなかった」〕、自分が呻吟しているのは、ラテン語を知らないことに関係しているのだと考えていた。しかし、法律の用語と言語を理解することは、語彙の翻訳能力とは無関係である。この論文では、ノッティンガムシャーの靴下職人であるジョセフ・ウーリーなる人物の日記をもとに、いくつかの法にかかわる物語を描き出してみようと思う。彼はやはりラテン語を知らず、おそらく法律家が十分に納得するような「収監令状《ミティマス》」の定義を示すこともできなかっただろう。にもかかわらず、この言葉は彼の生活と会話の一部になっており、彼は自分の文章や居酒屋でのくだけた会話のなかで、この言葉をこともなげに使っていた。私自身が望んだのは、ある治安判事の邸宅の応接間で教区定住権〔救貧法の救済を受けるための教区内の居住証明〕を要求している当時の平均的な女中と同じくらいに、法を理解することであり、クリフトンの酒場「馬車乗り場」亭で法の話をしていたジョセフ・ウーリーとその友人や隣人たちのように、人を途方に暮れさせるような法の言語を平易に理解し、かつ用いることだった。この論文は、こうした居酒屋や家庭のなかで交わされた会話をより正確に聞きとろうとする試みである。当時の民衆の法についての理解、そして自分たちの日常生活と目的のために法を役立てる際の民衆の臨機応変ぶり、そうしたものにたいする賞賛の気持ちから、この論文は執筆されているのである。

一九世紀初頭のイングランドにおいて、普通の働く人びとがみずからの目的のために法を用いるひとつの方法は、地元の訴訟代理人《アトーニー》に金を支払って、何らかのかたちで自分に危害を加えたり、貸した金を返してくれなかったりする人物に宛てて手紙を書いてもらうことだった。地元の治安判事に苦情を持ち込まないことによって、彼らは、たとえ一時的にすぎないにせよ略式裁判の制度を回避し、裁判制度の外側で行動したのである。(3) 彼ら〔下層の人びと〕は、自分の苦情が債務関係にかかわる場合、治安判事には自分たちの代理を務める権限がないことを、とにかく知っていたのだ。「下層の」民衆は〔法律家の手紙という〕「下層の」訴訟代理人のサービスを利用すると、少なくとも治安判事や高等法院の裁判官はみなしており、こうした判事や裁判官たちは、法律家の手紙とは裁判所の職域の末端で機能するものだと考えていた。こうした手紙自体――下層の訴訟代理人によって書かれ、貧しい依頼人に売られるもの――が、訴訟代理人たちそのものと並んで、この論文の対象となる。販売することを目的にして書かれたような手紙を読むのに、書簡体理論(epistolary theory)はどれほどの役に立つのだろうか。このような手紙をはじめとする過去の史料やテクストを読む歴史家にとって、「書簡性《レターーネス》」や文芸形式《ジャンル》といった書簡体についての諸概念や、〔社会学者のリズ・スタンリーが示した）書簡集成（epistolarium）の理論を含んだ書簡理論（letter-theory）は、どれほどの助けになるのだろうか。[4]書簡理論は、――少なくともイギリスとアメリカでは――社会的実践としての手紙を書く行為にかんする社会学者の研究に多くを負っている。[5]これから論じていくように、近年、文芸形式と文学様式の理論は、過去や現在の書簡や書簡性を吟味するために社会学者が用いる研究上の道具となってきている。しかし、この論文は、まず四つの物語といくつかの小話をもって、はじめることにしよう。

一　第一の物語――借金の催促

法律家の手紙にかんする私の物語のうち、三つはノッティンガムシャーのクリフトン村に住む台編工〔ミシンに似たような編み台を用いて編む職人〕ないし靴下職人、ジョセフ・ウーリー（一七六九―一八五〇頃）の日記から再構成したものである。彼が一八〇〇年から一八一五年にかけて（つまりラダイト運動の時期に）つけていた六冊の日記が現存している。[6]これらの日記に登場する法律家の手紙が、私の『イングランド労働者階級の日常生活』という書物の基礎をかたちづくっており、彼の日記と記述がなければ、この作品は存在しなかっただろう。[7]ウーリーは、次のように記している。「［一八〇三年］一一月二〇日、ホープウェル氏は合計七ポンド九シリング九ペンスの金を支払って、グラプトンのジョン・ホルトに宛てて法律家の手紙を送り、彼らは一一月二二日に和解した」。ホープウェルは農業経営者であり、ジョン・ホルトはおそらくウーリーと同じような独立自営の台編工で、運送や荷車運びを含むあらゆる仕事を小規模に兼業していた。ホルトはウーリー一家と同様、数頭の雌牛を飼っていた。彼はウーリーの日記に定期的に登場しており、酒を飲んだり喧嘩をしたり賭け事をしたりして、「厄介事があるといつでも馬鹿なことをする」人物であった。[8]この手紙の物語のなかで、法律家の手紙のために金を支払ったのは農業経営者であって、労働者ではなかった。この手紙は依頼人に代わって借金の催促をするために書かれたらしく、地方の訴訟代理人《ソリシター》の事務所で扱われる、さほど重要ではないが通常のよくある業務であった。〔ウォーリックシャーの〕ラグビーの事務弁護士、W・F・ラティスローの信書控え帳のうち現存する最初の一冊には、一八二五年から一八二七年までの記録が残っており、一五九通の手紙が郵送されて信書控え帳の送信記録に記載されているのがわかる。そのうち一七通は、おそらくジョン・ホルトが受け取ったような類いの「法律家の手紙」で、受取人が何らかの対応をしなければ法的措置をとると威嚇するものだった。たとえば、一八二五年一二月一七日、コヴェントリ近郊のブリンクスロウ村の農場経営者、ウィルキンソンに宛てられた手紙には、こうある。「拝啓、貴殿が現時点から一週間以内に、ワース氏の要求に応じて支払いをおこなわなければ、貴殿にたいする〔逮捕〕令状を発行する実質的な権限をもつことになります」。同日、コールズヒルの麦芽製造業者、パーマーに宛てて書かれた手紙はこうである。「貴殿には、私の権限でワース氏の金銭にかんする支払い期限を延ばしてきました。もし金曜までに連絡がなければ、貴殿を逮捕することをお許しいただかなければなりません。敬具、W・F・W」(9)。一七通のうち七通は、すでに印字された形式で郵送されていたが、これは事務作業の革新であり、ラティスローだけに見られるものではない。前もって印刷された手紙で扱われるのは、手書きの手紙で要求されるのと比べれば小額の金額であり、宛名にはかならずしもつねに「氏《ミスター》」と書かれているわけではなかった。一八二五年には——どのような種類のものであれ——「手紙を書く」代金は五シリングであり、あらかじめ印刷された請求の手紙のほうが安かったのかどうか、また依頼人の経営を管理する通常の業務で書かれた手紙と、法的な威嚇をともなう手紙とを区別する料金表があったのかは定かではない。これらの一七通の手紙には、ラティスローがたんに借金を解消することを求めたものは含まれていない。何らかの法的措置をとるという脅しをかけ、ラティスローの場合であれば、彼が——あたかも彼が個人的にそうしようとしているのかのように——誰かを「逮捕」したり「令状を執行し」たりするという法的虚構を含むのが、「法律家の手紙」の際立った特徴であった。

二　第二の物語――喧嘩による暴力への償い

一八〇三年から〔ウーリーの日記に登場する〕ノッティンガムシャーのホープウェルは、訴訟代理人からの脅迫を受け取る側にいたウォーリックシャーの農場経営者や麦芽製造業者と同様、貧しい庶民の法の使い手ではなかった。しかし、ジョセフ・ウーリーは手紙のことを耳にし、〔世間の〕関心を呼ぶものとして注目し、どのような類いの法がここで展開されているのかを理解していた。二つ目となる法律家の手紙の物語〔一つ目のものは、ウーリーによって語られたものでしかないが〕は、ずっと面白い。その年のはじめ、「〔一八〇三年〕一月一日か、そのあたりのあるとき」彼はこう書いている。「サル・ワルドラムとバーカーは、ラングフォーズ〔の「馬車乗り場」亭〕で喧嘩になり、バーカーは彼女の向こう脛を蹴り、彼女は〔治安判事の〕トンプソン氏のところに令状をとりにいったが、事務員は雇い主〔トンプソン〕に彼女を会わせようとしなかったので、彼女は法律家のもとに行ってバーカー宛ての法律家の手紙をもらった」。バーカーは仕事中にこの手紙を受け取ったが、「彼とその主人はそれをめぐって口論になった」と、ウーリーは記した[10]。サル・ワルドラム〔おそらく靴下縫いのお針子〕はトム・バーカーとのあいだで揉め事が多く〔彼も同様であって、二人はどっちもどっちだった〕、彼が彼女を蹴った夜に何が起こったのかについての非常に長くみだらな――慎みのない――物語は、ウーリーの日記の最初の巻のあちこちで、いくつもの挿話に分けて語られている[11]。一月八日に彼はこう記した。「サル・ワルドラムとバーカーはこの訴訟に決着をつけ、バーカーは罪を自白したうえで、すべての訴訟費用を支払って、彼女に何らかの償いをするという取り決めを余儀なくされた」。サル・ワルドラムの手紙――彼女の雇った法律家による手紙――には、効力があったのだ。その手紙を手にする前に、彼女はまず令状のことを念頭に置いて地元の治安判事のもとに出かけ、略式裁判にかけようとしていたが、トンプソンの書記官が治安判事の応接間どころか、彼女が建物のなかに入るのを認めようとしなかったので、うまくいかなかったのである。しかし「自白」という表現には、居酒屋や家庭でというより、治安判事の面前でバーカーがしたことのような響きがある。またウーリーが述べている「訴訟費用」という言葉は、裁判所で治安判事が起訴するとき、日常的に原告に負わせるものの呼称であった。ウーリーがあらゆる著述のなかで法の言語を用いていたということだ。「令状」「自白」「訴訟費用」は、彼が日常的に書き言葉で使う語彙であり、法の決まり文句はクリフトン村の日常的な言説の一部を構成していた。居酒屋の男たちは、収監令状にかかわる細やかな議論を交わしていたのである。[12] それでも実際には、一八〇三年一月第一週のどこかの時点で、地元の治安判事がこの訴訟にかかわっていたように聞こえてくる。そして、サル・ワルドラムが手紙にどれほどの金額を支払ったのか——そして、どのようにして彼女がその金額をなんとか工面することができたのか——を知っておくことは、非常に有益だろう。このような手紙には、一七九〇年代のバーミンガムであれば、三シリング四ペンスか三シリング六ペンス、そして一八二〇年代のラグビーであれば、五シリングの費用がかかったはずである。[13] もし彼女がお針子であったとすれば、サル・ワルドラムはおそらく週に六シリングの稼ぎがあっただろう。一八〇三年五月、ウーリーは、ひとりのお針子にたいして、二八足の靴下を縫うのに二シリング一ペニーを支払っていたからだ。

三　第三の物語——濡れ衣への抵抗

ウーリーによる法律家の手紙についての物語のうち、最後のものは一八一五年二月に記されている。この法にかかわる物語は前の二つの事例に比べてずっとつまびらかで、一二年前に書かれた二つの手紙の物語と比較して読むと、当時の民衆が法律家の手紙を手に入れる経緯に詳しく、ひょっとしてそれをひとつの法的手続きとしてとらえていたかもしれないことがわかる。しかし、おそらくそのような印象は、なんらかの法社会学的実態からというより、書き手としてのウーリーの経験と、記述された出来事についてのほぼ直接的に得られた彼の知識から来ているのだろう。「二月のあるとき、ジョセフ・カートライトは不慮の出来事で、めんどり何羽かとおんどり一羽に毒を盛られた」と彼は記して、こう続けている。「カートライトは[隣人の]庭師をやっている人物の仕業だと考え、その男は無実だったので、彼ら〔カートライト夫妻〕に法律家の手紙を送った」。カートライト夫妻は助言を得るため、実際に隣に住んでいたこの地域在駐の治安判事、サー・ジャーベイズ・クリフトンのもとを真っ先にたずねた(クリフトンの邸宅は、クリフトン教区教会のすぐ近くにあった)。クリフトン判事は彼らの願いを聞き届け、この庭師を逮捕するための令状を出すことにし、さらに別の地元の治安判事二人とクリフトン判事自身の訴訟代理人のウィリアム・ジャムソンが法廷に出るよう取りはからった(ジャムソン&リーソン法律事務所は、ノッティンガムではかなり幅をきかせていた)。ウーリーによれば、この男〔庭師〕の尋問をするにあたって、彼らはみな「カートライトを助ける」ために呼ばれたという。この男については、ウーリーの記述にはどこにも(この問題にかんしては、別のところでも)名前の記載がない。「カートライトとその妻は、夜六時にその男が毒を盛っているのを見たと断言し、サー・ジャー〔ベイズ〕はこの男を獄に入れて、そいつは翌日の土曜日まで[獄中に]いた」。それから、ウーリーは「どうやってめんどりたちが毒を盛られたのかが判明した」と記した。つまり、また別の隣人が、腐りかけのバターつきパンにヒ素入りのペーストを塗った猫いらず〔殺鼠剤《さっそざい》〕をまいていたのだ。ねずみたちはそれでは駆除されなかったので、その妻は掃いた猫いらずを堆肥の上にまき、それを見つけためんどりたちがコッコッと鳴き声をあげながら嬉々として食べはじめた。「真実が明らかになった」と、ウーリーは記している。この男〔庭師〕は「自由の身となり、カートライト夫妻はすべての訴訟費用を払わなければならず、庭師が獄に入れられていた期間にたいして、三ポンド三シリング[の訴訟費用]を支払ったと言われている」。ウーリーは喜んで、次のように書いている。「カートライト夫妻はかなりの金を支払ったが、自業自得だ。もしこの男を流刑に処すことができたのであれば、彼らはそうしていただろうから」[14]。ウーリーはまた、カートライト夫妻が庭師の雇い主を、サー・ジャーベイズから借りていた土地から立ち退かせようとしていたのだとも考えた。庭師として雇われていた日雇い労働者は、どのようにして訴訟代理人のサービスを受けられるのかを知っており、その支払いのために十分な金をもっていた[15]。彼は治安判事のもとに行くのではなく、訴訟代理人の手紙でカートライトの告発に応えることで、法的手続きに着手した。そのときになってはじめて、カートライト夫妻は略式裁判の制度を利用したのだ。しかしクリフトン判事は、令状を出すことで、公開の法廷で審議することにして、法律家の手紙に対応しなかった。彼が対応していたのは、家畜の毒殺という告発にたいしてであって、それは財産にたいする重大な犯罪であり、ウーリーが指摘したように、流刑に処されることもあった。訴訟代理人の史料のなかにある法律家の手紙の草稿の大部分は、借金の催促をする類いの手紙であり、それは裁判制度に頼らずに何らかの効果をもたらしていたようである。これは、ジョセフ・ウーリーが記した最初の手紙の物語の場合もそうであった。めんどりとカートライト夫妻と庭師にかんする話の場合、手紙はこの物語の中心をなす略式裁判の制度の序章にあたるものであった。

四　第四の物語――レイプ被害への対処

同じことは、一八一九年のサマセットの裁判の場合にも当てはまろう。サル・ワルドラム（一八〇三年、ノッティンガムシャー）とハナ・ミンソン（一八一九年、サマセット）〔の事例〕が興味深いのは、彼女たちが貧しい階層に属する女性ではあるが、法律家の手紙を手に入れる手順に詳しかったように思える点にある。新聞各紙は七月、「ブリッジウォーター王立巡回裁判、R・バートレットによるレイプ事件にかんするエリザベス［ハナ］・ミンソンからの告発について」という見出しで、サマセットシャーの夏期巡回裁判について報じている。(16) 報道によると、告訴する側の法廷弁護士《バリスター》は次のように述べたという。「五月三一日、被告人は夕方の七時ごろ、告発人が友人の女性と別れて帰宅する途中に顔を合わせたように思われます。彼は彼女に声をかけ、少し散歩をしないかと誘い、さらにちょっとした会話をしたあと、もし一緒についてきてくれるなら金をあげようと持ちかけました。彼女は嫌だと言い、彼はついてこないとだめだと言い、その腕をつかんで少し離れた干し草の山に無理矢理つれていき、彼女の抵抗も空しく、その目的を遂げました」。彼女が尋問に答えて言うには、彼女は離職中もしくは次の仕事を見つける最中の召使いで、ヨーヴィルから三マイルほど離れたハーディントン・マンドヴィル村で、(17) 結婚した姉と同居していた。彼女は次のように伝えて、この暴行について非常に詳しく、かつこのうえなく明瞭に語っている。

私は帰宅するとすぐに義兄に、被告人が私のことをとてもひどく扱ったと言いましたが、詳しいことは話しませんでした。姉にも同じことを言いましたが、その二日後、詳しい顛末について話しました。私は被告人のことをあまりよく知りませんでした。顔は知っていましたが、名前は知りませんでした。義兄は……被告人のことをよく知っています。私はいまこの法廷で話してきたことを姉に話しました。

反対尋問で彼女はこう聞かれた。「その翌朝、訴訟代理人のところに行きましたか?·」(新聞で報じられた発生の日時を採用するなら、それは六月一日の朝ということになるだろう。彼女は、おそらくいちばん近場の法律家〔である訴訟代理人〕の家を見つけようとしてヨーヴィルに出かけたのだ。) はい、行きました、と彼女は答えた。

どんな目的で[?·]……法律家に、被告人に届ける手紙を書いてもらうためにですか? ——はい。

〔彼は〕……あなたの服を引き裂き、破りましたか？　――はい。

あなたは訴訟代理人〔の法律家〕に会いましたか？　――いいえ、私が会ったのは事務員でした。

どんな条件で、その事務員にこの取引をまとめる〔手紙のために金を支払う〕と言ったのですか？　――〔事務員が〕私に求めたので、私には手紙の送達にたいする支払いができないけれど、もし快く応じてくれるなら義兄が支払ってくれるだろう、と言いました。

もしかしたら、あなたはその法律家には、今日ここでお話しになったことを言っていないのでは？　――話していません。

被告人に法律家の手紙を届けるとだけ話したのですか？　――はい。

あなたは恨みをもっていなかったので、おそらくあなたはその後、被告人の妻から和解のための金を受け取ったのですね？　――被告人の妻が私のところにやってきて、私に無理強いしてきたので、受け取りました。

寛大かつ友誼的な〔禍根を残さない〕条件で、あなたは三ポンドを受け取った。そうではないですか？　――はい、そうです。


国立公文書館の巡回裁判資料では、この暴行は四月一八日に起こったとされていたが、新聞は五月三一日と報じている。ハナ・ミンソンは、いつ賠償手続きの準備を整えたのだろうか？　自分の義兄が手紙のためになんとか金を支払うからと、彼女が訴訟代理人を説得したあと、バートレット夫人はさほど間をおかずに、金をもってやってきたのだろうか？　彼女〔バートレット夫人〕が訪れたのは、バートレットの逮捕令状が出された六月六日の火曜日よりも前だったのか？　バートレットは〔この逮捕令状によって〕「暴行を加え陵辱したというハナ・ミンソンの証言をもとに、〔治安判事〕ジョン・フィリップス氏によって拘禁された」。ということは、ハナ・ミンソンが〔示談金〕三ポンドでは十分ではない、あるいは、破かれて汚された服のためというよりも正義を求めているのだと決意するまでに、五週間（あるいは、暴行が四月に起こったとすれば一一週間）の猶予があったことになる。四月一八日――日曜日――にレイプ事件が起こったということは、五月三一日の月曜日よりも、友人のもとを訪問して一緒に歩いたという話の道理にかなっている。法廷では、ハナ／エリザベスが日曜向けのよそ行きの衣服を身につけていたと述べられていた。そうであれば、ハナ・ミンソンがこの事件を治安判事のもとに持ち込むことを決意する――あるいはそう説得される――までには、六週間ではなく一一週間あったということになる[18]。ミンソンは、不器用な法制度の利用者であった（みずから率先して法を使おうとしなかったバートレットにしても同様だった[19]）。ミンソンには、自分が利用できる法について、選択の余地があった――少なくとも、そう認識していた。彼女はどのようにして法を利用するかを知っており、高いレベルの法意識を示していたといえるだろう。どのように法が機能し、どのように女性のために利用できるのかについてのハナ・ミンソンの理解を、一八世紀の貧しい階層の女性たちが共有していたことを示す証拠は数多く存在する[20]。

三ポンドが支払われたという証拠が明らかになったすぐ後、ベスト判事は訴訟手続きを遮って、これは〔最高刑が〕死刑となる裁判であると陪審員に指摘した。「被告人の振る舞いにかんして、どれほどの疑念が差し挟まれようとも、彼はこの若い女性をたいへん乱暴に扱ったことは間違いないわけであります。しかしながら、それでもこれほどの刑罰を受けるべき訴訟において、また弁護士によって被告人のためにいま引きだされた事実のもとでは、さらに裁判を続けることは、こうした訴訟で当然に必要とされる慎重さを欠くことになりましょう。それゆえ被告人は無罪といたしました[21]」。すでにハナ・ミンソンは、なんらかの賠償を受け取っていたのであり、レイプという罪にはひとりの男性の命を処するほどの重みがない――これが、ベスト判事の法的思考様式を説明するひとつの方法なのである[22]。

五　訴訟代理人についての小話

法律家の手紙にかかわる物語は、もっと多くのものを発見できるのかもしれない。しかし現時点で、わずかに四つの物語しか存在しなかったとしても、一九世紀初頭の庶民にみられる日常の法的思考について語る場合にはなにがしかの役に立つ。事務所の信書控え帳のなかにある一通の手紙の写し、あるいは奇跡的にも、郵送され、受け取られ、一度折りたたまれ、その後「これはどんな意味なのか」と隣人に見てもらえるように広げられた手紙の現物は、例外的な掘り出し物であって、サル・ワルドラムやハナ・ミンソンのような労働者階級の依頼人のために書かれた手紙〔の現物〕は、望むべくもないのだ。法律家の手紙にかんする喜劇は、いまでは失われてしまったものを示唆している。これは法律家についての喜劇の一変種であった。一七世紀半ば以降、法律家についての小話は、うんざりするほどに流通していた。訴訟代理人の強欲さ、彼らの不明瞭な言語、彼らが去勢して太らせたおんどりを食べているといった話や、ほかの人びとの悲痛を飯の種にしていること、そしてとりわけ、朝起きることにさえ彼らが料金を請求しに現れるといった小話である。首席裁判官でさえ訴訟代理人についてのジョークを飛ばしたものだった。[23] 感傷的な〔文化が席巻した〕一八世紀からは、人間の本質についての新たな探求が進展し、訴訟代理人についての嘘偽りのない小話もあった。それは、ウィリアム・ハットンが〔みずからが委員を務めていた〕バーミンガム小額債権裁判所について一七八七年の書物に記した類いのものである。「二つの身体がぶつかって摩擦を起こすように、二人の当事者が対立しており、そこからは自然に熱気が生みだされる」と彼は書き、こう続けた。「利害関係者に後押しされ、両者の争いは激しくなり、火は焔となって燃え上がる……。私はかつて、この慣行について知り合いの非常に正直な訴訟代理人にそれとなく知らせたことがあるが、彼は笑ってこう答えたのだ。「もし口論〔の熱〕がなければ、ロバの肉を料理することはできないでしょうね」[24]。あらゆる訴訟代理人は、たとえ徳のある者であっても、ひとつのこと、あることだけをひたすら追求している。つまり報酬である。バーミンガム小額債権裁判所の裁判委員たちはかつて、ある告訴人にたいして、「高潔な訴訟代理人」ならば当面する問題について確実に信頼できるのではないかと言ったという。ハットンによれば、それにたいする〔告訴人からの〕返答とは、次のものであった。「ごく最近二四ポンドを貸したために、ある人物を雇ったのです。つまり私は訴訟代理人を雇い、彼は仕事に着手し、非常に見事に弁済してくれました。しかし、その訴訟費用には四〇ギニー〔四二ポンド〕もかかったのです！」[25] みずからの本のなかでハットンが語った債務や信用貸し、そして法律家についてのバーミンガムの物語を、啓発的であるとはいえ、冗談なのだと考える人もいた[26]。

　小話の本や雑誌のなかには、訴訟代理人の語り口で書かれた風刺的な恋文があり、そこで彼は独特の道徳批評を次のように語っている。それは、「あるご婦人に」宛てた「愛の契約書」として執筆されたものである。「したがって、競売に出して売却し、譲渡して管理を委託することに同意されるならば、この売買のための対価を気にしない男性に、美しさに由来する永続的財産〔通常は封建制のもとで土地や住居などにかかわる特権を意味する言葉〕、つまりあなたご自身のすべてを委ねることになるのです……」[27]。〔このような話は〕一七七〇年代にはよく知られており、とりわけこの小話のように〔他人の土地に排水する権利を含む〕流水権《ウォーターコース》に触れるときには、いつも少し猥褻な意味をもった。このような大衆的な小話の書は、一九世紀に入ってもしばらくこうした話を繰り返した。版画が施された印刷がロンドンから流通し、ヴィク・ガトレルが指摘するように、「欲深い法律家たちを風刺したが、裁判やそれをおこなう司法の偏屈者にたいして脅威を与えることはあまりなかった」[28]。法律家の手紙が開封される〔笑い話の本や劇場で展開された〕こうした場面は、少なくとも一七世紀末からはじまるヨーロッパの国境横断的な物語類型では中心的なモチーフになっていると言われる。この物語のイングランド版は一九世紀までずっと残っており、この時期にはイースト・ミッドランド地方の二種類の版が出版されている[29]。

訴訟代理人の手紙にまつわる喜劇の最終的な発展形態は、ジョージ・スティーヴンの一八三九年の『開業を求める訴訟代理人の冒険』（シャープという筆名で書かれた作品）のなかに見いだせる。それは、実在の法律家で、奴隷制廃止運動家〔であるシャープ〕が法曹界に入ろうとする過程を描いた、皮肉の混ざった自虐的で陰険なところもある愉快な話である。(30) 軽やかな皮肉をこめて、彼は、受け取った手紙にひどく狼狽して自分のところにやってきたシムキンとソフトという貿易商たちのかかわった「非常に不愉快な出来事」について、次のように述べている。

「どうなさいました？　どうぞおっしゃってください」。ややぶっきらぼうに口から出たこの率直な質問が、彼ら〔貿易商たち〕を驚かせ、率直な答えが返ってきた。「訴訟代理人〔法律家〕の手紙です」とシムキンは、とても憂鬱な口調で答えた。「まさしくそうです」と感情をむき出しにしてソフトが言い添えた。「シャープさん、失礼ですが、訴訟代理人の手紙ですよ」。「ええと、ご紳士がた、それならたいした害はありません。（私の机を指さして）ここに二〇ほどの手紙がありますが、これを召し上がっても、あなた方にたいした害を与えることはないでしょう(31)」。

シャープは「〔自分の〕検分にゆだねられた手紙にたいする彼らのひどい狼狽ぶりを目の前にして、ほとんど笑いを抑えることができなかった」。一八二七年の日付が記されたその手紙は、スナピット＆スマート商会からのもので、マンチェスターからニューヨークに宛てて送られた木綿製商品の積送品にたいする支払いを求めるものであった。「この申請費用の六シリング八ペンスと合わせて、この同じ額がただちに支払われるまで、私たちはさらなる通知をすることなく、あなたがたにたいする手続きを進めることになるでしょう」。したがって、その草稿が訴訟代理人の記録のなかにぎっしり詰まっているのは、法的な借金の催促の手紙の類いなのである。それは、サル・ワルドラムやクリフトンの庭師によって購入されたような種類の手紙ではない。しかし、この訴訟代理人が自分の依頼人〔である貿易商たち〕にたいして、このような手紙が日常茶飯事で、完全に無用なものであると告げている点は興味深い。彼は依頼人たちを笑い者とみなして、彼らの恐怖と狼狽を、読者とともに笑い飛ばすことができるのである。

スティーヴンは新たな世紀〔一九世紀〕に入って、訴訟代理人にとってこうした種類の仕事が劇的に増加したと考えていた。商売人たちが仕事をする上で、実際、事務弁護士の忠告を必要としないようなことなど何もなかったと彼は言う。保険、共同経営、破産にかんする法……これらは、旧世紀にはいずれも存在していなかった。彼がさらにこのリストに追加するのは、株式会社、議会の事業、植民地企業の大規模なグローバル事業の増加である。そして、社会という世界はこの世紀の初頭よりも良い場所になっており、下層階級はいまやより多くの財産をもっていると彼は信じていた。訴訟代理人の仕事が増えるわけである。(32) 彼は、この専門職がより体裁の良い《リスペクタブルな》ものになってきている、あるいは少なくとも、彼らの下層階級の依頼人たちがそうだと信じていると考えていた。「訴訟代理人であることは、それ自体が人生における大きな第一歩であり、下層身分の小店主や職工の見るところ、ある種の紳士らしい身分なのである」。この商売にはさらに多くの「冒険」があり、この冒険には「彼らを私たちの召使いの食堂から締め出す」ようなやり方でおこなわれるものもあった。社会的に下層の者たちには、特別な手続きの進め方があった。「彼らの手口の秘訣は卑しい階級との親しい関係を確立することであり、そこでは特別な紹介の儀礼は重要ではなく、「できるだけ押しを強くして接するのである(33)」」。彼らはたとえば、海から帰ってきたばかりの思慮のない船員たちにたいして、また破産間際の下層の商売人にたいして、さらには「金をだましとられた後、改心と絶望のあいだで躊躇している愚か者」にたいして、この暗黒の手口を行使した。破産した浪費家たちはすべて、この卑しい訴訟代理人の網のなかに流れ込みつつあった。(34) 彼らは下層ではあるが誠実な依頼人だった。不正をおこなう階級に近づくのはあまり容易ではなかったが、「ひとたびそれができれば、訴訟代理人は」はるかに高い利益をあげることができた。手際よく物事をおこなう泥棒や詐欺師たちは、現金で支払いをする傾向がある。信用がないので、手形が発行されることがなかったのである。[35]

六　訴訟代理人をとりまく民衆世界

長い一八世紀に、普通の人びとにとって――そして、それほど普通ではない人びとにとっても――利用可能であった法の多様性については、目覚ましい研究がおこなわれてきた。〔歴史家の〕ピーター・キングの諸論考から発せられるメッセージは、庶民の人びとが自分たちの目的に見合った適当な治安判事を抜け目なく探しだしたこと、そして治安判事の応接間で彼らが法的知識を示していたことをめぐるものである。[36] しかし、こうしたすべての歴史研究がもたらすひとつの影響は、私たちが刑法や、それを生みだす判決、それを執行する治安判事によって催眠術をかけられ、普通の人びとはそれを破った悪党になってしまうこと、あるいはそうであると言われてしまうことである。[37] 法制史家が社会史家に教えるところによれば、私たち〔社会史家〕は、一八世紀の社会生活および政治生活の中心となるイデオロギー的構成要素としての法に重きを置きすぎており、過去の日常における法の経験を無視してしまいがちであるという。[38] 法制史家たちは、このことは社会史研究の「傑出した……刺激を与える史料」が「裁判の執行の抑圧的性格を強調する、一九七〇年代からはじまる「ウォーリック学派」の古典的研究の状態のままである」からではないかと推測している。[39] 古典的研究がこぞって焦点を当てたのは、貧民の犯罪者化であった。しかし刑法以外にも、法には多くのほかの形態があり、一八世紀の人びとはそのことを知っていた。たとえば、彼らはエクイティ〔衡平法〕〔コモン・ロー〔慣習法〕で解決されない分野について大法官が与えた個別的な救済が、雑多な法準則の集合体として集積したもの〕のことを理解していたが、その理解の方法は、エクイティとコモン・ローが一五〇〇年前に結びついた社会的＝法的文化のなかにある現在においては、把握するのが難しい[40]。スーザン・スターヴスは長い一八世紀に妥当性をもった「法の驚くべき複数性」について論じ、マーゴット・フィンは良心の裁判所〔「小額債権裁判所」ないしウィリアム・ハットンがバーミンガムで務めていたような「小規模負債裁判所」〕の急増について論じている[41]。小額債権裁判所は、債務から立ち直りつつある日雇い労働者、職人、小規模生産者のための略式の裁判所であった。この裁判所は、エクイティを用いることで「小規模な債務者たちを断固として、法の支配という大いに自慢げに語られる保護から遠ざけた[42]」。エクイティとは、「それにより法の規定が、法の精神ないし意図の実現を確実なものにするべく緩和されるような補正原理」を体現する法原則である。エクイティは先例よりも裁判官の裁量に特権を与え、「法的な要因だけではなく、人間の人格を注視し、被告人の性格や状況を特別に考慮することで、契約上の義務の厳格な実行を緩和する[43]」。バーミンガムに戻るなら、一七八七年にウィリアム・ハットンは、次のように述べて〔この意見に〕同意している。「法はその厳格な足枷でもって、良心が自由にするものを縛りつける。法は情け容赦を知らない。エクイティは厳格さを知らない。もし〔良心の〕裁判所が法に反することを進めることができないとしても……、〔良心の裁判所は〕法なしで手続きを進めることができるのである[44]」。そして、彼はこう続ける。「裁判官が被害者の利益に反した行動をとり、さらには容疑者を助けなければならない……場合がある。この手段は法を逸脱するもので、エクイティによってしか成し遂げられない。法には〔本来備わっている〕属性というものはなく、あるとすれば裁判官の属性があるのみだ。エクイティは赦免の裁量権を導入することができる[45]」。それでは「彼のような」委員には何が必要なのか？　「常識という……二文字だけなのである[46]」。

議会が小額債権裁判所を設置する法律を制定すると、訴訟代理人には大きな敵意が示された。いくつかの場所では、立法によって彼らが委員として行動することが禁止されたり、そこでの弁護活動を禁じられたりすることもあった[47]。バーミンガムではそのようなことが起こらなかったが、ウィリアム・ハットンは依然として訴訟代理人があまり好きではなかった。彼は書物のなかで、二八人の実在する代表的な訴訟代理人について記している。彼が訴訟代理人〔そのうちの二一名)の属性について語ったとき、一五人は報酬を好み、エクイティよりも法を優先させ、自分たちの法的知識を見せびらかしているとされ、二名は自分自身の声の響きが好きだとされ、二名は友人で情報源として役に立つとされ、一人は判例や依頼人について無知だと描写された。一人だけが「誠実」で「賢い」「知り合い」だとされた[48]。一七五〇年代以降、法の運用に関するあらゆる立法では、地元の小額債権裁判所のための立法も含めて、訴訟代理人にたいする攻撃が続いた。一七五〇年代にラテン語の法が終わりを迎え、英語が強制的に使われることになったのは、「なんとか簿記の読み書きができるくらいの破産した商売人や落ちぶれた小店主が、特別弁護人を自任するようになる」助けになったにすぎない。「……法律家たちの召使いのなかには、訴訟代理人の事務室に忍び込んだ者もいた!」(あるいは、そう言われていた[49])。一七九五年にアレグザンダー・グラントは、「悪辣な策略を用いる最低の人間」を厳しく非難した。そうした策略を用いるのは、実際には正式な訴訟代理人などではなく、「州や州執政長官の裁判所や小額債権裁判所で債権の回収のための訴訟を起こすことで、小規模な債務を回収するふりをする……人間のくず」であるという。「こうした輩は、居酒屋の貧しい女中頭に取り入って、下宿などを貸している愚鈍な洗濯女を紹介してもらい、彼女たちにたいする債権を回収するのである[50]」。国中のいたるところで、徒弟奉公を諦めて自由契約になった訴訟代理人の事務員は、そうした輩のひとりになったことだろう[51]。年季奉公期間を終えても自分自身の事業を立ち上げる資金がない若者は、わずかばかりの副業をありがたく思いながら、その生涯を書記ないし事務員として過ごしていたのかもしれない。

こうした男性たちを「素人の訴訟代理人」や「独立自営の法実務家」と決して呼ぶことができないのは、〔こうした存在が〕ひとりでも史料から見つかるとは思われないからである。しかし、これと似たような類いの若い男性は、一八三〇年代初頭にハンプシャーのゴスポートで発見されることになった。五年間の調査官職〔実習生〕をしていた(したがって、判事から訴訟手続きの権限を認められていなかったにもかかわらず、法律上は訴訟代理人であった[52])ヘンリ・ポレクスフェンは、ある地元の治安判事に「彼を撃ち殺すと脅す」一通の手紙を送ったとして起訴されたが、無罪を言い渡された[53]。これは、一八三〇年のハンプシャーのスウィング暴動の時期のことだった。ポレクスフェンは、E・P・トムスンの著作を読むと、脅迫状によって構成される匿名の犯罪にかかわる場面で登場する[54]。暴徒たちを審理していた特別巡回裁判所を統括する判事にとって、この手紙がポレクスフェンの筆跡によるものではないことは明らかだった。はたして彼がほかの誰かのために訴訟代理人の手紙を書いたかどうかという問題は、実際にはほとんど重要ではない。しかし、ポレクスフェンが手紙を書いていないことから私たちが想像できるのは、訴訟代理人という職業の周縁では、書記事務員、すなわち資格を得ずに職場を離れた者たちのなかに、貧しい民のために法にかかわる手紙を書くという労役を提供する奇妙な階級的闘士がいたのかもしれないということである[55]。チャールズ・ディケンズは、法にかんする修業をしたのちに訴訟代理人の事務室の内外で担うさまざまな事務仕事についてとくに知識が豊富であり、年季奉公中の事務員、給与をもらう事務員、そして「いつもみすぼらしく、酔っていることもある中年の書記事務員」を列挙している[56]。彼らのなかのひとりは、来る日も来る日も際限なく、無味乾燥な法の語り口を書き写すという自分の日々の仕事の不毛さについて語った文章を、一八三四年の『リーガル・オブザーバー』に寄せている[57]。法律職の見習いをしている少年たちはみな、ほとんど絶え間なく筆写を実践するよう助言を受けた[58]。「訴訟代理人や事務弁護士というもののペンは、本当にその手から離れることがないと心得るべし」と一八四八年にサミュエル・ウォーレンは助言している[59]。しかし資格のある訴訟代理人は、時としてペンから解放されることもあった。旅をして依頼人に会い（あとで「何度も貴殿のもとに出向いたこと」にたいする請求書を送った）[60]、四季裁判所や巡回裁判所に出かけたからだ。彼は手紙の原稿の下書きを事務員に清書させたのだ。しかし、ポレクスフェンが書かなかった手紙にかんしてもっとも重要なことは、一九七五年にE・P・トムスンが提起した、社会的行動と形式化された脅迫という問題であった[61]。

これまで見てきたように、ある場所では、貧しい債務者や債権者のための法廷が訴訟代理人の立ち会いやその利用を禁じていたところもある。ほかの場所では、労働する男女が自分たちの利益をさらに増進するために、訴訟代理人（あるいはもしかしたら、実際には〔正式な〕訴訟代理人ではなかったかもしれないが）を積極的に探し求めた。私がとりあげた法律家の手紙の利用者についての断片的で非典型的な資料群を生みだした二つの地域、サマセットのヨーヴィル地区とノッティンガムシャー南部には、小額債権裁判所が存在しなかった(62)。だが、これまで論じてきた四つの事例のうち、債務にかんするものはひとつだけで、小額債権裁判所は身体や財産を侵害する犯罪や、個人間の暴力にかんする調停の権限をもっていなかった。しかし、より貧しい者たちが生きるために依拠していた「法の複数性」に法律家の手紙というシステムを付け加えることは可能だろう。これらの事例では――そしておそらくほかの多くの事例でも――「法律家の手紙」を手にすることは、法を利用するもうひとつの方法であった。そして、そのことは、これらの男女が自分たちでは生産できない商品を購入したということではなかった。私たちが知っているのは、一八世紀の終わりには、労働者階級のコミュニティのなかで手紙を書くことは、まったくもって日常茶飯事であり、よく理解された活動だったということである(63)。台編工のジョセフ・ウーリーは手紙を書き、受け取った。彼はかつて、手紙を一通代筆するのに隣人に三ペンスを請求した(64)。彼の友人や隣人たちは、書簡というものを自分たちの生活の布地のなかに編み込んでいたのである。ある聖月曜日、クリフトンの「馬車乗り場」亭で、ひとりの男性は夜通し猛烈に飲んだ酒の代金を支払うには十分な金を自分がもっていないことに気づいた。亭主からペンを借りると、彼は、

あえて自分の妻に宛て二ポンドを送るように手紙を書き、サム・ホーに手紙を送り届けさせた。同時に、彼は家にいる妻には二シリングの金もないことを重々知っていた。妻は手紙を読むと、家には彼の服くらいしかないので、「何も」送り届けられないとサムに答えたのだ(65)。

手紙を書くためのマニュアルは、中間層の人びとに、弁済されない債務にたいしていかに威嚇的に手紙を書くのかを、少なくとも半世紀にわたって教えていた。より貧しい階層の男女がこうした手紙のひとつを手にしないわけはなかった。一七八〇年代からの何度も再版された模範例は、次のようなものである。

商人から〇〇へ

拝啓　貴殿への八〇ポンドの請求書が返却されてきたことに、私はきわめて不快感を覚えております……私がいつもそうしておりますように、不払いを避けるため、貴殿には猶予を与えましたことをお忘れなきようお願いいたします。貴殿は私を非常に不当に扱ってきたと告白しなければなりません。そして、もしこの請求書の金額が六日間以内に完済されなければ、私はそれを訴訟代理人の手にゆだねることになります。敬具、J・ブラント(66)

社会のあちこちで請願書や請願行動の経験が豊富に存在し、それらは無力な者たちの書簡という形式をとった策略として(当時よりは、むしろ現在のほうが)語られることもある。(67)しかし、これまで述べたような法律家の手紙の物語のなかで、より貧しい人びとは訴訟代理人(あるいは訴訟代理人を自認する人物)によって執筆された手紙に体現された法ないしは法的措置を購入していたのである。

七　法律家の手紙を読む――脅迫状との関係

この論文で述べてきたような類いの威嚇的な法律家の手紙は残っていない。明らかに、それらは執筆されたけれども、手紙としての最終的な形態はほかの多くの種類の文章に上書きされたものであるようだ。貸した金の返済を求める通常の依頼人のために訴訟代理人によって書かれた正式な市販の手紙〔のようなありふれたもの〕でさえ、翌日に筆記事務員がペンで書くための草稿メモのかたちか、あるいは「一ポンドを工面するためのもっとも簡単な方法……六シリング八ペンス」といった請求書の草稿の一部としてしか存在していないのだ。[68] 現存する事務所の控え帳が、一通の手紙を執筆する料金を示すことはめったにない。訴訟代理人の書庫のなかに残るのは、ほかの誰かにたいして手紙を書くための草稿である。訴訟代理人は、依頼人のために完了した仕事のリストを事務所の業務日誌に記しており、名宛人〔草稿を受け取る依頼人〕（彼ないし彼女の名前は、筆記事務員が判別できるように、上部か余白に殴り書きされている）は草稿の文中の何行か――あるいは末尾――に「貴殿」とのみ表現される。[69] 書き手〔訴訟代理人〕と名宛人はひとつに溶け合い、実際の手紙の書き手は消えてしまう。草稿は、自分自身へのささやかな手紙の形式をとっている。現代の書簡理論は自分自身への手紙を扱わないが、おそらく一八世紀の法理論ならば扱うことができただろう。それこそがまさに法律家から依頼人への手紙であり、法律家と依頼人はまったく同一の存在となる。訴訟代理人は、テクスト的にも法的にも、実際にその人物を代弁する代理人である。これらの手紙は、歴史家によって論じられたのとはやや異なり、書き終えて郵便配達人の手元に届けられれば、近世の時代に手紙の書き手と読み手のあいだで発達した感情と理解の文化を決定するものとなった。この一九世紀初頭には、郵便の不確実性、すなわち誤配も、遅配も、書簡の時間差も、もはや心配の種ではなかったのだ。手紙が届いたことを訴訟代理人が確認するため「受信の不安」もなく、手紙の窃盗は重罪ないしは微罪が付加されるはずだったので、その心配もなかった。「この手紙は、本当はどのような意味なのだろう?」ということもなかったのは、それが受信者の側の法的言語についての疑問でしかなく、恋愛についての疑問ではなかったからである。情動の表現はなく、いかに感情がテクスト化されるのかという心配もない。〔対面での口頭によるコミュニケーションが、もっとも信用できる意思伝達の手段とされた〕近世の時代とは違って、口承によるものと書かれたもののあいだの流動性が失われたために、物理的現前と道徳性のあいだの関係性についての心配もなかったのである。[70] ジョセフ・ウーリーとハナ・ミンソンが述べたような法律家の手紙は、壮大な西洋の文芸史の理論につけられた、ひとつの小さなまとまった脚注として読むことができるだろう。

現代の書簡理論(そして多くの文芸史)は、大部分が「文通」という概念、つまり交換される手紙によって紡ぎ出される情動のネットワークにかかわるものである。[71] その大部分が理論として依拠しているのは、人数にかかわらず書き手のあいだで時間をかけて交わされた残存する書簡の集成である。「分離」について、不在にもとづく手紙についてのデリダ的な概念は、多くの研究者たちによって手がつけられていない状態にある。手紙はいまや、不在ではなく現前の中断にもとづいたものとして概念化されている。集成資料――書簡集――の生産における編纂者の役割は、こうして目もくらむような限界まで分析されてきた。「文芸形式《ジャンル》ではない」ものとしての書簡が研究され、その分析のために文芸形式理論があまり有用ではないことが言明されてきた。しかし、現代の書簡理論は、「文通」という概念に縛られたままである。[72] この理論が「法律家の手紙」のような一回限りの脅迫の声明文を扱うことはない。こうして訴訟代理人から送られたような手紙にたいして、いったい誰が返答するというのだろうか。たとえそれが小話の本のなかであっても、誰もしないであろう。歴史家たちは、キティ・ロッカーの〔論文〕「『貴殿のご対応では差し支えがございます』」に続く数十年間、モデルとなった借金催促の手紙にもとづいて、法律家の手紙と一緒に並べることができそうな経営にかかわる手紙を研究してきた。[73] ロッカーによれば、借金催促の手紙は三つのカテゴリーに分類される。弁明調のもの、毒舌調のもの、そして事務的なものである。彼女が言うには、最後のものは穏やかなものから、法的手段による威嚇をともなう厳しい口調のものにまで及ぶ。現実のものであれ、架空のものであれ、本稿では厳しい口調の手紙を扱ってきた。しかしロッカーによれば、歴史家たちは、ネットワークや文通という概念の影響力に抗しがたいように見えるという。資本主義的な企業は家族や商人の手紙によって地球規模で展開している、といった具合だ。[74]

一九九九年に歴史学者のトビー・ディッツは、商取引にかかわる手紙の刺激的な解読を通じて、フィラデルフィアにおける初期アメリカの商人文化についての卓越した論文を執筆した。それらの手紙は文通のかたちをなしており、この歴史家は商人の貿易にかかわる主観的な経験と、文通が自己のアイデンティティと社会的な名声をかたちづくる際の方法を研究したのであった。[75]

貧しい層の人びとによって購入された法律家の手紙は、手紙のなかでも広範に残っている文通の一部ではなかった。しかし、それは日常の社会および法にかかわる実践の一部であり、普通の人びとが頼りにしていた何物かであった。この意味で、これらの手紙は、一七九〇年代の不作の時期、ラダイトの時代、そしてその後のスウィング暴動の時期に生みだされた脅迫の手紙とかなり共通する点がある。[76] 一八〇〇年から一八四〇年までのあいだのあらゆる社会的危機の局面に、農業経営者、商人、地主は、彼らの財産や身体にたいする威嚇を含んだ手紙を書いたり送り届けたり運んだりした者にたいする法の効力に気づいていた。[77] 一八三〇年代のスウィング暴動の危機的時代には、脅迫状にかかわる法についての情報が、真面目でしかも滑稽なかたちで伝えられた。[78]〔犯罪行為の大部分を規定した一七二二年の〕密猟禁止法が通過して以降、治安判事たちは、脅迫状とその多様な形態についての立法の変化について、日常的に情報を得ていた。署名入りか、匿名か、偽名で署名されているのか、承知の上で発送されたのか、発送されたと同時に配達されたのか、あるいは書き手ではない者によって配達されたのか、[79] といった点である。

脅迫状について一九六九年にエリック・ホブズボームとジョージ・リューデが、また一九七五年にE・P・トムスンが論じて以来、民衆の識字や労働者階級の著述についての私たちの理解は、すっかり変化してきた。いまや――社会言語学が教えてくれるように――脅迫状のなかで表現されたことを「前政治的な貧民たちがいつも抱えていた荷物」とみなしたり、その手紙自体を「半識字の、ひどい文体で殴り書きされた書状」とみなしたり、彼らの「感動的な書簡体の形式」にたいして束の間の（そしていくらか恩着せがましい）感傷的な思いを感じたりすることは難しいだろう。[80]『ラダイトたちの書いたもの』（二〇一一年）のなかで、ケヴィン・ビンフィールドは、いかに法がノッティンガムシャーのラダイトたちの闘いの言葉を根底から規定していたのかを発見した。彼はラダイトの声明文、彼らのビラ、詩、広告、告知書のなかに、エクイティとコモン・ローの言説を見いだした。彼によれば、ラダイトの書き手たちは、治安判事の令状のなかに見いだせるような法の形式と言語を用いていた。つまり、ラダイトの匿名の告知書と手紙は、宣誓証言と令状の言語を用いていたのである。[81] 彼は次のように述べる。「[ラダイトの]法に関する言説が公文書の形態と似ており、また公文書に起源をもっていながら、公文書の形態とは矛盾するようにみえるという事実は、……E・P・トムスンのような研究者が……よりラダイトに固有なものとして、直接的な脅迫状に関心を集中させる原因になったのかもしれない……」[82]。しかし、おそらくこうした脅迫状は、ラダイトに固有なものではなかった。ビンフィールドが示唆するのは、〔運動の架空の指導者〕ネッド・ラッドが発明した聡明かつ毒舌なビラと詩が、ラダイト主義の長い期間を生きたノッティンガムシャーの男女による「法の〔表と裏の〕二重の処理法」を明らかにしてくれることである。私たちは、こうした人びとに一種のモデルとして利用可能な、さらに別の法の書き方と法の実践があったのではないかと推測することができる。それは、訴訟代理人から購入することのできた(あるいはもしかすると、訴訟代理人が書いたか筆記事務員が写し取った)手紙による脅迫である。また、ラダイトたちが脅迫の声明をペンで記したときに書き手の頭のなかには、別の法体系があったとも推測できる。つまり法律家の手紙である。それは、自分で対価を支払い、自分自身でつくりあげる法である。それはまた、執行して自分自身にとって有利なようにこの世の物事を動かそうという期待のもとで、(この言葉の二重の意味で)口述《ディクテート》/命令される警告なのである。

ここで論じた法律家の手紙の物語のなかで、男たちと女たちは少なくとも、訴訟代理人から脅迫の手紙を購入することによって何かを手にしている。ハナ・ミンソンは三ポンドよりも多く金が欲しかった(〔現代の〕二五〇ポンド相当があれば、日曜のよそ行き着をまた買うことができただろう)が、服の価格はほかの賠償形態を決めるためにはちょうどよい計算早見表であった。別の形態としてあげられるのは、クリフトンでの暴行と抵抗についてのウーリーの物語であり、

「訴訟代理人と依頼人」．ディケンズの『荒涼館』(1852–53)につけられたハブロット・ナイト・ブラウン(「フィズ」)による挿絵．この論文の挿絵としては，あまりに遅い時期のあまりに一般的な訴訟代理人の姿だろうか？　そうかもしれない．しかしこの挿絵は，法の計り知れないカオス，書簡通信による破片の山，訴訟代理人のサーヴィスを求める人びとの多くが抱く失意を，とてもよくつかんでいる．
Image scan and text by George P. Landow, from http://www.victorianweb.org/art/illustration/phiz/bleakhouse/26.html.

一〇年後の今回は、同じトムと別のサルとのあいだでのことだった。地元の酒場（このときには「〔馬車〕乗り場」亭ではなかった）で金曜の夜を大盛り上がりで過ごしたのち、トムはサル・ホルトの帽子を生け垣に投げ、サルは彼を丸裸にして徹底的に闘うと申し出たので、トムはサルが広めていた彼の噂にたいする不平を述べにいこうと、彼女の下宿に出向いた。サルはそこにはおらず、女主人が扉を開けた。トムは「〔扉を開けた〕年配のメアリにたいしてあまり感じよく喋らなかった。そのため、彼女は彼の顔にめがけて紡績糸の滑車を投げつけ、彼も彼女の顔にめがけて投げつけ返したので、彼女の目の周りに青あざができた。」翌日サルとメアリは「令状を求めてノッティンガムに出かけた。……そして二人はトムからかなりの金額を得られると知らされた。……年配のメアリは……彼から新しいガウンを得られると考えたが、期待外れに終わった[83]」。町の治安判事は、彼女たちが語った一貫性のない物語を却下したのである。一八一三年のこのときには、サルは法律家の〔脅迫の〕手紙を購入するところにまではいかなかった。法律家の手紙は、自分自身にとって有利なようにこの世のなかで物事を動かすためのさらなる方法であり、ノッティンガムにまで三マイルもの距離を歩いて、土曜日の朝に仕事をしている治安判事を見つけだすのと同じ種類の行動だったといえる。

一八三〇年代に、訴訟代理人は「法律家の手紙」を書くという通常の業務慣行に新たな名を与えるようになった。『リーガル・オブザーバー』は、まったくもって通常の法律家の手紙〔「もし貴殿がただちにこの金額を弁済しなければ……私の依頼人による指示に従い措置を講じることを知らせるものであります。もしこの問題が明日のうちに整わなければ」〕にたいする反応について報告した。債務者の訴訟代理人は、最近の窃盗罪法(一八二七年)の条文を読み上げ、それによる手続きを進めるつもりであると返答した。「脅迫の手紙などを送ったことにたいして、窃盗罪法の条項(7 & 8 G. 4 ss 8 & 9)を適用します。次の中央刑事裁判所の期間に、貴殿にたいする請求書を出すつもりであることをお知らせいたします。敬具、H・ドッド父子より。事務弁護士ジョン・ブラチフォード」(84)。この法律によって訴訟代理人には、過去一世紀にわたってあらゆる依頼人のためにおこなってきたことにたいして名前が与えられた。脅迫的な要求を書くこと、脅迫の手紙を書くこと、ある種の権力を売買すること、である。本稿に関連する論文「脅迫の手紙」〔註(61)のスティードマンの論文〕は、一七九〇年から一八三〇年までの期間、つまりネッド・ラッドと〔スウィング運動の架空の指導者〕キャプテン・スウィングの先輩や後輩たちが、脅迫によって自分たちの要求を書き綴った時代におけるこれらすべての書簡体形式間の関係について探求することになるだろう。

＊本文中の〔　〕はスティードマンによる補足、(　)は訳者による補足である。原文の強調(イタリック)は、傍点であらわした。なお、七つの節見出しは読みやすさを配慮して訳者がつけたものである。

（1）'Ian McEwan: the Law versus Religious Belief', *Guardian*, 5 Sept. 2014; Ian McEwan, *The Children Act*, London, 2014.

（2）Margaret Drabble, *The Needle's Eye*（1972）, Harmondsworth, 1973, pp. 143–6.

（3）Peter King, 'The Summary Courts and Social Relations in Eighteenth-century England, *Past and Present* 83, 1984, pp. 125–72; *Crime and the Law in England 1780–1840: Remaking Justice from the Margins*, Cambridge, 2006. 一八世紀の治安判事の法廷と略式裁判については、これらを参照。

（4）Liz Stanley, 'The Epistolarium: On Theorizing Letters and Correspondences', *Auto/Biography* 12, 2004, pp. 201–35; Margaretta Jolly and Liz Stanley, 'Letters as / not a Genre', *Life Writing* 2: 2, 2005, pp. 91–118; Liz Stanley, 'The Epistolary Gift, the Editorial Third-Part, Counter-Epistolary: Rethinking the Epistolarium', *Life Writing* 8: 2, 2011, pp. 135–52.

（5）*Letter Writing as a Social Practice*, ed. David Barton and Nigel Hall, Amsterdam and Philadelphia, 1999; *Gender and Politics in the Age of Letter-Writing, 1750–2000*, ed. Caroline Bland and Máire Cross, Aldershot, 2003; Gary Schneider, *The Culture of Epistolarity: Vernacular Letters and Letter Writing in Early Modern England, 1500–1700*, Cranbury NJ, 2005; *Letters Across Borders: the Epistolary Practices of International Migrants*, ed. Bruce S. Elliot, David A. Gerber, Suzanne M. Sinke, New York, 2006; Liz Stanley, 'To the Letter: Thomas and Znaniecki's The Polish Peasant and Writing a Life, Sociologically', *Life Writing* 7: 2, August 2010, pp. 139–51. William I. Thomas and Florian Znaniecki, *The Polish Peasant in Europe and America*, 5 vols, Boston MA, 1918–20. これらは、しばしば社会学の書簡論的転回の基盤として説明される。

（6）Diaries of Joseph Woolley, framework knitter, for 1801, 1803, 1804, 1809, 1813, 1815: Nottinghamshire Archives（NA）, Nottingham, DD 311/1–6. これらは複写コピーであり、研究者が利用できるようになっている。原本は、五つが残存している（一八〇九年の巻は複写コピーのかたちで保管されている）: DD 1704/1–5.

（7）Carolyn Steedman, *An Everyday Life of the English Working Class: Work, Self and Sociability in the Early Nineteenth Century*, Cambridge, 2013.

（8）Diary of Joseph Woolley: NA, DD 311/1, 26 Dec. 1801.

（9）W. F. Wratislaw, Solicitors, Rugby, firm's letter book 1825–7, entries for 17 Dec. 1825: Warwickshire County Record

Office（WCRO）, CR3036/1.

（10）Diary of Joseph Woolley: NA, DD 311/1, Jan. 1801.

（11）Steedman, *Everyday Life*, p. 112.

（12）Steedman, *Everyday Life*, pp. 250–60.

（13）Birmingham Attorney’s Day Book 1785–90: Birmingham Archives, Heritage and Photography, MS 3069/11/11: Bretherton’s Solicitors, Rugby, Daybook 1814–18: WCRO, CR3074/1.

（14）Diary of Joseph Woolley: NA, DD 311/6, Feb. 1815.

（15）庭師の雇用主が、手紙のための代金を支払ったのかもしれない。しかし、それはウーリーが語った方法とは異なっており、ここでの証拠が示すのは、法律家の手紙が使用人やほかの労働者がとった手段のひとつであったということである。

（16）‘Somerset Midsummer Assizes,’ *Taunton Courier and Western Advertiser for Somerset, Wilts, Dorset Devon and Cornwall*, Thursday 2 Sept. 1819; and ‘Bridgewater Assizes Rex. On the Prosecution of Eliz. Minson against R. Bartlett for a Rape,’ *The Times*, Tues. 24 Aug. 1819. この若い女性の名前は、令状を発行した治安判事によると、実際はエリザベスではなくハナだった。彼女は、国立公文書館のサマセット州の巡回裁判の罪人記録のなかでもハナと呼ばれている。以下を参照。‘Somerset Felonies & AssS Sumr 1819,’ TNA, ASSI 25/15/16; ‘59th Geo 3rd: Western Circuit Gaol Book,’ TNA, ASSI 23/10; ‘Somerset Summer Circuit 1819,’ TNA, ASSI 21/38.

（17）しばしばウエスト・ドーセット州の境界地帯の辺鄙な場所として説明されており、そこは帆布製造業の重要な中心地であった。Tom Carter, *Stories of Hardington Mandeville*, Hardington Mandeville, 1994; Hardington Mandeville Village Design Statement 1999, Hardington Mandeville Parish Council in partnership with South Somerset District Council, April 1999; ‘A Digest of Parochial Returns made to the Select Committee appointed to inquire into the Education of the Poor,’ *House of Commons Papers; Reports of Committees*, PP 1819（224）vol. 1. この村は、一八四〇年に人口が絶頂の七六〇人に達している。

（18）彼女が妊娠しているかどうかを確定するにあたって、さらに五週間を必要としたのではないかという指摘を受けた。

（19）〔いずれかが被告人であると考えられる〕リチャードとロバートのバートレット兄弟は、二人とも若く既婚の男性であり家族持ちであった。一八一三年から一八二二年までのあいだに、リチャードは一七カ月、ロバートは一二カ月の期間、教区から救貧を受け取っていた。一八一三年の初春と、一八一六年から一七年にかけての冬は、彼らとその家族にとってとりわけ厳しい状況だった。以下を参照。*Overseers' Accounts and Rates*, 1813–1822, parish of Hardington Mandeville: Somerset History Centre, D\PC\hard. m/6/3/5.

(20) Christopher W. Brooks, *Lawyers, Litigation and English Society since 1450*, London, 1998, pp. 27–62; Sally Engle Murray, *Getting Justice and Getting Even: Legal Consciousness among Working-class Americans*, Chicago and London, 1990; Idit Kostiner, 'Taking Legal Consciousness Seriously: Beyond Power and Resistance', *Paper presented at the annual meeting of the Law and Society Association*, Chicago, Illinois, 27 May 2004; Kevin Binfield, *Writings of the Luddites*, Baltimore and London, 2011, pp. 20–32, 47, 65, 133; Steedman, *Everyday Life*, pp. 122–49. King, *Crime and the Law*, pp. 165–95; Carolyn Steedman, 'Lord Mansfield's Women', *Past and Present* 176: 1, 2002, pp. 105–43.

(21) *The Times*, 24 Aug. 1819; *Taunton Courier*, 2 Sept. 1819; Crown Minute Book, Somerset, summer 1819: TNA, ASSI 21/38.

(22) これが説明する唯一の方法だと私には思われた。しかし、ベスト判事の心の内はわからないし、『国民伝記事典』は、ベストは若い男性の性的な罪を些細なものとして免除したがる男性(であり判事)だとしている(しかし、〔罪を免除した対象は〕貧しくも若い男性だったのであろうか。おそらくそうではない)。以下を参照。'Best, William Draper, first Baron Wynford (1767–1845)', by G. F. R. Barker, *Oxford Dictionary of National Biography*, Oxford University Press, 2004; revised Hugh Mooney, online edn, September 2010. おそらく法律家の手紙は、(この時期までに一般的にそうであると想定されていたように)金銭の支払いによって与えられる「ひとつの回答」であった。しかし、そのような手紙を執筆したり購入したりする下層の人びとにたいして恩着せがましく振る舞う高裁の判事が、当時の民衆の法的思考様式を認識していたとは考えにくい。

(23) ひとつは、訴訟代理人と思われる人物による銀の窃盗に関して、一七五六年から八八年まで王立裁判所の首席裁判官を務めたマンスフィールド卿からのものである。「マンスフィールドは、訴追人にたいして囁きに近い小声で、「お願いだから、事を大きくしないでくれ。その輩が、あなたが頼りにする訴訟代理人であるとすれば、柄杓だけではなくボウルも盗んだであろう」と言った」。：Norman S. Poser, *Lord Mansfield: Justice in the Age of Reason*, Montreal, 2013, p. 208.

(24) 小額債権裁判所は、中世に起源をもつ小規模な衡平裁判所であり、一八世紀の法律によって小額請求裁判のための法廷として再生した。この裁判所は、一八四六年の州裁判法によって消滅した。以下を参照。William Hutton, *Courts of Request: their Nature, Utility, and Powers described, with a Variety of Cases, determined in that of Birmingham*, Birmingham and London, 1787, p. 8; Brooks, *Lawyers, Litigation*, pp. 39–45; Margot Finn, *The Character of Credit: Personal Debt in English Culture, 1740–1914*, Cambridge, 2003, pp. 202–5; Abstract Return of the Courts of Request, Courts of Conscience, and all other Courts in England and Wales, Great Britain, House of Commons, Courts of Request, PP 1840 (619) XLI. 555.

(25) Hutton, *Courts of Request*, p. 81.

(26) Richard Lovell Edgeworth, *Essays on Professional Education*, London, 1809, p. 303 は、子どもに法を教えるのに役に立つ「真面目で滑稽なもの」として『小額債権裁判所』を薦めており、この書物は、裁判の研究や証拠の評価にとって豊富な事例を提供するだろうとしている。「この書物に登場する裁判の事例のなかには、良識と風変わりな面と誠実さが奇妙に混ぜ合わさったもの(たとえば、「おとなしい夫と元気の良い妻」という表題のもの)があり、労を惜しまずこの書物に目を通す人は、報われることになろう」。

(27) Charles Latitat, 'A Lawyer's Love-letter to his Mistress', *The Weekly Magazine, or, Edinburgh Amusement* VI, 1769, p. 402. 訴訟代理人を貶めるものとしては、Anon., *Reflections or Hints founded upon Experience and Facts, touching the Law, Lawyers, Officers, Attorneys, and others concerned in the Administration of Justice . . .*, London, 1759, pp. 28–9; Alexander Grant, *The Progress and Practice of a Modern Attorney; exhibiting the Conduct of Thousands towards Millions! To which are added, the different Stages of a Law Suit, and attendant Costs . . . Instructions to both Creditors and Debtors . . . Cases of Individuals who have suffered from the Chicane of pettyfogging attornies . . .*, London 1795; 'Character and Conduct of an Attorney: To the Editor of the Legal Observer', *The Legal Observer, or Journal of Jurisprudence* 8: 203, 1833, pp. 72–3; John Lyes, '"A Strong Smell of Brimstone": the Solicitors and Attorneys of Bristol, 1740 to 1840', *Bristol Branch of the Historical Association*, Bristol, 1999; Michael J. Kirton, 'The Eighteenth Century Country Attorney, Profes-

sionalism and Patronage: the Hodgkinsons of Southwell', *Transactions of the Thoroton Society of Nottinghamshire* 115, 2011, pp. 119-37. Samuel Warren, *The Moral, Social and Professional Duties of Attornies and Solicitors*, Edinburgh and London, 1848では、ひとりの法廷弁護士が、どのようにすれば紳士的になることができるのかについて、イギリス諸島の一万三〇〇〇―一万四〇〇〇人(p. 47での概算)の訴訟代理人に向けて講義をしている。ある修習中の若い法廷弁護士は、「そうした輩にたいしてどのようにして礼儀正しく接することができるのか」と思案している。Reithra, 'The Lawyer's Dream', *Metropolitan Magazine* 13: 51, 1835, pp. 330-6.

(28)　Vic Gatrell, *City of Laughter. Sex and Satire in Eighteenth-Century London*, London, 2006, p. 144.

(29)　Herbert Alpert and Gerald Thomas, 'Two Patterns of an International Tale: the Lawyer's Letter Opened', *Fabula: Zeitschrift für Erzählforschung/Journal of Folktale Studies/Revue d'Etudes sur le Conte Populaire* 42: 1-2, 2001, pp. 32-63. ひとつの小話が、公式と非公式の法の交錯する点を示している。手紙の仕事が終わると、口論していた二人は喧嘩をやめ、親しくなって(ひどく酔っぱらい)法律家たちにたいして仕返しをしようと決意するのであった。法律家たちは治安紊乱罪に問われるのだ。治安判事は爆笑し、この二人の申し立てを却下する。これは「復讐の顚末」と呼ばれるものである。

(30)　George Stephen, *Adventures of an Attorney in Search of Practice*, London, 1839; Leslie Stephen, 'Stephen, Sir George (1794-1879)', revised Peter Balmford, *Oxford Dictionary of National Biography*, Oxford University Press, 2004.

(31)　Stephen, *Adventures*, pp. 91-8.

(32)　Stephen, *Adventures*, pp. 192-4.

(33)　Stephen, *Adventures*, p. 197.

(34)　Stephen, *Adventures*, p. 198.

(35)　Stephen, *Adventures*, pp. 198-202.

(36)　King, 'Summary Courts', pp. 125-83; *Crime and the Law in England*, pp. 56-7. また次のものも参照。Christopher Brooks, 'Litigation, Participation and Agency in Seventeenth and Eighteenth-century England', in *The British and their Laws in the Eighteenth Century*, ed. David Lemmings, Woodbridge, 2005, pp. 155-81; Drew D. Gray, 'The People's Courts? Summary Justice and Social Relations in the City of London, c. 1760-1800', *Family & Community History* 11: 1, 2008, pp. 7–15.

（37） David Lemmings, 'Introduction', *British and their Laws*, ed. Lemmings, pp. 1–26; Brooks, *Lawyers, Litigation*, pp. 188–9.

（38） Brooks, 'Litigation, Participation and Agency', p. 177.

（39） Lemmings, 'Introduction', *British and their Laws*, pp. 3–5; David Lemmings, *Professors of Law: Barristers and English Legal Culture in the Eighteenth Century*, Oxford, 2000, pp. 1–9. 参照されている古典的テクストは、Douglas Hay, Peter Linebaugh, John G. Rule, E. P. Thompson, Cal Winslow, *Albion's Fatal Tree: Crime and Society in Eighteenth-Century England*, Harmondsworth, 1975; E. P. Thompson, *Whigs and Hunters*, Harmondsworth, 1977; Peter Linebaugh, *The London Hanged: Crime and Civil Society in the Eighteenth Century*, London, 1991 であり、それらは、E・P・トムスンが大学に拠点を置く歴史家として短い期間を過ごしたウォーリック社会史研究所で生み出されたものだった。社会史的叙述の起源については、本稿の姉妹編となる次の論文で検討されることになる。Caroline Steedman, 'Threatening Letters: the Service Relationship in Historical Research', *History Workshop Journal*, 82, 2016.

（40） Freeman Oliver Haynes, *Outlines of Equity*, Cambridge, 1858; Chaloner William Chute, *Equity under the Judicature Act; or, The Relation of Equity to Common Law*, London, 1874; Sydney Edward Williams, *Outlines of Equity: a Concise View of the Principles of Modern Equity*, London, 1900; Stephen Waddams, 'Equity in English Contract Law: the Impact of the Judicature Acts（1873–5）', *Journal of Legal History* 33: 2, 2012, pp. 185–208.

（41） スターヴスは婚姻法について論じるなかで、「それぞれが別個に区別されたサブシステムをもつ、三つの根本的に異なった共存する法体系」を説明している。つまり、「宗教裁判法廷システム、地方全体にわたり荘園領主によって荘園法廷のなかで管理される慣習的なイングランド法の伝統的システム、そして全国的に管理されるコモン・ローとエクイティのシステム」である。スターヴスは、「この歴史を理解するのに法律家になる必要はない」と言う。それでもやはり、参照すべきは、次のものである。Susan Staves, *Married Women's Separate Property in England, 1660–1833*, Cambridge MA and London, 1990, pp. 18, viii; Finn, *Character of Credit*.

（42） Finn, *Character of Credit*, p. 202.

(43) Finn, *Character of Credit*, p. 14. 独立した法的手続きとしてのエクイティはまったくもって消滅しているので、一八一九年のブリッジウォーター〔王立巡回裁判〕でのリチャード／ロバート・バートレットの無罪放免において、ベスト判事がエクイティを行使していたのか、あるいは「エクイティを考慮していたのか」を考えることさえ難しい。

(44) Hutton, *Courts of Request*, p. 88.

(45) Hutton, *Courts of Request*, p. 106.

(46) Hutton, *Courts of Request*, pp. 373–4. Brooks, *Lawyers, Litigation*, pp. 43–4 は、委員の偏向性、判事の欠席、委員の法的知識の欠如について論じており、それらがすべて「常識」という言葉によって覆い隠されていたとする。ハットン自身は、「参加している委員は勉強もしておらず、援助する義務がある仲間として原告を扱うことを忘れることもあり、小さな事務所の器の小さい者がよくやるように、怒鳴りつけている」と暴露している。このことがとりわけ当てはまるのが「特定の階級の原告団」の場合であり、「その面々は、何度も〔バーミンガムの〕裁判所で見かける喧嘩好きの者たちのほか、呼び売り商人、クラブ会員、乳搾りの女、居酒屋の店主などのような人びとだ。そうした人びとは怪我をしていることがしばしばで、治療を求めて申請してくる」(pp. 240, 373)。

(47) Finn, *Character of Credit*, p. 205.

(48) Hutton, *Courts of Request*, 全部で四四八ページある彼の著作の全体を通じて、一六ページ(ぐらい)に一回は、訴訟代理人にたいして批判的なことを述べている。

(49) Anon., *Reflections or Hints founded upon Experience and Facts, touching the Law, Lawyers, Officers, Attorneys, and others concerned in the Administration of Justice*, London, 1759, pp. 11–14.

(50) Grant, *Progress and Practice*, p. 26.

(51) フィリップ・アイレットは、地方の「境界線上の事務弁護士」の存在を暗示している。Philip Aylett, 'A Profession in the Market Place: the Distribution of Attorneys in England and Wales, 1730–1800', *Law and History Review* 5: 1, 1987, pp. 1–30. ペネロピ・コーフィールドは、「体裁の良さ〔という規範〕の周縁に位置する「境界線上の訴訟代理人」や「〔ロンドン東部〕ワッピングの訴訟代理人」…として知られる、法におけるいわゆる「下働き」」について論じている。Penelope Corfield, 'Eighteenth-century Lawyers and the Advent of the Professional Ethos', in *Droit et société en France et Grande

Bretagne: Law and Society in France and England, ed. Philippe Chassaigne and Jean-Philippe Genet, Paris, 2003, pp. 103-26. コーフィールドは、貧しい地域では訴訟代理人が有用であったと指摘している。

(52) Joseph Day, *Thoughts on the Necessity and Utility of the Examination directed by several Acts of Parliament, previous to the Admission of Attorneys at law and Solicitors*, London, 1795 は、法曹界に参入しようとする訴訟代理人を精査する際に、高等裁判所が直面する困難について論じている。以下も参照。Christopher W. Brooks and Michael Lobban, 'Apprenticeship or Academy? The Idea of a Law University, 1830-1860', in *Learning the Law: Teaching and the Transmission of English Law, 1150-1900*, ed. Jonathan A. Bush and Alain Wijffels, London, 1999, pp. 353-82; Albert J. Schmidt, 'Lawyer Professionalism in Rural England: Changes in Routine and Rewards in the Early Nineteenth Century', *Lincolnshire History and Archaeology* 32, 1997, pp. 25-39.

(53) 'Special Commission. Winchester. Thursday Dec. 23', *The Times*, 24 Dec. 1830; 'Special Commission for Hants', *Morning Post*, 25 Dec. 1830; 'Special Commission', *Spectator*, 25 Dec. 1830, p. 6; Special Commissions 1830, Recognizance Book. County of Southampton. Callendar of the Prisoners, in the County Gaol at Winchester, for Trial at the Special Session . . . December 18, 1830: TNA ASSI 24/18/3; Hants [Hampshire], Report of Convictions &c under the Special Commission: TNA HO 130/1, 1830.

(54) Thompson, 'Crime of Anonymity', in Hay, Linebaugh, Rule, Thompson, Winslow, *Albion's Fatal Tree*, p. 285.

(55) 一八三〇年代から四〇年代にかけて刊行された法律家一覧には、ポレクスフェンの名前が登場しないが、徒弟修業時代の彼を知る(そして裁判で証言をおこなった)〔ハンプシャーの〕ポートシーとゴスポートの訴訟代理人と事務員は掲載されている。Samuel Hill, *Clarke's New Law List; being a List of the Judges and Officers of the Different Courts of Justice . . . and a Complete and Accurate List of Certified Attornies, Notaries &c in England and Wales with the London Agents to the Country Attornies*, London, 1816.

(56) Thomas Alexander Fyfe, *Charles Dickens and the Law*, London and Edinburgh, 1910, pp. 38-40.

(57) 'Hardships of Lawyers' Clerks', *Legal Observer, or Journal of Jurisprudence* 8: 225, 6 Sept. 1834, pp. 412-13. この書き手は、みずからを「筆写事務官」と呼んでいた。以下も参照。John Taylor, *Autobiography of a Lancashire Lawyer, being*

the Life and Recollections of John Taylor, Attorney-at-Law . . . edited by James Clegg, Bolton, 1888, p. 23. ここでは「筆写という事務員の仕事では、事務所にほとんど慰み事がなく、骨折り仕事ばかりだった」と述べられ、「読書をする余裕などほとんどなく、そうする気にもならなかった」としている。

(58) Jacob Phillips, *A Letter from a Grandfather to His Grandson, an Articled Clerk: Pointing Out the Right Course of his Studies and Conduct*, London, 1818; Alfred Cecil Buckland, *Letters to an Attorney's Clerk, Directions for his Studies and General Conduct*, London, 1824; Francis Hobler, *Familiar Exercises between an Attorney and his Articled Clerk*, London, 1831.

(59) Warren, *Moral, Social and Professional Duties*, pp. 65-6.

(60) Tidmas of Warwick, office ledger c.1812–1832: WCRO, CR 556/1 T.

(61) Caroline Steedman, 'Threatening Letters: the Service Relationship in Historical Research', *History Workshop Journal*, 82, 2016. この論文は、E・P・トムスンとE・E・ドッドとの書簡に焦点を当てている。ドッドは、「匿名性の犯罪(Crime of Anonymity)」などの論文のための研究助手であった。彼は、議論の対象とする手紙の大多数を「匿名」として位置づけている。

(62) Courts of Request, Great Britain. House of Commons. . . 1840.（註(24)参照）

(63) Frances Austin, 'Letter Writing in a Cornish Community in the 1790s', in *Letter Writing*, ed. Barton and Hall, pp. 43-61; Schneider, *Culture of Epistolarity*, p. 13; Susan E. Whyman, *The Pen and the People: English Letter Writers 1660-1800*, Oxford, 2009, p. 45.

(64) Diary of Joseph Woolley:「[九月]二二日、手紙を書くのに三ペンス」: NA, DD 311/5, 1813.

(65) Diary of Joseph Woolley: NA, DD 311/3, 1804.

(66) George Brown, *The New English Letter-writer . . . Agreeable to the Forms . . . Executed by the Most Eminent Attorneys*, London, 1780（しかし、法律家の手紙についてはひと言も言及がない）; James Wallace and Charles Townshend, *Every Man his own Letter-Writer*, London, 1782; Thomas Chapman, *The New Universal Letter Writer*, London, 1790.

(67) Clare Brant, 'The Tribunal of the Public: Eighteenth-Century Letters and the Politics of Vindication', *Gender and*

Politics, pp. 15–28.

(68) Grant, *Progress and Practice*, p. 29. ここでグラントは、訴訟代理人の請求書の作成におけるよくある方法を風刺していた。六シリング八ペンスは、一ポンドの三分の一であった。

(69) さまざまな依頼人にたいする一日ごとの仕事内容を記した訴訟代理人の業務日誌：NA, DDME 3/ 1–10. 当該の会社は、一八二四年から八四年にかけて活動していた［「ノッティガムシャーの都市」イースト・レッドフォードの?-］ミー商会の前身であると推測される。

(70) Schneider, *Culture of Epistolarity*, pp. 16–17, 75–108.

(71) Stanley, 'Epistolarium: On Theorizing Letters'; 'The Epistolary Gift'.

(72) Jacques Derrida, *The Post Card: From Socrates to Freud and Beyond* (1980), transl. Alan Bass, Chicago, 1987; Jolly and Stanley, 'Letters as / not a Genre; Sarah Poustie, 'Re-Theorising Letters and "Letterness"'; *Olive Schreiner Letters Project Working Papers on Letters, Letterness & Epistolary Networks*, no. 1, Edinburgh, 2010; Esther Milne, *Letters, Postcards, Email: Technologies of Presence*, New York, 2010. 最近の〔歴史家による〕「書簡」や「ネットワーク」といった概念の利用については、以下を参照。Dena Goodman, *Becoming a Woman in the Age of Letters*, Ithaca NY, 2009; Konstantine Dierks, *In My Power: Letter Writing and Communication in Early America*, Philadelphia, 2009.

(73) Kitty Locker, '"Sir, This Will Never Do": Model Dunning Letters, 1592–1873', *International Journal of Business Communication* 22: 2, 1985, pp. 39–45.

(74) Emma Rothschild, *The Inner Life of Empires: an Eighteenth-century History*, Princeton NJ, 2011.

(75) Toby L. Ditz, 'Formative Ventures: Eighteenth-century Commercial Letters and the Articulation of Experience', *Epistolary Selves: Letters and Letter-Writers, 1600–1945*, ed. Rebecca Earle, Aldershot, 1998, pp. 60–78.

(76) Mary Favret, *Romantic Correspondence: Women, Politics, and the Fiction of Letters*, Cambridge, 2005, pp. 197–213.

(77) William Marriott, *The Country Gentleman's Lawyer; and the Farmer's Complete Law Library . . . 4th edn. To which is added the . . . acts of Parliament . . . passed since the publication of the 3rd edn., viz. from 1801 to 1803*, London, 1803; John Thomas Becher, *Observations on the Punishment of Offenders, and the Preservation of the Peace, Occasioned by the*

Trespasses, Riots, and Felonies Now Prevalent in the County of Nottingham, Newark, 1812; T. Williams, *Everyman His Own Lawyer, or, A Complete Law Library. Containing the Laws Affecting in Every Possible Circumstance and Situation in which Persons can be placed in the Ordinary Occurrences of Life, with an explanation of the most frequent Terms of Law* . . . Second Edition, London, 1818; *The London Tradesman. A Familiar Treatise on the Rationale of Trade and Commerce, as Carried on in the Metropolis of the British Empire. By Several Tradesmen*, London, 1819. Williams, *Everyman*, p. 390 はかなり明晰に，一九世紀初頭における法の位置づけについて説明している。

(78) *Dialogue on Rick-burning, Rioting, &c. between Squire Wilson, Hughes, his Steward, Thomas, the Bailiff, and Harry Brown, a Labourer*, London, 1830; Henry Nelson Coleridge, *The Genuine Life of Mr. Francis Swing*, London, 1831.

(79) 一七二三年の刑事法(「密猟禁止法」) Geo. 1. c. 229; 一七五四年の武装および偽装罪法 27 Geo. 2 c. 15; 一七五七年の詐欺による金銭獲得罪法 30 Geo. 2 c. 24. Samuel Glasse, *The Magistrate's Assistant; Or, A Summary of Those Laws, Which Immediately Respect the Conduct of a Justice of the Peace*, Gloucester, 1788; Edward Barry, *The Present Practice of a Justice of the Peace; and a Complete Library of Parish Law. Containing the Substance of All the Statutes and Adjudged Cases*, 4 vols, Oxford and Cambridge, 1790, vol. 3; Thomas Leach, *Cases in Crown Law, Determined by the Twelve Judges; by the Court of King's Bench . . . from the Fourth Year of George the Second, 1730, to the Fortieth Year of George the Third, 1800*, 4 vols, London, 1800, vol. 2; Joseph Chitty, *A Practical Treatise on the Criminal Law*, 4 vols, London, 1816, vol. 3, pp. 276–8; James Ebenezer Bicheno, *Observations on the Philosophy of Criminal Jurisprudence*, London, 1819.

(80) Eric Hobsbawm and George Rudé, *Captain Swing*, London, 1969, p. 65; Thompson, 'Crime of Anonymity', p. 299.

(81) Binfield, *Writings of the Luddites*, pp. 65, 71, 133.

(82) Binfield, *Writings*, p. 28.

(83) Diary of Joseph Woolley: NA, DD 311/5, Feb. 1813.

(84) 'Court of King's Bench. Attorney's Letter. – Probable Cause', *Legal Observer, or Journal of Jurisprudence* 2: 29, 14 May 1831, pp. 29–30. 一八二七年の窃盗罪法（7 & 8 Geo. IV. c. 39）は，脅迫の要求を含んだ手紙を出すことを，持ち運び可能な攻撃と位置づけた。そうした問題は，さらに以下で論じられている。'Law of Attorneys. Attorney's Letter. – Tender',

Legal Observer, or Journal of Jurisprudence 4: 95, 11 Aug. 1832, p. 240; and 4: 96, 18 Aug. 1832, p. 255.

Carolyn Steedman, A Lawyer's Letter: Everyday Uses of the Law in Early Nineteenth-Century England, *History Workshop Journal*, 2016; 81 (1): 62–83, doi:10.1093/hwj/dbv038.

第6章　遊女の「日記」を読む
——嘉永二年梅本屋佐吉抱え遊女付け火一件をめぐって

横山百合子

はじめに

日記、書簡など一人称で書かれた史料をエゴ・ドキュメントと呼ぶとすれば、日本史研究者にとってエゴ・ドキュメントの使用は、きわめて日常的で手慣れた手法である。たとえば、近代日本の国家的修史事業として編纂された「維新史料稿本」四二〇〇冊余[1]は維新史研究の基本史料の一つであるが、その相当部分は幕末維新期の政治家の日記、書簡で占められている。これらのエゴ・ドキュメントを相互の異同やズレにも注意をはらいながら読み解き、複雑な政治過程を復原する作業は、多くの維新史研究者が一度は手掛ける手法であろう。

では、さまざまな文書史料のなかで、エゴ・ドキュメントというカテゴリーを設定し、その史料的性格を他と区別し考察することに意味はないのだろうか。もちろん、史料を読むとは、記されていることの背後にどのような社会が存在し、人びとがいかに生きたのかを考える行為であるという見地に立てば、エゴ・ドキュメントも、商家の大福帳や幕府行政文書も、文書史料としての性格に根本的な違いはない。とはいえ、エゴ・ドキュメントというパーソナルな文書には、他の史料にない特長があり、その点に着目することで新たな考察の途が拓かれることもまた事実であろう。

長谷川貴彦は、エゴ・ドキュメントの特徴として、語るという行為によって、話者がどのような複雑な内面的過程を経て「主体」としての自己を構築していくのか、また、語りが記される文書の形式や用語等が、語る者と語りの内容をいかに規定しているのかを理解しうるとし、エゴ・ドキュメントへの関心の背景に、歴史学における「主体」への関心があると指摘する。(2) いいかえれば、冒頭で挙げた維新史研究が、人びとをとりまく社会の構造や変容を分析するツールとしてエゴ・ドキュメントに着目してきたとすれば、長谷川のいう近年のエゴ・ドキュメント論の特徴は、ドキュメントが生成されるまでの過程に関心を向け、語りの流路に沿いつつその道筋の示す意味を微細に追うこと、すなわち、ドキュメント生成の起点に遡り、人びとの内面を読み解く史料として位置づける点にある。

本章は、このような研究動向をふまえ、幕末期の江戸新吉原遊廓で起きた梅本屋抱え遊女付け火一件という集団放火事件をめぐって、放火にかかわった遊女たちの「日記」と称されるエゴ・ドキュメントの生成過程とその特徴を明らかにし、遊廓のなかで、遊女たちがどのように自己を取りまく世界を認識し、自己形成を遂げていくのかに迫るものである。遊女は、都市下層に属し、かつ女性であるという近世社会における二重の周縁性を帯びているだけでなく、人身売買により身体そのものを商品化され、性的サービスの販売を強制される存在である。(3) そのような女性たちのエゴ・ドキュメントが残ることは稀であり、本章で取り上げる遊女の「日記」も、事件の裁判資料として偶然残った史料である。しかし、書く「主体」である遊女に着目し、書かれた内容だけでなく、文字や表現の微細な点にも注意を払いつつ読むことで、わずかに残された史料のもつ可能性を押し広げることができよう。(4)

また、分析にあたっては、エゴ・ドキュメントが生まれる際のリテラシーのありようにも注目したい。何を、なぜ書き、書くことがその人にとっていかなる意味をもつのかという問いは、リテラシーの内実によって大きく変化する。(5)〝遊女が書く〟ということの根源的な意味を問う上で、リテラシーの内実を具体的に明らかにすることは必須であろう。

以上の課題意識に基づき、以下、第一節では、事件のあらましと使用する史料の特徴を概観し、第二節では、話者

（書き手）と筆写者のリテラシーの内容や差違に注意を払いつつ、放火の原因とその背景をなす遊女たちの生活の実態を探る。さらにそれらを踏まえて、第三節で、遊女たちはなぜ書くのかを検討し、幕末期江戸の遊廓に生きた遊女たちの姿とその集団の特質を展望してみたい。

一　梅本屋佐吉抱え遊女付け火一件とその関係史料

「梅本記」の構成と史料の特徴

一八四九（嘉永二）年八月五日、新吉原遊廓京町一丁目の遊女屋梅本屋佐吉の抱え遊女一六人が共謀して放火し、直後に名主宅に駆け込むという事件が起きた。遊女が集団で放火し、直ちに自首するという思いがけない事件は、たちまち江戸中で評判となった。

この事件については、「藤岡屋日記」に記事があり[6]、事件の概要と裁判の結果は知られていたが、詳細な実態は不明であった。しかし、近年、東北大学附属図書館狩野文庫に含まれる史料「梅本記」[7]が、この事件の裁きのために新吉原江戸町一丁目名主竹島仁左衛門のもとで作成された調書や「おぼへ長《（覚え帳）》」と記された遊女の手になる文書、その写しなどの証拠資料の綴りであることがわかり、その全文はすでに別稿で紹介した[8]。遊女のエゴ・ドキュメントとしては、落語「三枚起請《きしょう》」で知られるような、遊女が客の再来を願う書簡が各地に残されているが、「梅本記」には、そのようなやや定型化した書簡とは異なる、遊女自身が記したエゴ・ドキュメントと遊女の証言を記録した調書などが含まれており、本章ではこれを素材として用いる。

「梅本記」の冒頭には、以下の目次がある（A～Iは、便宜上筆者が付し、綴じ込まれた文書の標題部分を参考に［　］で記した）。

A　京町壱丁目梅本屋佐吉抱遊女十六人誓紙写
B　梅本屋佐吉抱遊女小ひな申口《もうしくち》
C　同人抱遊女重本申口
D　同人抱遊女静調書
E　同人抱遊女豊平調書
F　豊平日記写
G　桜木日記写
H　小雛不要之日記写
I　さくら木日記　但のり入小本　[こうか《（弘化）》三ねん　おぼへ長　ひのへ午《（丙午）》　九月吉日]

放火に参加した一六人の遊女が半紙に名を連ねて誓約したAの誓紙写を除くと、B〜Eは、事件後、町役人が遊女小雛、重本、静、豊平の四人の遊女から事情を聴取した「申口」「調書」、F〜Iの「日記」と「日記写」は、遊女たちの書いた文書、またはそれを町役人が筆写したものである。「申口」「調書」には遊女たちの証言が話し言葉のまま記録されている部分もあるが、厳密にいえばエゴ・ドキュメントではない。F〜Iは字義通りのエゴ・ドキュメントであるが、自筆のものとその写には若干の差違がある。I「さくら木日記」は、「但のり入小本」とあるように、表紙に「おぼへ長」と記された唯一の遊女自筆の小本で、本章では、写であるF、G、Hと比較しつつ検討する。なお、「日記」や「日記写」の語は町役人の命名であり、内容は必ずしも通常の日記ではなく、この点は第二節以下で検討する。

以下、事件の舞台となった新吉原遊廓の遊女屋梅本屋について、分析に必要な限りで見ておこう。

新吉原京町一丁目遊女屋梅本屋佐吉と抱え遊女

事件の舞台となったのは、梅本屋佐吉が経営する新吉原京町一丁目の小見世《こみせ》(店)遊女屋である。佐吉は越後出身で[9]、江戸に出府後、非合法の岡場所根津門前町のなかでも局見世と呼ばれる最下級の店の経営者となったが、一八三七(天保八)年の根津火災を機に、局見世から根津の大見世にまで成長した[10]。一八四一(天保一二)年に始まる天保改革で岡場所の業者が新吉原移転を迫られると、厳しい統制により廃業する業者の多いなか、佐吉は新吉原角町《すみちょう》長兵衛店に移り、非合法の根津岡場所の売女屋から初めて公認遊廓新吉原の裏店に局遊女屋として店を構えることとなる[11](**図1**)。経営の詳細は不明であるが、見世は佐吉とその息子、数名の男性奉公人のほか、遣《や》り手《て》のふくが切り廻していた。ふくは、内証《ないしょう》(帳場)で遊女たちの接客の衣服の指示をするなど遣り手[12]として働くだけでなく、見世の経営に関わっていたものとみてよい。

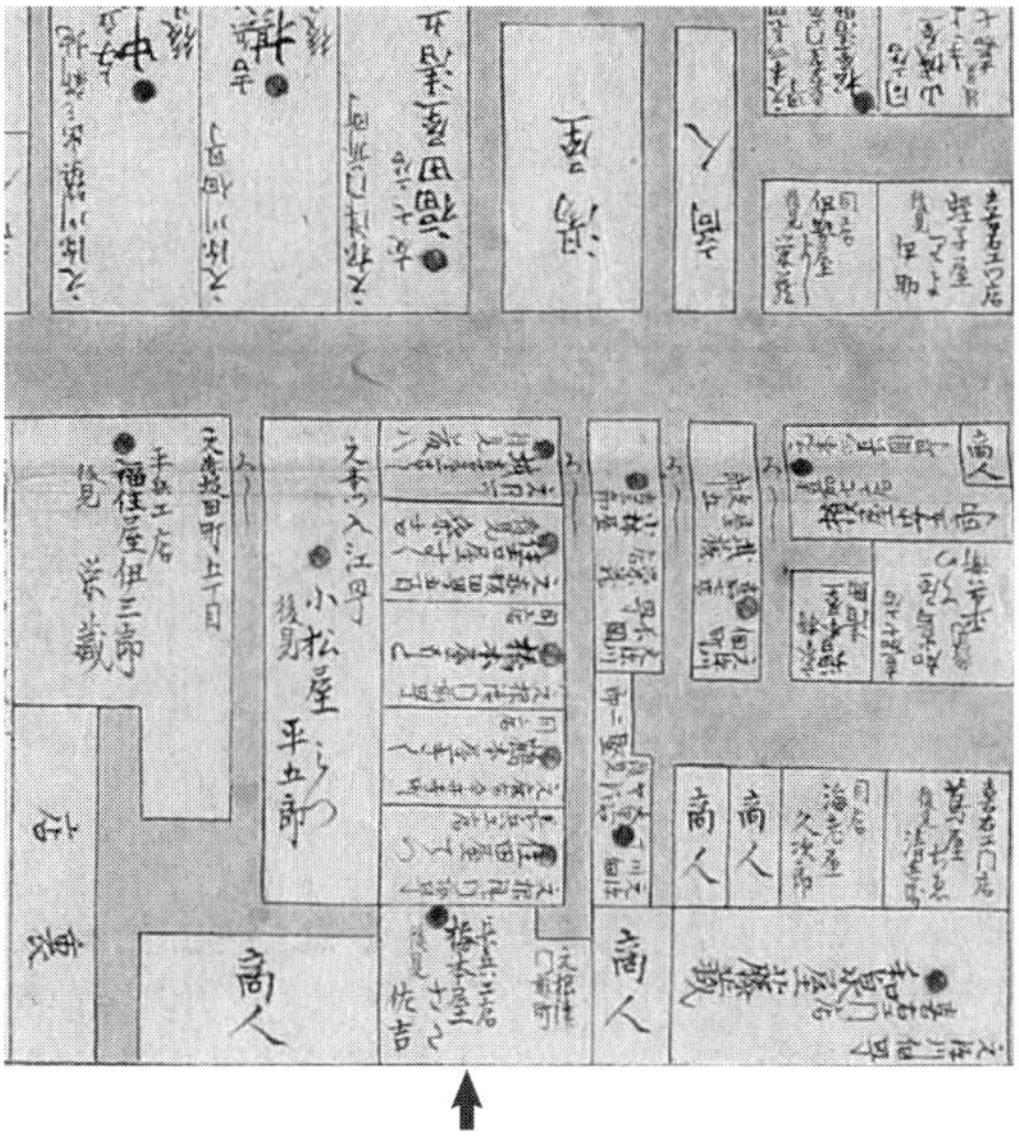

図1　「吉原細見」G26:1344．東京大学総合図書館蔵．(https://kotenseki.nijl.ac.jp/biblio/100239772/viewer/15)
「天保十四卯年二月新吉原遊女屋名前書上」の端書があり，●(赤丸)で新吉原に移転してきた者を示す．梅本屋は，「元根津門前町　長兵衛店梅本屋さた　後見佐吉」とある箇所．梅本屋さたと，ふくの関係は不明．本図は，塚田孝「吉原──遊女をめぐる人びと」同『身分制社会と市民社会──近世日本の社会と法』柏書房，1992年，で紹介された明治以降の写で，天保改革時の状況を詳細に示す．

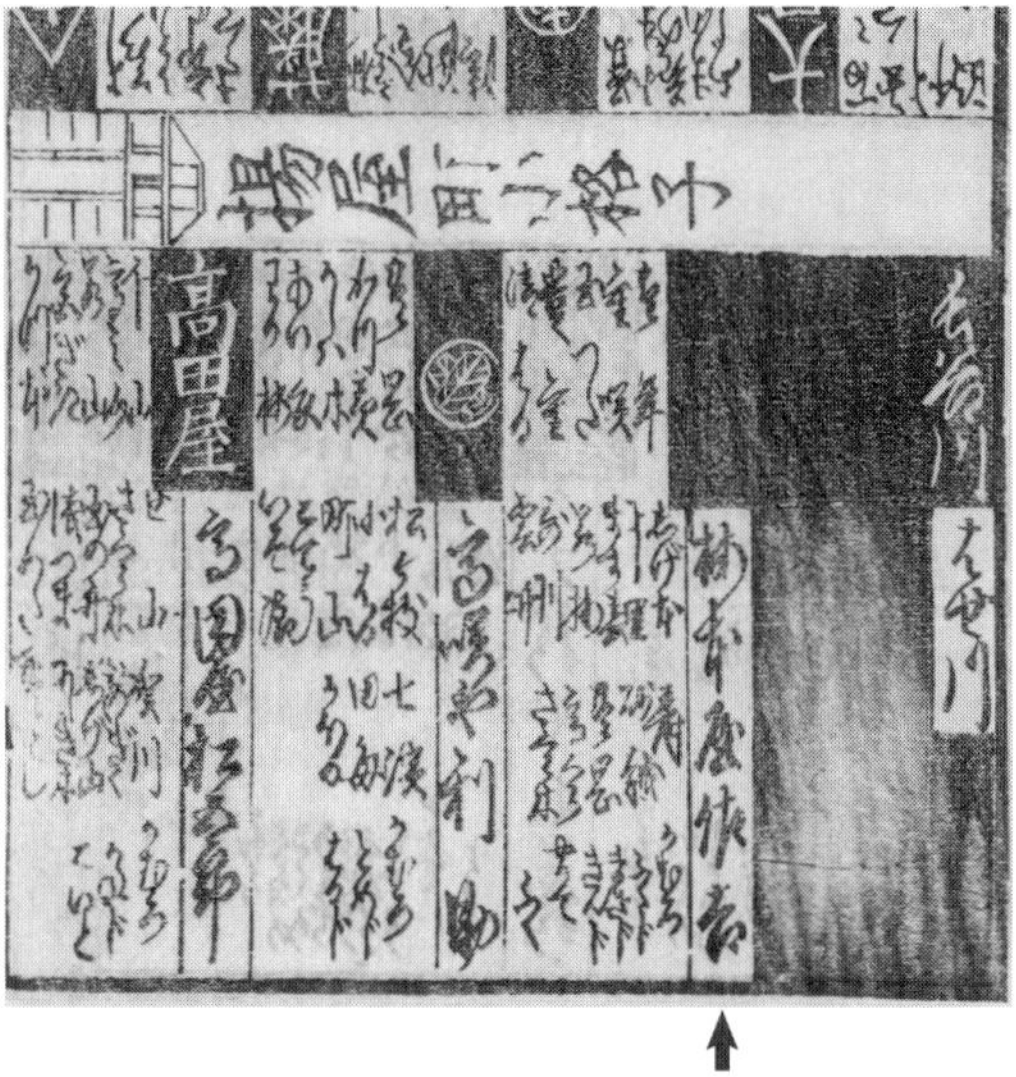

図2　弘化四年「吉原細見」856-26．国立国会図書館蔵．

その後、梅本屋は、最下級の局見世から一格上の揚屋町の小《こ》格子《ごうし》見世に移り、一八四七（弘化四）年には遊女一六人、禿《かむろ》三人、遣り手一人を抱えるにいたった（**図2**）。さらに、翌一八四八（嘉永元）年九月、佐吉は大胆な経営規模拡大に打って出る。揚屋町という新吉原五町に従属する格下の町の見世を手放し、京町一丁目の表通りに面する小見世福伊勢屋を、建物、建具と家具一式、遊女、禿まで含めて丸ごと買い取ったのである。買収後、梅本屋の抱え遊女の数は、一九人から、一挙に三八人に倍増した。

表1は、福伊勢屋買収直前の一八四八（嘉永元）年七月の佐吉の抱え遊女と、翌年の買収後の遊女の構成を示したものである。遊女の名は、遊女の序列を示す「吉原細見《さいけん》」[13]の記載順による。新吉原のガイドブックといわれる「吉原細見」は、店ごとに遊女揚げ代金の金額を刷り物によって示したもので、遊女の序列が一目でわかる冊子であるが、これをみると遊女豊平を筆頭とする買収前の梅本屋抱え遊女たちの順位は全体として下がっている。買収された京町一丁目福伊勢屋は、新吉原では中位に相当する小見世であるが、佐吉の揚屋町小格子見世の遊女に比べれば格が高く、福伊勢屋抱え遊女が新たな序列の上位を占めたのであろう。

表1の遊女名のうち、放火事件の参加者は□で囲んだ一六人で、弘化四年以前から梅本屋抱えだった遊女が八人、弘化四年以降京町一丁目に移転する前に抱えられた遊女が三人、福伊勢屋から新たに梅本屋抱えとなった遊女が五人

表1　買収前後の梅本屋抱え遊女の構成変化

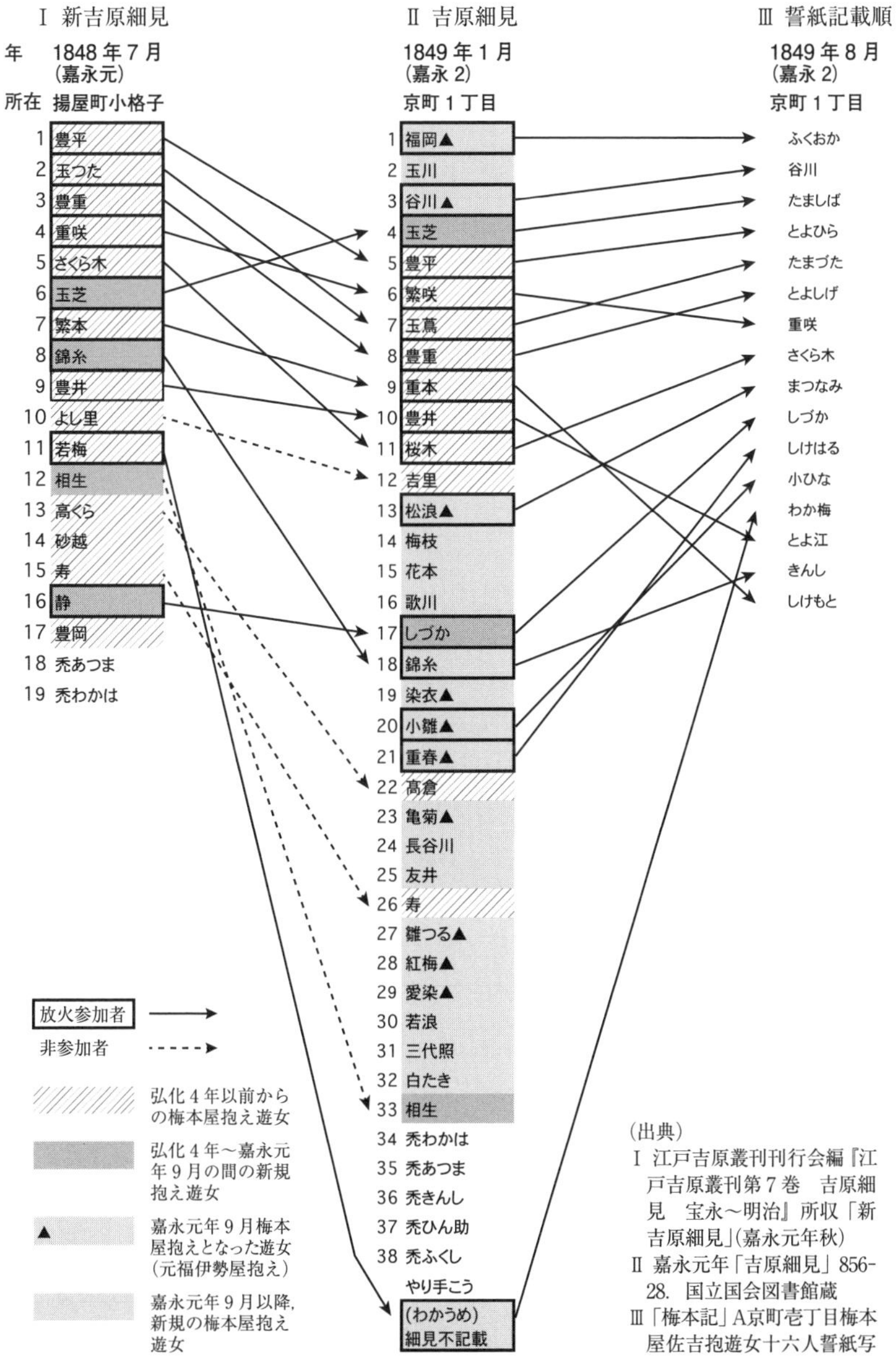

(出典)
Ⅰ 江戸吉原叢刊刊行会編『江戸吉原叢刊第7巻　吉原細見　宝永～明治』所収「新吉原細見」(嘉永元年秋)
Ⅱ 嘉永元年「吉原細見」856-28. 国立国会図書館蔵
Ⅲ「梅本記」A京町壱丁目梅本屋佐吉抱遊女十六人誓紙写

と、梅本屋抱えの期間の長短には関係しておらず、放火は抱えられた期間とは直接には関係がないとみてよい。また、比較的上位にある遊女の参加が多いことも注目される。また、一六人の遊女たちが記したAの誓紙写の名前の記載順は、「吉原細見」に示された遊女の序列をほぼ反映している。(14) 以上をふまえて、遊女たちのエゴ・ドキュメントを読んでいこう。

二 「調書」・「日記写」・「日記」

事件が起きた八月五日当日、梅本屋では、主人佐吉が昼寝をしている隙に、遊女福岡の部屋の火を、玉芝が表座敷に持出し、谷川が表二階の格子上の天井を持ち上げて、きんしがその火を挿すという連携で放火が行われた。(15) 往来の者が煙を見つけて騒ぎとなっている間に、一六人の遊女たちは名主宅に自訴し、その日から事情聴取と「申口」「調書」作成、関係書類の捜索と証拠書類の写の作成が始まった。本節では、まず、町名主宅で作成された「申口」「調書」から放火事件の原因と結果を確認し、それをふまえて、遊女の「日記」と町役人の作成した「日記写」を比較し、リテラシーに着目しつつ両者の違いを検討したい。

「調書」にみる放火の理由

そもそも、一六人の遊女たちを集団放火に追い込んだ原因は何だったのだろうか。新吉原遊廓では火災が多発しており、一八〇〇年以降、幕府が倒れる一八六七年までに吉原全町が焼失した火災が一一回、その他の火事を含めると二三回に及ぶ。そのうち一三回は、遊女の放火による火事であった。(16) 梅本屋の場合、「申口」や「調書」によれば、①劣悪な待遇、②新吉原の通例を超える仕舞金の強制、③生命の危機を覚える激しい暴力、の三点が挙げられている。

ここでは、Ｂ「小ひな申口」から、町役人が聞き取った実情の一端をみておこう。

小雛は、福伊勢屋抱えから梅本屋抱えとなった遊女である。Ｂ「申口」は、放火後、自首したその日に作成されたものであるが、待遇の面では、「平生二食にて、豆腐の殻、又は草箒《くさほうき》の芽を入、雑水《ぞうすい》にいたし給《た》べさせ候らえども、悪敷《あしき》匂いいたし、中々給べ難く候につき、難渋《なんじゅう》の様子見及び候えば、何故給べ申さず抔《など》とこれを申し、全くの飯は給べさせ申さず、邂逅《たまたま》給べさせ候節は粥同様腐れ居り候て、何分給べ難く(17)」という食事の貧困さが強調され、他の遊女にも共通する怒りの原因となっていた。

また、不当な仕舞金も、遊女たちを追い詰めるものであった。新吉原遊廓では、五節句など特定の日を紋日《もんび》（物日《ものび》）(18)とし、仕舞金という通常の二倍の料金を支払う規定があった。その日に客がなければ遊女自身が仕舞金を負担することとされていたが、梅本屋の場合、紋日の前日なども紋日とするなど仕舞金を課される日数が通常より多く、「物日ハ、ひとかたならず困苦致し、夫々《それぞれ》主人方へ相納め候(19)」という状況で、納入が遅れれば、「弓の折、或は手鍵を以て、手当たり次第打擲《ちょうちゃく》致し」という暴力が行われた。このほか、Ｂ「小ひな申口」によれば、暴力の理由として、客がない日には遣り手部屋にいなくてはならないという規則を破って自室にいたなどの些細な点が上げられている。その結果、「斯《か》くの仕合せにては、迚《とて》も身体取続き出来申さず、所詮此の姿にて責め殺され候より、火を付け、皆憤《いかり》を晴らし候上、御法通りの御沙汰を蒙り候つもり」という激しい抵抗が生れ、最終的に放火に至ったことがわかる。小雛、重本、静、豊平のＢ～Ｅ「申口」「調書」には、いずれも劣悪な待遇、暴力、仕舞金強制の三つの要因のすべて、またはその一部が記されている。

遊女の「日記」

次に、遊女たちの「日記」「日記写」、すなわち調書などではなく当事者自身が綴った文書という意味での狭義のエ

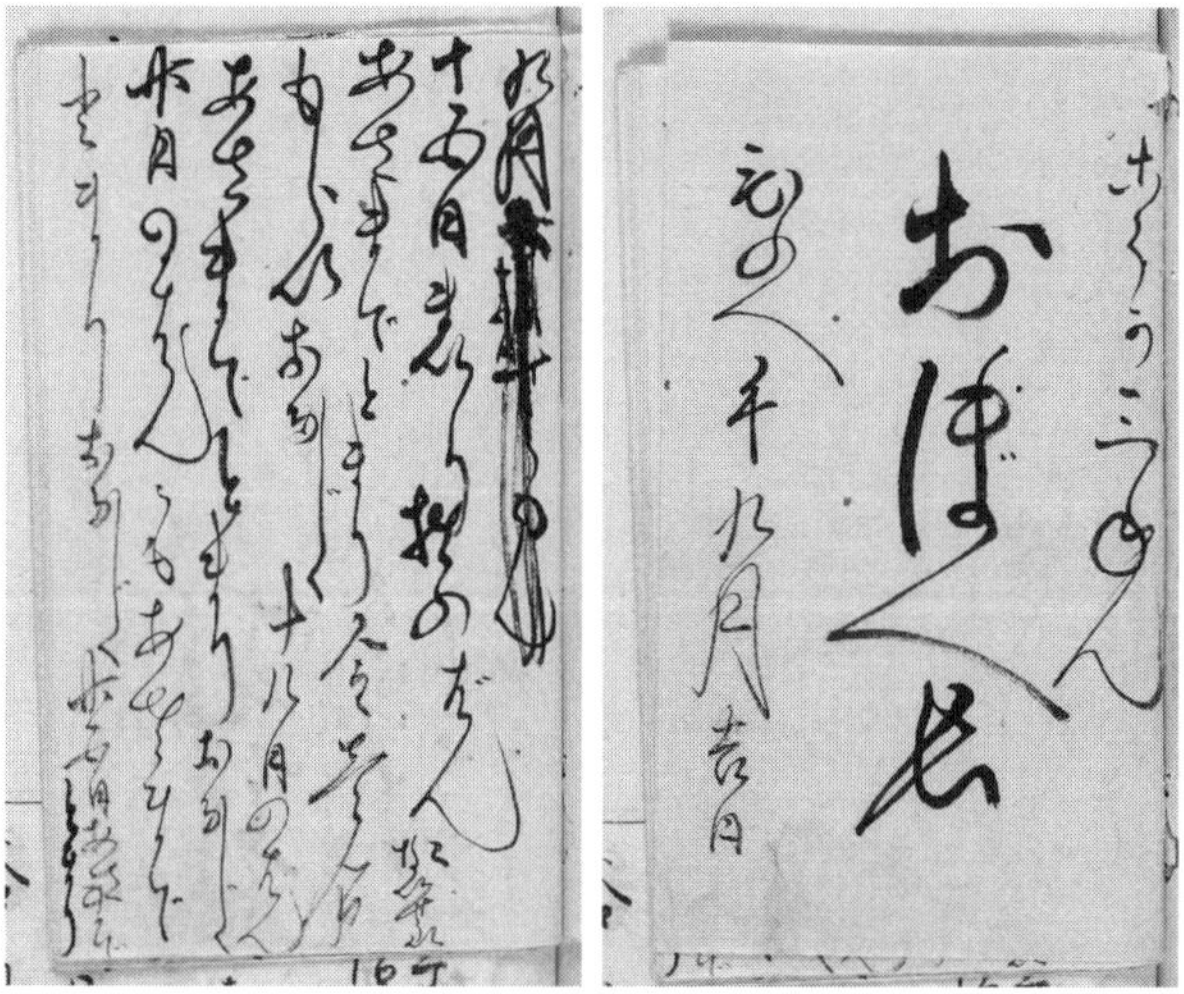

図3　I「さくら木日記　但のり入小本」の表紙と冒頭部分.
「梅本記 三(新吉原竹島記録第八冊)」(東北大学附属図書館所蔵)

ゴ・ドキュメント[20]を見てみよう。ただし、「日記」の「写」は、詳細にみると自筆のドキュメントそのものとは異なる点が多く、その差違にも重要な意味がある。そのため、本節では、自筆と「写」を区別して検討する。

【史料二】は遊女桜木の自筆の文書(図3)からの引用である。「梅本記」を作成した名主竹島仁左衛門方では、これを、I「さくら木日記　但のり入小本」と名づけた。「のり入小本」は、タテ一八×ヨコ一二センチメートルほどの小さな竪帳《たてちょう》で、そのまま「梅本記」に綴じ込まれている。表紙には「おぼへ長」、裏表紙には「梅本屋内さくらぎ」とある。本文の分量は八丁で、ほぼひらがなで書かれている。作成時期は、事件が起きる三年前の一八四六(弘化三)年九月一五日から同年一二月一七日までのとびとびの記載となっており、【史料二】は一二月三日以降の部分である(本章では、本文中に「　」で史料を引用する場合は現代仮名遣いによる書き下し文、【　】による史料の引用は原文のままとし、読みやすさのため、読点と傍注・傍線、振りがなを加える)。

【史料二】

十二月三日のばんニハ、きやくじん（客人）がふたいり（二人）ありまして、そのきやくがごろね（寝）で、それからわたしがたんな（旦那）さんニよばれ、いろ〳〵としかられまして、それから、ごろねのきやくハかいし《返し》てしまいと、だんながいゝますから、きやくのいうニハ、そんならば、あつらへもの《誂え物》するから、きやくニしておくれと、いろ〳〵ながとん《男性奉公人の名》をたのみ、ハけをいつてあやまりニやつても、りうけん《了簡》しずニきやくをかへし、それからわたしをずくニはだかニして、はこニかけておき、あさまでねかさづニしばつておきましたよ、そしてそのあしたもおまんまも[redacted]《塗りつぶし》たべさせづニ、四日のばんかたまで、はこニかけておきまして、それからひのくれかたニ、よふ〳〵なハ《縄》をほどき、すぐみせ《張り見世》いたしましたよ、十四日ニハおちやをしき《お茶を敷》、よのあけかたまでへやニおき、それからよのしら〳〵あけて、七さんという人が、あしたのしまいきんがはいるならば、ねかしてやろふといつたゆへ、わたしもいろ〳〵とハけをはなしで、ねかしてもらいましたならば、そのあけかた、十五日のあさ、おちやをしいてねたといつて、かんべや《髪部屋》のたかいとこからあし《足》ニてけをとし、それからまた、ないせう《内証》へよひ《呼び》すハらせ、あしニテよこがを《横顔》おけり、それニまたをなじく《同じく》、あしニてこしをけりましたよ、十七日のばんニハ、八ツじぶんニみせニおりましたならば、だんなのゆうハ、こんや[redacted]みせニいるものハ、きふ《今日》をものび《物日・紋日》をしるまいといつて、おせいて《教えて》やるからこつちいこいといゝますから、わたしも、しつニまつてないでも、すハれといいハれるがいやだゆへ、にした《二朱》してかり《仮》じまい《仕舞》ニしま[redacted]したよ(21)

右の「日記」によると、一二月三日、遊女桜木は、二人の客がごろ寝だったこと、お茶を引いたのに部屋で就寝したことなど(22)を理由に、箱に懸けられる（身動きできないよう縛り付けられる）などの厳しい折檻を受けたこと、「ものび《物日・紋日》」による仕舞金の加重な賦課にたいして、桜木が暴力を怖れて自身で仕舞金を負担してやり過ごしたことなどが記されている。前項でみた事件の要因のうち、暴力、不当な仕舞金などの証拠となると町役人が考え、筆写もせずに丸ごと綴じ込んだものとみてよい。

桜木が「おぼへ長」と自ら記したこの記録の特徴は、第一に、日付と表題、裏表紙の「梅本屋」という屋号のほかは、ほぼひらがなで書かれていることである。またその字体も、一音についてほぼ一文字と決まっており、使用される文字の種類は、いろは四七文字と日付に用いる漢字など合計六〇文字程度に限定されている。近世では、たとえば、「た」という音を表わすかな文字に「太」、「多」、「堂」などの漢字を崩した字体の異なる変体仮名を用いるように、一つの音にたいしてさまざまな漢字を母体とする複数のひらがなを用いるのが通例である。しかし、桜木の場合、「た」は「太」の崩し字、「く」は「具」、「ひ」は「飛」といった具合に、一音＝一種類の文字にほぼ限定されている。つまり、桜木は、ひらがなが書けるとはいっても、ほぼ最低限の数のひらがなと漢数字等を覚え、それによって「おぼへ長」を書いているのである。

また、第二に、「おぼへ長」では、文と文の論理的な接続を示す語が乏しい点も特徴的である。動詞の連用形の繰り返しと、「それから」という時間の継起的展開を示す語によって、「〜し、それから〜、それから〜」という形で、時間的推移にともなって起きたことを書き継いでいく文体では、「〜なので」「しかし」「そのため」といった順接、逆接や理由などを示す接続語はわずかに用いられるにとどまり、近世の候文でしばしば使われる「〜候得共」「候故」といった文と文の連関を明示する接続語は皆無である。

第三に、桜木の「おぼへ長」は、発生した事実を時系列によって叙述するが、複数の文を、一定の論理を内包したまとまりとみる意識、すなわち文章全体を構造的に捉える意識を欠いており、近世社会において広く流布していた「一つ書」という書式がまったく用いられない点にも注目したい。「一つ書」とは、一定の内容のまとまりに即して改行し、段落を改める際に「一、」と起筆するもので、公文書はもちろん、私的な書簡類でも用いられる。時には、一項目の中をさらに一つ書で区分しアウトラインのレベルを重層化するような用例もみられる。いいかえれば、一つ書の有無とは、書き手が文章全体の構造を意識しているのかどうかを示す指標とみることができるといえよう。さらにいえば、文章の構造を意識して書くという行為は、何のためにその文章を書くのか、すなわち執筆意図にも直結する問題であり、執筆意図が明確でない場合、明確な構造をもった文章は書きにくい。「おぼへ長」の書き手である桜木が「一つ書」を知っていたかどうかは不明だが、「それから」「そのあした」などの接続語を用いて時系列に沿って区切りなく語っていく文章には、「一つ書」という書式はなじまないであろう。

このようにみてくると、桜木がなぜ「おぼへ長」という文章を綴ったのかは、「おぼへ長」の文章を読むだけでは見えにくいが、桜木の執筆意図は次節で改めて検討することとし、ここでは文章表現上の四つ目の特徴として、「おぼへ長」における話し言葉の多用という点を指摘しておきたい。

話し言葉の多用は、「おぼへ長」だけでなく、他の遊女の「日記写」においても共通して見られる表現上の特徴である。【史料二】にあるような、「ごろねのきやくハかいしてしまい」、「そんならば、あつらへものするから、きやくニしておくれ」といった話し言葉の直接引用は、小説などを除けば、近世文書では稀である。遊女の「日記」がこのような特徴を持つのは、意図して書いたのではなく、遊女たちが、それ以外の方法で現実を表現する術を持たなかったからではないか。

たとえば、前述の引用文中の、「そんならば、……」以下の部分を、近世の通常の文章語で記すとすれば、〝客は見世に居続け度き故誂え物《（酒食）》を致し、（私儀も）訳を申し謝り呉《く》れ候様長どんを《（に）》頼み候えども、旦那は了簡致さず客を帰し〟などの接続語（傍線）を用いて表現することになろう。しかし、このような客の行動を記し、自分も努力したにもかかわらず、（旦那は）納得せず客を帰したという事態の展開を記すためには、接続語の使用や複文のような一定の文法の習得が必要である。おそらく桜木には、そのような文法や文体の習得の機会はなかったとみてよい。また、一定の論理構造をもつひとまとまりの文章を書くことができなければ、一つ書や段落も用いにくい。いいかえれば、桜木の「おぼへ長」は、文法や文体を意識して著す文章語とは異なり、話し言葉によって自己と自己を取り巻く世界を紙の上に書き記していった記録なのである。

しかし、このような表現技術の欠落は、桜木自身の言語世界の貧困を意味しているわけではない。【史料一】の冒頭の短い文は、帰りたがらないごろ寝の客と、そのような客をさっさと帰して儲けのあがる新たな客を取らせようとする旦那の間で板挟みになり、右往左往する桜木の姿を彷彿させる。おそらく桜木は、同情したり、舌打ちしたり、泣きたくなったりといった込み上げる種々の感情を、声に出し、あるいは心中でつぶやいたり、毒付いたりしながら行動したのであろう。しかし、そのような桜木自身の思考や感情が直接に表現されることはなかった。その意味で、「おぼへ長」と題されたI「さくら木日記　但のり入小本」は、自己と他者の行為・行動の記録であり、それぞれの行動の意図や理由、因果関係といった行動・行為の背後にある諸要素も、耳に入ってきた話し言葉そのもの、すなわち「言葉が発せられたという事実」を通して著された文書なのである。

話し言葉と書き言葉――遊女の「日記」と町役人の「日記写」

前項では、桜木の「おぼへ長」の表現の特徴をみてきたが、本項では、「おぼへ長」のような遊女の「日記」と、それを町役人が筆写した「日記写」を比較することで、話し言葉と書き言葉の接点、すなわち話し言葉が書き言葉に転換しリテラシーが実際に表現されていく起点について検討したい。

考察の前提として、著者桜木が「おぼへ長」に書くという行為をどのようなものとして認識していたのかをみておこう。

「おぼへ長」は、日常のおしゃべりのように、それから、それから……とつないでいくような、話し言葉の延長にある表現である。しかし、桜木自身は、文章語の基礎知識を欠いてはいるものの、「書く」ことを、話すこととは質の違う行為として意識していたとみられる。

前掲【史料一】にもあるように、「おぼへ長」には、「すぐみせいたしましたよ」「みせニおりました」といった、丁寧な表現が多用されている。しかし、「梅本記」全体を見る限りでは、遊女たちの日常の話し言葉の世界は、もう少し勢いのある、荒っぽいものだったとみてよい。たとえば、町役人が筆写した遊女豊平のF「日記写」を見てみよう。【史料二】は、豊平が窮地に陥った玉芝一件という事件（後述）に際して、まわりの遊女たちが玉芝という若い遊女を責め立てたときの状況を示す部分である。

【史料二】

（玉芝の）つら（面）かにくいと言て僅も構てやらす、夫《それ》から、弐百文小遣ひをほんとにお前に遣て豊平さんが迯《にが》したのがうそか、夫をほんとに白状した事なら、皆て紙も買てやろふ、豊平さんにもお芋でも買て貰つて遣るから、ほんとに言へと言て……（下略）(23)

引用文中の「やろふ」「小遣ひ」「言へ」といった送りがなや漢字の使用は、町役人が筆写の際に書き改めたものとみてよい。折檻のため豊平が瀕死の状態に追いこまれた緊迫した状況下で、遊女たちが玉芝を問い詰める言葉は、厳しい。「つらかにくい」「お前に遣て」「紙も買てやろふ」「ほんとに言へ」といった遊女たちの日常の言葉遣いは、桜木の「おぼへ長」にみる「いたしましたよ」「みせニおりました」「ねかしてもらいましたならば」といった表現とは明らかに異なっている。一般に、書き言葉（文章語）は日常の話し言葉よりは丁寧に表現するものだという通念があるとすれば、桜木は、文章語を身につけていないにもかかわらず、そのような書き言葉の通念を意識して書いているのである。最低限のひらがなと漢数字を覚えた桜木が綴る「おぼへ長」は、一見、話し言葉をそのまま文字にしたようにも見えるが、桜木にとって精一杯の丁寧な表現であり、書き言葉だったのではないか。いいかえれば、「おぼへ長」という遊女の「日記」は、人が文字を獲得し、声による話し言葉の世界から書き言葉の世界に足を踏み入れていくその瞬間を紙の上に固着したエゴ・ドキュメントであり、リテラシーの起点を示す史料なのである。(24)

しかし、一方でこうしたリテラシーの誕生の瞬間、起点のレベルにある文章は、事件の取調べや調書作成の必要から遊女の「日記」すなわちエゴ・ドキュメントを書き写した町役人たちの目には奇異なものに映ったとみられる。定型化した表現や型を多用する書き言葉としての近世文書に慣れ親しんだ町役人たちが裁判資料として作成した「日記写」をみると、町役人が、遊女の「日記」をきわめて判読しにくいものとして捉えていた様子が窺える。そこで、遊女の「日記」と、そのような町役人による「日記写」を比較し、遊女の「日記」の性格をさらに明確にしておきたい。

桜木の「おぼへ長」は、梅本屋の横暴な経営実態の傍証として「梅本記」に綴じ込まれたもので、時間的にも放火の三年前の記録であったが、町役人が筆写した桜木のG「日記写」は、梅本屋佐吉が揚屋町小格子から京町一丁目に移転して以降、放火事件にいたるまでのかなり長い期間の記録である。おそらく原文は、「おぼへ長」と同じひらがなと漢数字だけのものとみられる。次に引用するのは、その「日記写」の冒頭部分である。

【史料三】

新吉原京町壱丁目半兵衛地借遊女屋
梅本屋佐吉抱遊女桜木日記写

一、八月之廿六日之七時ニ越して来て、九月之廿九日見セ開きで、廿八日之晩ニ惣助さんと又兵衛さんが口を聞て、旦那から金を壱両弐分かりて貰ひ、夫から直クニ其金を内証え入、手とり壱両借た内で、人にも借を返し、小紋之着物を買、夫から其着物を都合が悪い故、九月之十四日之晩ニ質置、夫から又九月の廿三日之あさ、着物を質ニ置たと言て、箱ニ懸てしはり、夫から昼時分ニおもふ頃に、吹竹てぶち、私も年季ヲ入て着た着物故、質ニも置たのだが、夫を朝から飯も食すニ縛つたりふたれたりされる事は有まいと思ひ、腹が立から泣ましたならは、声を出したと言て、又若い旦那が又ぶちましたから、誠ニ〳〵腹か立て仕様がない、夫から福岡さん、余り縄が強いから少しゆるめて貰ふたらバ、仕置ニならぬと言て、縄をきつく〆(直カ)置し、晩迄縛て置ましたから、日入七ツ半頃ニ眼をまハし、夫から小ひなと申傍輩が気付を呑セて呉、夫から漸気が付、夫から晩方ニ成てから、豊平さんといふ傍輩と福岡さんが詫言ニ立て呉て、夫から日の暮方ニ縄をほとき、見世へ出、夫から霜月の廿三日之晩ニ茶之博多之帯を盗出して、福次(禿の名)に頼ミ壱両の質に遣、夫から福岡といふ傍輩と豊平といふ傍輩と寄場へ来て、帯を質ニ遣りハ仕ないかと聞候ゆへ、私が質ニ置ましたと申候得は、其時もあさから晩方迄箱ニ掛られ……(中略)……夫から惣助さんが仲え這入て箱ニ懸た縄をほとき、夫から腰縄ニして十二月之廿日から廿五日迠腰縄ニして置、廿日之日ニは一日食すニ置……(下略)[25]

右の引用部分では、京町一丁目移転後、遊女桜木が、新規開業に備えて、見世の男性奉公人とみられる惣助、又兵衛の仲介で旦那梅本屋佐吉から一両二分借金をした事情が記される。その金で、借金を返したり小紋の着物を買ったりしたこと、また、半月も経たないうちに着物を質に入れたとして激しい暴力をうけ、傍輩《ほうばい》(仲間)の助けで正気にかえり張り見世に出たことまでが、一連の動きとして書かれている。さらに、「夫から」という接続語により、一一月二三日に話が飛び、桜木が、禿の福次を使って帯を質に置いたとして箱に懸けられるという展開が綴られる。引用の冒頭にもあるように、遊女が見世に出る際の着物や帯を質入れすることを佐吉は厳しく咎めており、桜木は、自分の帯を禿に取り出させてこっそり質入れしたことを「盗み出し」とも表現している。しかし、そのような行為の背景にあったのは、仕舞金をはじめとする佐吉の遊女に対する金銭的抑圧であった。その後、福岡ら傍輩のとりなしで緊縛は解かれたものの、箱にかけて尻を弓の棒で四、五十打たれ、腰縄の状態で食事もとらぬまま数日を過ごしたことが記されていく(26)。

以上が引用部分の概略であるが、まず、桜木のG「日記写」と桜木のI「おぼへ長」との差違、すなわち遊女の自筆と町役人の写の違いを、リテラシーの差を意識しながら整理しておこう。

桜木の「日記写」は、自筆の「おぼへ長」と大きくは異ならないが、一つは、ほぼひらがなだけの原本にたいして、町役人が漢字を多用し読みやすく筆写していること、もう一つは、順接、逆接など、文と文の連関を示す接続語の欠落、文の区切りや段落、一つ書等の文章全体の構造への意識の乏しさを補うために、筆写者が若干の加筆や書き換えを行っている点が注目される。

たとえば、「日記写」には、「都合が悪い故、九月之十四日之晩ニ質置」とか、「私も年季ヲ入て着た着物故、質ニも置たのだが」といった接続語が挿入され、桜木なら「わたしがしちにおきましたといつたなら」と書いたであろう箇所を、「私が質ニ置ましたと申候得は(言ったので)」とするなど、文章語も紛れ込んでいる。このように、「日記写」には、筆写者である町役人のリテラシーのレベルが反映されており、【史料三】引用冒頭の一つ書も、おそらくは、筆写を始めるにあたり、原文(桜木の日記原本)にはない「一、」という一つ書を、町役人が習慣的にまず記してしまったのであろう。

町名主竹島らが筆写に際して直面した困惑の跡は、他の遊女の「日記写」にも残されている。次の史料は、H「小雛不要之日記写」の抜粋であるが(27)、梅本屋の実態を示す参考資料として筆写され、全部で一八丁からなる。筆跡から見て、四ないし五人ほどで分担筆写したとみてよい。引用部分は、梅本屋佐吉が京町一丁目福伊勢屋を買収して移転した際の記事である。

【史料四】

申八月廿五日乃夜、福伊世の主人、梅本へ売渡したやら。どうしたやら、七ツ過に髪部屋に寝ているものを。ミなお起し、お客でいるものもミなよひ集て。此度おたかひの不仕合つゝき、梅本さんへおたのミ申たから、これからハ格別ニ骨を折てくんなといゝわたして、其場を立てしまい。とうゆうわけかきこふとおもつて待てとくらせと。主人ハこず、下へいつて様子をきこふと思つて。下へきて見れは。もう主人ハ不居、どうゆうわけか。わからすに。皆不思議に思つて居たなら　○廿六日に、梅本の主人引移り、肝をつぶし主人におきさりに逢、其よしをいろ〳〵にいつたけれと、死人口なしのようふなわけで。しようふがなく　○廿六日の朝、冷飯になすの香このくさつたので中々くわれす、夫故、めし《ママ》にでないていたなら。たとへまづくつても、主人のくわせるもの、なぜくわないでいて買喰をすると小言をいつて、しよふがないからおまんまに。いけハ《行けば》、一せんくつて、二ぜんの飯になると、ねていてもおきてきて、たんと喰て、早々しまへと。小言をいふゆへ。とんなに腹かへつても、跡を給よふといふわけもいかず、ひもじひ腹をかゝえてハ、さんだんをしてハ飯を買てくひ。……（下略）[28]

右の史料からは、梅本屋佐吉の買収による京町への移転は、家ごと、抱え遊女ごと買いとるというすさまじいものだったことがわかるが、右の文の所々には、「○」や「。」が挿入され、区切りのない文章をあえて区切り、整序しようとした跡がみられる。おそらく、個々の筆写者の判断で挿入されたことによるため、別の筆跡には、「○」などはみられない。証拠として筆写資料を作成する以上、より原本に近いことが求められたはずではあるが、一定の文章語の規範に従って記すという書き言葉の原則に立つ町役人層の困惑が、このような差違のある「写」を生みだしたのであり、前項でふれた遊女のリテラシーの特徴を逆に照射している。

以上、遊女のエゴ・ドキュメントの特徴を、町役人のリテラシーとも比較しながら検討してきた。しかし、本節の検討からは、なぜ遊女が「日記」と呼ばれるようなエゴ・ドキュメントを記したのかは見えてこない。梅本屋抱え遊女たちは、日々の売春や生活上必要とは考えられない「日記」を、なぜ書くのか。次節では、この点に絞って検討したい。

三　なぜ遊女は「日記」を書くのか

「梅本記」には、前節でみた桜木、小雛のほか、重本、静、豊平の合計五人の「調書」や「日記写」が収録されている。そのなかで、桜木、小雛のほかに、もう一人「日記写」があるのが遊女豊平である。本節では、この豊平に注目し、豊平が放火を決意する推移を追い、遊女が「日記」を書くことの意味を考えてみたい。

文字をめぐる環境とジェンダー

まず、遊女たちが「日記」と呼ばれるような記録を記すことは、特殊な事例ではないことを確認しておく。

「梅本記」には、桜木、小雛、豊平、重本、静の五人の遊女に関わる証言や資料が含まれるが、そのうち「日記」「日記写」を書いている遊女は、前述の通り、桜木、豊平、小雛の三人である。残る重本と静の二名の遊女がそのような文章を記したかどうかはわからないが、「日記」を書く者の割合から見る限り、書くこと自体は、新吉原遊廓の遊女たちにとって日常的な行為だったとみてよい。

遊女が筆を手にし、手紙や板本を読んでいる姿は、浮世絵などに数多く描かれるが、「梅本記」においても遊女たちが日常的に文字を書いていることが確認できる。たとえば梅本屋では、客がない遊女は、「起番」といって、一晩中寝ずに内証で番をすることになっていたが、「此夜右の通り客これ無く候間、手紙にても認めながら起番いたし申すべき積を以、私外弐人二階へ揚り候処」（B「小ひな申口」[29]）、「八ツまで内証の前へろうそくを付けて、手紙をかこうと硯箱をもってきて、かこうと思ったなら」(H「小雛不要之日記写」[30])のように、遊女たちは、日常的に客などへの手紙を書いており、筆墨紙は常に身近にあった[31]。小雛は、小見世福伊勢屋抱えであったが買収によって梅本屋抱えとなった遊女で、そのリテラシーの特徴は前節で見たとおりであるが、小見世という新吉原の中級ランクの見世でも書簡を書くことは日常の行為であったのである。今日残存する遊女の客宛の書簡の多くは、ひらがなによる定型的なものである。梅本屋の遊女たちも、稚拙な文字ではあれ、同様の書簡を書いていたとみてよいだろう[32]。遊廓において、遊女が文字を書くこと、特に客にあてて手紙を書くことは肯定的に位置づけられていたことも、遊女が文字に親しむ背景になったとみられる。

さらに、ひらがなのジェンダー的性格が、書くという行為を容易にした点も指摘しておきたい。近世の一般的な文体である候文は一定数の漢字の習得を必要とし、公的な場で用いられるがゆえに男性性を帯びているのにたいして、ひらがなを女性の文字とみる意識は、近世に限らず日本の文字文化のなかに深く根付いている。また、表音文字であるひらがなは、漢字に比して、日常の話し言葉を再現するのに適合的でもある。近世において、男性がひらがなだけで文章を書くことは特別な場合を除いて躊躇されたと思われるが、遊女を含め、女性は、女性性を帯びたひらがなで文章を書くことに抵抗はなかっただろう。

とはいえ、書くことが日常的な行為であり、書くための環境や条件があったとしても、だれもがエゴ・ドキュメントを著すわけではない。遊女たちにとっても、営業用に客宛の書簡を書くことと、「日記」を綴ることには、異なる意味があったはずである。遊女たちは、なぜ「日記」を書くのか。「日記」を書く理由を端的に記した史料はないため、以下、「日記」の内容から、その理由を探ってみたい。

遊女豊平の「調書」と「日記写」にみる放火とその経緯

一九世紀新吉原で放火事件を起こした遊女たちは、ほとんどは遠島(島流し)に処せられたが[33]、放火は本来、火刑の可能性もある重罪である。第二節では、劣悪な待遇、暴力、仕舞金強制を放火の三要因として挙げたが、放火に至るまでには、一六人の遊女それぞれの一括りに捉えきれない固有の理由があったであろう。とすれば、その事情は、裁判の証拠とされた写を含む「日記」にも、何らかの形で反映されていると思われる。また、本章冒頭でも触れたように、エゴ・ドキュメントを書くという行為そのものが、書く者の自己形成と深く関わっているとすれば、放火にまで踏み込んでいく遊女の内面の変化と、遊女たちが「日記」を書くという行為との間になんらかの連関がみられるのかについても検討すべきであろう。本節では、これらの点を、「日記写」の残されているもう一人の遊女豊平の事例からみていきたい。

まず、豊平の生い立ちと梅本屋での位置を瞥見しつつ、遊女たちが放火し自首するという行動に至った経緯を、あらためて確認しておこう。

豊平は、町役人が作成したE「調書」[34]によれば、本名かめ、加賀金沢に生まれ、一八三〇(天保元年)、両親と共に江戸に出府し巣鴨で暮らし、その後、梅本屋佐吉が根津の門前町で局見世を営んでいた一八三五(天保六)年、一三歳で一五年季、給金八両の酌取《しゃくとり》奉公(酌婦の名で非合法売春を行う奉公)に抱えられることになった遊女である。以来、梅本屋が京町一丁目小見世に移るまでの一四年間、梅本屋に奉公し続け、一八四八(嘉永元)年には、「吉原細見」記載の梅本屋抱え遊女の筆頭に位置している(**表1**)。翌年、佐吉が京町一丁目に移転し福伊勢屋を吸収して一挙に経営を拡大した後も、旧福伊勢屋の筆頭福岡らに次ぐ旧梅本屋抱え遊女のなかの上位の位置にあった。「吉原細見」の序列は、特に根拠や定めがあったわけではなく、おそらくは楼主の意向如何で決まるものだったとみられ、序列は楼主が遊女間の競争意識を煽り管理する手段としても位置付けられていた。そのような序列の筆頭にある遊女は、同時に遊女集団の統率的役割も負っていたとみられる。

福岡や豊平のような筆頭の遊女の役割は、前節でみた桜木の「日記写」の記事からもみることができる。たとえば、桜木が佐吉から借りた金で買った着物を質に入れたとして厳しい折檻を受けた際には、「豊平さんという傍輩と福岡さんが詫言《わびごと》に立ってくれ、それから日の暮方に縄をほどき」と、豊平らが佐吉と遊女の間に立って仲間の遊女をかばう動きを見せる一方、桜木が再び帯を質に入れた際には、桜木にたいして豊平は福岡とともに、「帯を質に遣りはしないかと聞」き、桜木はその結果、再び折檻を受けた。つまり、豊平は、旧梅本屋抱え遊女の筆頭として同じく旧福伊勢屋抱えの遊女グループの筆頭福岡とともに、佐吉の行き過ぎた対応に対して傍輩をかばう一方、佐吉の意を受けて仲間の遊女を問い糺すこともあり、遊女屋と遊女集団の間にあって、遊女を軸とする見世内の安定を図る位置にあったといってよい。豊平が梅本屋の抱え遊女として生活した期間は足かけ一四年に及び、梅本屋の過酷な処遇は熟知していたであろう。豊平は、それでも梅本屋での奉公をまずは受容し、遊女たちのまとめ役といった役割を担っているのである。町役人たちは、「調書」類のなかで豊平を「重立《おもだち》」(35)、すなわちリーダー格と評している。

では、このような豊平が放火事件に参加したのは何故なのか。豊平の「調書」と「日記写」によれば、直接の契機は、放火の二年前に起きた、玉芝という遊女をめぐる佐吉の謀略であった。

佐吉は、豊平の年季が一八五〇(嘉永三)年に明けることを見越して、その三年前の一八四七(弘化四)年九月、一計をめぐらせた。梅本屋から逃亡しようとした遊女玉芝を捕らえたのを機に、玉芝にたいして、豊平から銭をもらい、逃げるようそそのかされたという偽りの証言をするよう迫ったのである。逡巡する玉芝にたいし、「その通り申さず候らわば、取り計らい方これ有るべしとげんのう(大型の鉄槌)を以って、玉芝頭を弐つ三つ打」ち、苦痛に耐えかねた玉芝が、豊平から二百文もらい受けて逃亡を図ったと偽りの証言をすると(36)、翌日、佐吉は、遊女全員を呼び集め、その眼前で豊平を「強折檻」した。豊平は、他の遊女の取りなしで、年季を二年延長しようやく縄を解かれた。この事件を、玉芝一件と呼ぶこととする。佐吉は、筆頭の、見世内の統率という点でも得がたい遊女である豊平をなんとしても確保しようとしたとみてよい。

一方、豊平は、事件の原因となった玉芝一件から折檻に至る状況を次のように詳細に記している。

【史料五】

未《ひつじ》九月十四日、玉芝とゆふ子供が迯《にげ》て、同十月三日之晩、漸《ようやく》さかして連て帰り、其夜は内々其子をだまし、豊平が小遣を二百文くれて迯したといゑ、そふすれバ手前はふちも敲《たたき》もしない、入用《いりよう》も懸《かけ》ないから、なんでも豊平が迯したと言へと旦那ニいわれ、其子も苦しい思をするより其方がよいとおもふたゆゑ、豊平さんニ小遣ひを弐百文貰つて、迯ろといつたから夫て迯たと言、私は夢にも知らぬ事、四日の朝、内証て皆遊女一同ニ呼、旦那之ゆふニは、玉芝を迯したのは、豊平が小遣を弐百文遣つて迯したそふだ、ふといやつだと、直ニ私壱人髪部屋の奥之明店え連て往て、箱ニ懸て其儘はらばいニして、弓の棒て四十五、六斗《ばかり》〆《しめ》、夫から又縄を結て、えり首や手のくびれる程箱に懸て〆上ケて、暮方迠飯も不喰、湯も茶も呑ませすニ〆つけられ、既ニ死ぬ所を、くやしい一心て眼もまハさず、日の暮方に傍輩玉つたが詫言ニ言たなら、旦那の言には、ヶ条年季を入たなら縄を免《ゆる》して遣るが、ヶ条年季を入なければ、吉原之きく（規矩）がはづれると言つたいふて参り、私も苦しみは被替《かえられ》ず、夫ゆへヶ条年季ヲ入ますと言て詫言して貰ひ、夫てなければミす〳〵死て仕舞ゆへ、縄を解てからと思つてそふ言て……[37]（下略）

「重立」として遊女たちからも一目置かれてきた豊平が、その眼前でとりわけ過酷な折檻を受けるという事態は、豊平の心身を深く傷つけ、遊女たちにも恐怖を与えたであろう。同時に、この謀略事件は、豊平や遊女たちにある転機を与えることにもなった。

【史料五】に明らかなように、豊平が折檻に耐えたのは「くやしい一心」からである。長く遊女として生きることを受け入れてきた豊平にとって、おそらく仕舞金の未達成や自らの落ち度によって折檻を受けることは受容していたのではないか。しかし、思い当たる節のない虚偽の証言によってそのような目にあうことは、「重立」である豊平にとって承服しがたい辱めであり、「日記写」からは、このような不当な扱いによって死んでたまるかという思いが噴き上げたことが窺える。同様に、遊女たちも、怯えて萎縮したわけではなく、【史料二】で見たように、事件の原因となった玉芝を問い詰め、真実を白状させた。これらの一連の経緯を記した後、豊平は、玉芝一件の顚末を、次のように結んでいる。

【史料六】

玉芝がいふには、豊平さん、是斗《こればかり》は口が腐つても旦那へ言ておくれでない、お前が是をゆふと私が殺されるかも知れないからと言たから、私は決而そんな事ハいわないから、ほんとの所ヲ咄してお聞せと言たなら、おまへが小遣ひを弐百文くれて逃がしたといへば、ふちもたたきもしないからと、旦那か呉々も言付たから、無拠《よんどころなく》そふ言たのて有ますと、私ニ白状しました(38)

豊平の「日記写」は四丁分、一二〇〇字以上あるが、そのうち玉芝一件に関わる記述が三丁半を占め、右の引用はその最後の部分である(39)。豊平の「日記写」も、接続語を欠き、動詞の連用形により事態の推移を時系列に沿ったかたちで、ほとんど区切りなく記されている点は、他の遊女と共通している。同時に、豊平にとって、そのような書き方で事件の顚末を書き綴っていくことは、絶望をもたらしたものの構造を、時系列を追って明瞭に認識していく過程となったであろう。そして、佐吉の謀略の全体像を摑み、「そうだったのか」と得心したとき、豊平は、はじめて「私に白状しました」という強い断定的結語で文章を閉じた。豊平にとって、それは、身売りされて以来、十数年間自分が生きてきた遊廓という場が、不当な暴力が否定されることのない空間であること、自らの身体が商品であり、その生殺与奪の権は全面的に他者に委ねられていることを、改めて深く思い知らされた瞬間だったと思われる。遊女として生きることをそれなりに受容し、筆頭の遊女としてふるまってきた豊平は、ここに至って、そのような運命を受容し続けるのかどうかを改めて問わずにはいられなかったのではないだろうか。豊平が放火事件に参加していく過程には、このような豊平自身の内面の葛藤があったとみておきたい。

他の遊女たちの詳細を知ることはできないが、それぞれの年季や身代金、親元や人主との関係、あるいはそれまで受けてきた折檻の程度など、放火に参加した理由はさまざまであっただろう。しかし、放火に参加しないという選択も含め、この放火事件は、幕末江戸の最下層の女性たちが自己の経験を通して自らが生きる世界を理解し、熟慮した上で起こしたものであり、暴発的な事件ではなかったことは明らかである。

書くことの意味

では、そのような内実をもつ放火事件と、新吉原遊廓の遊女たちが「日記」を書くことのあいだにはどのような関係があるのだろうか。日記の存在自体は、裁判資料として用いられていることからも疑いえない。とはいえ、近世の下層の女性が、自己の経験を「日記」のような文章で記録するという状況は、一般的には想定しづらく、かなり特殊な現象である。書くことが身近な行為であったとはいえ、遊女たちは、なぜ「日記」を綴ったのか。

(1)「日記」の内容と書くことの意味

見てきたように、遊女たちの「日記」の特徴は、実務上の必要に基づく記録ではなく、文字が帯びるジェンダー規範のもとで、ひらがなによって書かれた経験の記録であること、また、話し言葉を多用し、時系列に沿って自己の経験を継起的展開として記すという表現上の共通点をもっていること、さらに、近世の文章表現の定型からはずれるが、文章語であるという意識をもって書かれたものであった。また、梅本屋は新吉原では小見世の部類であり、環境や能力に恵まれた高級遊女による例外的な行為としての「日記」でないことも明らかである。これらの点を念頭に、まず、豊平の「日記写」、小雛の「日記写」、桜木の「おぼへ長」がいつ書かれたのかを考えてみたい。

【史料五】【史料六】で引用した豊平の「日記写」は、玉芝一件に関して、「未九月十四日、玉芝とゆう子供が逃て、同十月三日之晩……、四日の朝……、十八日から十一月の八日迠、腰縄て……」と、日付から書き出す部分が四カ所ある。しかし、読んでいく限り、九月一四日、一〇月三日の晩、四日、一八日と、その日ごとに書いたとは考えにくく、玉芝の逃亡から真相発覚までを、文中に日付をいれながら、どこかの時点でひとまとまりの文で記したものと見てよい。すなわち、出来事や感想を一日ごとに、その当日または接近した時点で記録していく日々の記録ではなく、ある時点で一つの事件をめぐる経験全体を振りかえり、まとめて記したのではないだろうか。この点で豊平の「日記写」は、通常「日記」と呼ばれるような文章とはいいにくい。しかし、そのような書き方にこそ、遊女が書くということの意味が示されている。

玉芝一件は、豊平にとって、何らかの形で表出せずにはいられない過酷な経験として深く心身に刻まれたはずである。この事件の後、遊女一六人が共謀して放火に及ぶまでには二年近い時間が経過しており、その間に、遊女たちが人目を盗んで合議を重ね、放火の意志を固めていったこともいくつかの記事から窺える。とはいえ、過酷な経験や極度のストレスを味わった人は、それを梃子として、すぐにそのような次の行動に踏み出していくのだろうか。むしろ、まずは内に抱え込んだ心身の苦しみを外に吐き出すことが切実な欲求となる場合も多いだろう。

しかし、遊女たちにとって、新吉原という閉じられた空間のなかで、自らの経験を存分に語ることができる相手や場は、案外少なかったと考えられる。「吉原細見」にみるように、遊女たちは日常的に競争的な環境に置かれており、遊女同士であっても、胸襟を開くことができる相手かどうかは容易には決めがたく、場合によっては裏切られる危険もともなったと思われる。また、豊平のような「重立」の遊女が他者に胸中をうち明けたとしても、それが真に共感をもって受け止められるとは限らない。豊平にとって、精神の崩壊を招きかねない暴力の下、噴きあがる感情を表出する術は、書くことを除いて、思いのほか乏しかったのではないか。自己の経験した事実をひらがなのみで記す豊平の「日記写」は、誰かが読むために書くのではなく、書くこと自体を目的としているかのような激しく強い感情に裏打ちされている。

一方、前節でみてきた桜木の「おぼへ長」や「小雛不要之日記写」は、どのような事情で、いつ書かれたのだろうか。この二つのエゴ・ドキュメントは、豊平に比べて、日々の記録という通常の「日記」に近い形式と内容をもつ(40)。小雛は、まず日付を記し、続いて、朝夕二度の食事の内容をほぼ毎日記し、その合間に、徳さんという馴染みの客が(41)来てくれたこと、小旦那(佐吉の息子)の折檻を傍輩吉里のとりなしで辛くも回避したこと、あるいは逆に厳しい折檻を受けたことなど、日々の出来事を書き綴っていく。つまり、小雛の「日記」は、その日ごとに書く通常の「日記」の形式に近く、町役人が遊女たちの文章を「日記」と名づけたのも、そのような事情によるのであろう。桜木の「おぼへ長」も小雛の「日記」に近似している。

では、このような、豊平の「日記」とはやや趣を異にする「日記」を、小雛や桜木は、なぜ書いたのか。この点についても、基本的には、豊平と同様の背景があったものとみておきたい。玉芝一件ほど苛烈ではないにせよ、遊女たちの生活は、貧しい食事や暴力への恐怖、仕舞金などの金銭的負担のなかで、常に客の気持ちを引きつける振る舞いを求められる、競争的かつ恒常的な緊張を伴うものであった。そもそも、自身の肉体を見ず知らずの他者の前にさらけ出すという日々の売春行為は、慣れたとしても、どこか緊張やストレスをもたらすものであろう。小雛や桜木の「日記」には、辛い経験だけでなく、安心できる馴染みの客が来たことや、内証で酒を飲ませてもらったこと、ときには「アサリのおしい《（汁）》」や「あったかいおまんま」を食べたことなど、日々のささやかな喜びも記されている[42]。書き方や内容に差はあれ、「梅本記」のなかの五人の遊女のうち三人が「日記」を書いており、「日記」を綴ることは遊女にとって何らかの意味があったとみてよい。そしてそれは、書くことにより、苦悩を吐瀉して心理的抑圧を取り除き、緊張を弛め精神の平衡を保つところにあったのではないか。遊女たちにとって、「日記」を書くことはきわめて切実な行為だったのである。

（2）書くという行為と主体の構築

また、書くという行為は、（1）でみたような心理的な抑圧の緩和やカタルシスという役割を超えて、遊女たちの自己形成というもう一つの意味をもったとみられる。

町役人が作成した「調書」が、「乱暴」とか「昼夜となく手荒の責に逢い」といった概括的記述を特徴とするのに対して、豊平ら遊女の「日記」は、会話を多用し、具体的な表現による経験の語りを中心とするものである。「箱懸て其儘はらばいニして、弓の棒て四十五、六斗〆、夫から又縄を結て、えり首や手のくびれる程箱に懸て〆上ケて、暮方迄飯も不喰、湯も茶も呑ませすニ〆つけられ」といった豊平の表現はきわめて具体的であり、経験をリアルに再現する力を持つ。読み返して、紙上に固着された自己と自己をとりまく環境をもう一人の自分が眺め、この過酷な環境のなかで自分はいったいどう生きていったらよいのだろうかと思いを巡らすこともあろう。書くとは、そのような経験の反芻と自己の客観化をもたらす行為であり、それが、人をその先に進ませる力をもつこともあるのではないか。

放火した遊女たちの主張は、放火後、名主に自訴するという行動によってのみ示され、誓紙においてさえ文章化されることはなかったが、一言でいえば、〝非は梅本屋佐吉にあり、自分たちは間違っていない〟という自己肯定と正当性にその核心があった。もちろん、放火に参加した遊女の数名が「日記」を書いていたとはいえ、書くことと、そのような〝正当性の主張としての放火〟とを直接的・明示的に関係付けることはできない。しかし、書くという行為を通して遊女たちが自己の経験を見つめ自らの行く末を考える瞬間があるとすれば、放火がそれと無関係であるとも言い切れないであろう。書くことだけが遊女たちの主体としての行為を生み出したわけではないが、放火は、書くことを含めた広い意味での生活全体のなかで遊女が選択した行為である。そして、おそらく、書かれたドキュメントの向こうには、豊かな話し言葉の生活が存在したのであろう。「梅本記」は、そのような遊女たちの生活と主体構築のありようを垣間見ることができるエゴ・ドキュメントである。「論理的でも理知的でもない表現こそが、語り手による自身の表現であり、その主体性を示す(43)」ものだとすれば、遊女の「日記」は、まさに主体として生きた女性たちの自己表現であった。

おわりに――遊女の集団と都市社会

遊女たちのエゴ・ドキュメントを、ドキュメント生成の起点に遡りながら見てきたが、最後に、そこから浮かび上がる遊女の集団的特質にふれて本章のまとめとしたい。

遊女の「日記」からも窺えるように、遊女たちの集団は、遊女屋と遊女の中間的位置にある「重立」の遊女を軸に、序列化、階層化された集団であった。「吉原細見」に示されるその序列は、遊女屋が遊女集団を管理・統率するうえでも効果をもったであろうが、それにとどまらず、張り見世での座順をはじめ、遊女の日常を根底から規定し、遊女自身にも深く内面化されていた。遊女たちが認めた名前だけの誓紙の記載順がほぼ「吉原細見」の序列順であることは、遊女屋に対する反抗や秩序の否定という状況下であってもその序列が機能し、遊女自身がそれを受容していたことを象徴する。

もう一つの特徴は、集団の序列がそれほど内面化されていたにもかかわらず、一方で遊女たちは、個として生きることを過大に要求される存在だったことである。家の内部で生きた近世の多くの女性たちとは異なり、遊女たちは「身売り」によって家から切り離され[44]、競争的環境のなかで常に自己の位置を意識し、また仕舞金をはじめとする過酷な経済的負担の管理をも一人で負っていく存在であった。本章で見てきたように、少なからぬ遊女が「日記」を綴り自己と向き合っていたという事実は、そのような個として生きることを求められる遊女の生活と無関係ではないと思われる。

筆者はこれまで、都市社会における遊廓が、遊女たちの身体を商品として貶める場であり、城下町における男性の性的欲望の充足はもちろん、金融投資の対象、行政費調達の場としても機能したことなどを明らかにしてきたが[45]、梅本屋佐吉抱え遊女付け火一件をめぐる遊女たちのエゴ・ドキュメントは、そのような遊廓を必須とした近世後期江戸という都市の抑圧的な特質を基底から照射するものといえよう。

放火事件から四カ月余が経過した一八四九(嘉永二)年一二月二七日、南町奉行遠山左衛門尉景元《さえもんのじょうかげもと》は、遊女屋佐吉と直接放火に携わった遊女福岡、谷川、玉芝、錦糸の四名を遠島に処し、豊平以下一二名の遊女を、押込《おしこめ》(禁固)のうえ、人主・請人に引き渡した。人主とは、佐吉の元に売られる前の遊女の所有者であり、請人(身売りの保証人)は女衒《ぜげん》が引き受ける場合が多い。遊女たちは、その後ふたたび転売されていったのであろう。こうして、新吉原梅本屋佐吉抱え遊女付け火一件は落着した。

＊本論文は、ＪＳＰＳ科研費19H01314による成果の一部です。

（1） 東京大学史料編纂所蔵。
（2） 長谷川貴彦「エゴ・ドキュメント論」『歴史評論』七七七号、二〇一五年、五二―五三頁。
（3） 本章で取り上げる近世遊女の歴史的性格について、筆者（横山）は、形式的には奉公の形をとるが、性的サービスの商品化にとどまらず人身売買によって身体そのものを商品化された奴隷的存在として位置づけている（拙稿「新吉原における「遊廓社会」と遊女の歴史的性格」『部落問題研究』二〇九号、二〇一四年、四五頁）。
（4） 長谷川は、註（2）論文（五六頁）において、エゴ・ドキュメント論の展開の方向性として、感情や記憶の歴史というミクロな方向への下降と、マクロな視点への「個人」や「主観性」の組み込みの二つを指摘している。遊女のドキュメントを取り上げる場合に、そのようなミクロな分析とマクロな視点の双方が必要であるが、本章では、紙幅の制約から、文字や表現の微細な差異に注意を払いつつドキュメントを読み込む分析を中心とする。
（5） 本章は、中世イタリアをフィールドに、人々が声による言語世界から「書く」ことに踏み込んでいく過程とその意味を解き明かした大黒俊二『声と文字〈ヨーロッパの中世 6〉』岩波書店、二〇一〇年、証言や調書というエゴ・ドキュメントに近い裁判記録等に着目する、安村直己「交通空間としてのスペイン帝国における文化的混淆と「政治的なるもの」について」『思想』九三七号、二〇〇二年、等に示唆を受けている。
（6） 『近世庶民生活史料　藤岡屋日記』第三巻、三一書房、一九八八年、五二四―五三〇頁。
（7） 東北大学附属図書館狩野文庫ＮＯ．四―一一九七三―八。請求記号・書名は、伊五―三八〇「新吉原竹島記録」第八冊。「梅本記参」は第三冊目という意味であり、第一冊、第二冊があったとみられるが、未発見である。以下、「梅本記参」を「梅本記」と記す。また、「梅本記」の表紙に「竹島」の名が記されており、新吉原江戸町一丁目名主竹島仁左衛門方で作成されたものとみられる。
（8） 拙稿「資料紹介「梅本記」――嘉永二年新吉原梅本屋佐吉抱遊女付け火一件史料の紹介」『国立歴史民俗博物館研究報告』二〇〇集、二〇一六年。以下、引用は、拙稿頁数と丁数によって該当箇所を示す。
（9） 『藤岡屋日記』第三巻、五二七頁に、「越後出生ニて甥の甚といへる者を養子ニ致し」とあり、甥が越後生れであることから推定。

(10)　一五五頁一八丁。

(11)　一五五頁一八丁。公認遊廓で営業する者を遊女屋、その抱え遊女を遊女といい、岡場所のように、公認されず非合法で女性に売春させる者を売女屋、そこでの娼婦を売女と呼ぶ(塚田孝『近世身分制と周縁社会』第五章「江戸における遊女と売女」東京大学出版会、一九九七年)。

(12)　一五八頁三〇丁。ふくは、一八四八(嘉永元)年「吉原細見」(江戸吉原叢刊刊行会編『江戸吉原叢刊第七巻　吉原細見宝永～明治』八木書店、二〇一一年、所収)では、楼主梅本屋ふくと記載されている。

(13)　「吉原細見」の成立と変遷については、宮本由紀子「「吉原細見」の研究――元禄から寛政期まで」『駒沢史学』二四号、一九七六年、参照。また、遊客による「吉原細見」の利用方法については、拙稿「幕末維新期の社会と性売買の変容」明治維新史学会編『講座明治維新9　明治維新と女性』有志舎、二〇一五年、第二節「遊客と買春」、参照。

(14)　「A京町壱丁目梅本屋佐吉抱遊女十六人誓紙写」の記名順は、放火前年刊の註(12)「吉原細見」の序列とほぼ一致している。表1参照。

(15)　放火の経緯は、B(一五二頁七丁)、C(一五三頁一一丁)、D(一五五頁一六丁)による。第三節で触れる豊平の「調書」には、「吉原町可焼払存心ニは無之候得共、早速人目ニ懸り候所へ付火致し候ハヽ、直クニ人集り揉消可申間、其紛ニ名主方へ欠込」(一五五頁二一丁)と記されており、周囲を慮り放火による延焼を回避する配慮も窺える。

(16)　註(8)拙稿、一五〇頁。

(17)　一五一頁四丁。以下、本文中で部分的に引用する場合は、現代仮名遣いによる書き下し文で記す。原文は、註(8)拙稿参照。

(18)　五節句のほか、八朔(八月一日)、戎講(一〇月二〇日)。

(19)　一五二頁四丁。以下、本項の引用は四―七丁。

(20)　様々な自己語りを含む文書のうち、どこまでをエゴ・ドキュメントとするかについては、諸説があり、欧米圏の状況については、註(2)長谷川論文、参照。

(21)　一六四頁綴込四―七丁。

(22)「ごろ寝」は、客が酒食などの注文もせず、衣服を着たまま短時間遊女と寝ること。ちょんの間遊びともいう。「お茶を引く」は、遊女が客を取れないことを指す。梅本屋では、客が取れない日は就寝が禁じられていた。
(23) 一五六頁二四丁。
(24) 書き言葉に習熟していない状況下での内発的要求に基づくリテラシーを、大黒俊二は「限界リテラシー」と規定しており(大黒俊二「マッダレーナ・ナルドゥッチの遺言書(一四七六年)――限界リテラシーの現れ方、現れるとき」『社会言語学』一四号、二〇一四年)、本章でみる遊女のリテラシーも、「限界リテラシー」に近似するが、ここでは、成熟したリテラシーの位置からリテラシーの限界を見定めるというより、人がリテラシーに接近しその力によって自己自身を作り上げていく過程やその発生の瞬間を捉えるという点を強調し、これを「リテラシーの起点」と記す。
(25) 一五七頁二六―二八丁。
(26) 佐吉の暴力は、異常な性格を感じさせるもので、新吉原遊廓の一般の遊女屋の状況を示すものではない。しかし、商品としての遊女を暴力により管理すること(「仕置」)は当然とみなされていた(寛政七年「新吉原遊女町規定」『東京市史稿』市街篇五二、一九六二年、五〇四頁)。
(27)「不要」とは、放火事件に直接かかわる記事ではないこと。
(28) 一六〇―一六一頁三九―四〇丁。
(29) 一五二頁五丁。
(30) 一六一頁四〇丁。
(31) 遊女の書簡としては、長崎の遊女がオランダ商館長ブロンホフに宛てた書簡(オランダ国立公文書館所蔵)のほか、筆者が確認したものに、須坂市所蔵坂本家文書中の新吉原稲本楼等の遊女たちの書簡がある。内容は定型的であるが、用いられる文字には巧拙がみられる。
(32) 高級遊女を描いた錦絵にその筆跡も入れることがあるように、近世の遊廓において遊女が文字を能くし、和歌、俳句などの教養を身につけていると宣伝する例は少なくない。【史料二】の中の、玉芝に対する「皆て紙も買てやろふ」という場合の紙も、新造などの若い遊女や禿も、姉様(遊女)が寂しがっているなどと客への手紙を書く例があることから(須坂市所蔵坂本家文書 140-3-009「稲本楼松ヶ枝より坂本宛書簡」等)、客に送る書簡用の紙とみておく。坂本家の事例などでは、遊女は、彩色された模様入り書簡用紙を用いることが多い。
(33)　註(8)拙稿、一五〇頁表、参照。
(34)　一五五頁一八丁。
(35)　遊女静の「調書」には、「重立ち候遊女福岡申すに付き」(一五四頁一五丁)、「聊の事にて谷川と申遊女をしばり上げ、所々引ずり廻し候に付、谷川は勿論、一同の遊女、此の上如何様のうき目に逢い候も斗り難くと存じ、重立ち候遊女を相頼み取り斗い貰い候」(一五四―一五五頁一六丁)などの記述が見られ、豊平や福岡のような遊女の見世内の位置と役割が「重立」という語で表現されている。
(36)　一五五頁一九―二〇丁。
(37)　一五六頁二二―二三丁。
(38)　一五六頁二五丁。
(39)　「日記写」は事件の審理に用いられる証拠として作成されており、取調べに当たった町役人たちも、玉芝一件が原因となっていることを認識していたと見てよい。
(40)　「小雛不要之日記写」のうち、一八四九(嘉永二)年三月の記事の一部(一五九頁三四―三五丁)を例としてあげておく。
嘉永二とり
○九日、朝なのおじや、おやしよくハかう〳〵て茶つけ、其夜ハ徳さん参り何事もなし　○十日、徳さん朝寝をし、ひるの内帰り、夜見世をはつてから、九ツ過ぎニ、又徳さんあかつて其夜も何事もなし、○十一日、朝ハかう〳〵て茶漬、おやしよくハあさりを煮て喰せ、其夜はお茶を引き、九ツ半から八ツ過まであんまをさせられ　○十二日、朝かう〳〵て茶づけ、おやしよくもこつちの仲間へハわるひかう〳〵で茶づけ、其夜ハ徳さん参りふたときはづし、何事もなし　十三日、朝おじや、お夜食みつばの根のいり付のおかす、其夜ハ初会に出、跡から徳さん参り、何事もなし　○十四日、朝徳さん帰りかおそく成、小旦那にいつて跡もふすこしまつておくんなさいといつたなら、そんな事を言わせる物かと言て、手鍵下ケて来ようふと仕た所を、吉里さんたつてと頼ミ、漸々の事で見世え出、其夜はお茶を引、(下略)
(41)　明記はされていないが、書きぶりから、小雛が信頼を寄せていた客だと思われる。
(42)　一五九頁三三丁、一六二頁四六丁など。

(43) 二〇一七年七月二日開催国立歴史民俗博物館主催国際研究集会「歴史展示におけるジェンダーを問う How is Gender Represented in Historical Exhibitions?」における、黄貞燕報告「ジェンダー、歴史教育と博物館」(『国立歴史民俗博物館研究報告』二一九集、二〇二〇年、四七一頁)。

(44) 遊女のなかには、実家への仕送りなどにより家との関係を維持している者もあるが、身売り奉公に出る段階で、「生死之儀ニ至る迠、御引請御取計被下、遠国之儀ニ御座候は拙者江為お知不及候」(宇佐美ミサ子『宿場と飯盛女』同成社、二〇〇〇年、一一一頁)等、実家との絶縁を証文に明記する場合が多い。

(45) 註(3)、註(13)拙稿および、拙稿「身分論の新展開」歴史学研究会編『第4次 現代歴史学の成果と課題2 世界史像の再構成』績文堂出版、二〇一七年、同『江戸東京の明治維新』岩波新書、二〇一八年、第四章等、参照。

第７章　感情と情報リテラシーが交差するところ
――噂、ニュース、エゴ・ドキュメント

小野寺拓也

はじめに

本章が考察対象とするのは「噂」である。[1] オルポートとポストマンによる有名な公式、「R（デマの流布量）＝ｉ（当事者に対する問題の重要さ）×ａ（その論題についての証拠の曖昧さ）」に端的に表れているように、[2] 誰もが情報を必要としている状況において正確な情報が不足していれば誤った情報が広まりやすいことは、私たちも東日本大震災などで経験した通りである。[3] 人間の世界認識はつねに不完全であり、だからこそ私たちは社会や人間関係のなかでさまざまな情報を収集することでそれを必死に理解しようとするのだが、災害や戦争、テロといった危機的状況になると、その不完全さが端的な形で表出する。その意味で噂とは、人間の世界理解の本質を問いうるようなテーマと言える。このテーマにおける先駆的存在である工藤光一は、「人間は、自己を取り巻く世界をありのままに捉えているのではなく、それに一定の意味を付与しているのであり、そうやって認知的に再構成した世界像に基づいて行動している」と述べているし、[4] マルク・ブロックもすでに「偽情報は常に誕生に先だって存在していた集団的表象から生じる」と指摘していた。[5] 噂は人びとによるそうした世界認識、状況理解や集合表象、感情世界などを知る格好のテーマである。[6]
にもかかわらず、噂についての歴史研究はそれほど活発に行われてきたとは言えない。文学、社会学、社会心理学、

メディア論、ネットワーク論など隣接分野の研究は少なくないし[7]、フランス革命、第一次世界大戦、関東大震災・第二次大戦期の日本など、特定の時期・地域については歴史学による研究が散発的に存在するものの、噂を正面から扱った研究は、工藤光一によるものなどを例外とするといまだ少ないのが現状である[8]。

その背景にはおそらく二つの問題があると思われる。一つは定義の困難さである。デマ、流言、ゴシップ、都市伝説、風評などと噂を明確に区分することはできない[9]。また、ある情報が未知のニュースであるかデマであるかは後になって初めてわかることであり[10]、情報の「悪意ある」「捏造」であるかどうかその時点で判断することはふつう困難である[11]。波及効果が大きいかどうかといった点も相対的なものにすぎず、「人から人へとパーソナルな関係性を通じて広まる情報[12]」といった大ざっぱな定義にとどめるほかない。もう一つは史料の困難さである。基本的に噂はオーラルなものだが、歴史家が手に取るのは文字資料であることが多いため、書き留められた噂は現実に流布していた噂のごく一部に過ぎず、その多くは歴史から姿を消してしまっている。しかも公的な記録に「噂」として記されるのは、それを望ましくないと考える体制側のフィルターに引っかかったものだけであり、一部の極端な、体制にとって危険とみなされるものだけが残りやすいというのが実情である[13]。第二次大戦期ドイツにおける噂について存在する数少ない研究でも、その主たる史料は親衛隊保安部（ＳＤ）の民情報告書であり[14]、デマとも未知のニュースとも区別がつかない段階で情報がどのようなプロセスで作り出され、伝えられていくのか、人びとにはどのような情報源が存在していたのかという問題は明らかになっていない。

そのため本章では、第二次世界大戦末期のドイツ社会という危機的な状況における噂を考える上で、三つの史料群を考察したい。第一に、従来の研究ではあまり利用されていない国防軍民情報告書から体制側のフィルターにかかった噂を紹介する[15]。第二に、そうした噂に対する権力側のまなざしを『部隊のためのニュース』紙から考察する[16]。噂についてのこうした「上」からの史料に加え、第三に、エゴ・ドキュメントである野戦郵便の分析を行う。

第二次大戦末期のドイツでは、戦況が悪化するにつれて体制によるプロパガンダは説得力を失い、人びとは前線からの手紙、噂話、米英軍のビラやBBCによるドイツ語放送などから情報を独自に収集するようになっていた[17]。野戦郵便において「あらゆる種類の噂を広めること」は禁止事項の一つだったが[18]、手紙は前線と銃後をつなぐほぼ唯一の通信手段であったこともあり、情報伝達がとくに急を要する大戦末期にあって、兵士たちがそうしたことに構う余裕はなかった。野戦郵便は、信用できる情報が欠如していた銃後にとっても情報源として貴重なメディアであり、手紙が地域の集まりで読まれることで、ある種の「ソーシャル・メディア」の役割を果たすことがあった[19]。さらに噂は、ナチ体制のように特定の意見を表明することが禁じられている社会にあっても、主語を隠した状態で人びとが自らの意見や、不安や願望といった感情を表明できる格好の手段であった。その意味で噂とは、「張本人として名を挙げられずに何かを言える技術[20]」、「責任を取らなくてもよいコミュニケーション[21]」であると言える。明確な主体や輪郭をもたない噂や感情が拡散することを、権力は統制することができなかったし、だからこそ権力は噂を監視し、警戒したのである。

本章ではこうした体制から半ば自律した「非公式の世論市場[22]」が、噂を通してどのように形成されていったのかを考察するとともに、エゴ・ドキュメントという史料を加えることでどのような歴史像が見えてくるのかについても考えてみたい。

一　国防軍民情報告書に見られる「噂」

清水幾太郎は、流言とは人びとの隠れた感情を表出させる「潜在的世論」であると指摘しているが[23]、国防軍民情報告書に記録された噂はまさにそのようなものとして理解できる。〝北海、バルト海で敵空軍に損害を与えたにもかかわらず、国防軍最高司令部はなぜかこれについて沈黙している〟、〝北海上空でドイツ軍が米軍機三百機を撃ち落としたにもかかわらず、なぜそのことについて沈黙しているのかとアメリカのラジオ局が不審がっていた〟、〝スウェーデンとスイス〔ともに中立国〕の政府が、ドイツ空軍のすさまじい戦果についてなぜ公表しないのかとドイツ軍指導部に問い合わせてきた〟、といった具合に、秘密裏にドイツ軍が多大な戦果を挙げていてほしいという願望は、国外メディアなど真偽の確かめようのない情報源からの情報として提示される。(24) Vロケットやジェット戦闘機がもうすぐ投入されるという、噂に現れる人びとの強い期待感は、報告書の執筆者をも「しばしば疑いなく度を越した効果が期待されている」(25)と不安がらせるほどであった。そろそろ戦争が終結してほしいという願望は、〝現在停戦交渉が進行中である〟、〝すでにパーペン〔元副首相、元駐トルコ大使〕が平和交渉のためにイギリスにいる〟という噂となって現れ、(26)なんとしても空襲から逃れたい、安全な場所を見つけたいという願望が、〝「病院都市」にいけば空襲から逃れられる〟という噂(27)に結実する。敵であるロシア軍の強さは、その背後に降伏してロシアに協力しているドイツ軍将官がいるということによって合理化された。(28)

その一方で、戦況が悪化するなか、仲間についての良い情報、「敵」についての悪い情報を伝えることで自らの苦痛を軽減するという噂の機能が現実のものとなることは、著しく困難になっていた。(29) 一般的に噂においては、現状に否定的なものが圧倒的に多いことがしばしば指摘されるが、(30) 国防軍民情報告書でも、敵の脅威を強調し自軍の劣勢をことさらに強調するような噂がきわめて多い。敵軍による空襲、上陸の予告、(31) 敵軍の強力な戦車や、新型兵器。(32) 中立国によるドイツへの宣戦布告。(33) ドイツ兵の投降、防空体制の脆弱さ。(34) また、政治・軍事指導部の動静についても、情報がきちんと国民に伝えられないこともあり、様々な憶測が飛び交っていた。ヒトラーの重病説や死亡説、ヒムラーによる権力奪取説、ナチ体制後の政治秩序に関する推測などである。(35) くわえて、銃後における物資不足や生活状況の悪化、(36) そうした国民の状況を考慮せず身勝手な行動に走る政府高官やナチ党幹部たちの行動も、(37) 人びとの噂の対象になった。さらに、「ベルリン近郊にイギリス軍機が工作員を降下させ」、「ハノーファーとその近郊で敵が武器を投下したが、その武器は反乱軍や外国人のためのものだと言われている」(38)、〃「二万人のユダヤ人はどこにいるのか」明らかにせよという連合国の最後通牒の期限が今日〔一九四五年二月二〇日〕であり、今日中にベルリンへの大規模空襲がある(39)〃といった噂には、ドイツ国内の外国人が蜂起するのではないかという不安や、ユダヤ人迫害に対する罪の意識が表出していたと考えることができる(40)。

二　『部隊のためのニュース』紙から

そのような噂の多くを、国防軍宣伝課が作成していた『部隊のためのニュース』紙は、基本的には敵による妨害工作であると理解しようとしていた。「あらゆる噂の少なくとも九〇％は敵によるものである〔強調原文〕」、「戦時下にあって国中で出回っている噂の出所は、九〇％が敵の放送、宣伝ビラ、工作員がばらまいた嘘である(41)」といった記述がそれである。〃配給が削減されるのではないか(42)〃、〃戦没兵士は口座が没収されるらしい(43)〃、〃六五歳以上の高齢者には医薬品はもはや配布されず、老人は死なせよという命令を医師がひそかに受けている(44)〃、〃オーストリア人はウクライナに移住を強制されるらしい(45)〃など、人びとの生存に関わる問題。全員が平等であるべき民族共同体や総力戦体制にもかかわらず、〃党幹部は労働動員から免除されており〃、〃配給でも特権的な扱いを受けている〃という噂(46)。〃総統が退陣した〃、〃ゲーリングが逮捕あるいは解任された〃、〃著名な政治指導者たちのあいだで決闘が行われた〃、といった指導者の動向にかんする噂(47)。これらは基本的に敵の放送、宣伝ビラ、工作員による仕業とされた。そしてこれは、まったく根拠のない主張というわけでもなかった。イギリスの政治戦争指導部は、ラジオ放送や空襲散布されるパンフレット、郵便、工作員などを通じて虚偽の噂を広めていたし、配給や疎開・避難をめぐる軋轢や党幹部の特権的扱い、指導者同士の争いや外国人蜂起の恐れなどは、とくに「黒い」プロパガンダ(虚偽宣伝)として連合国側によって意図的に広められていたものだった。(48) ヒムラーによる権力奪取説は、彼らによる「黒い」プロパガンダの一例としてよく知られている。(49)

　しかしこれらの「黒い」プロパガンダが比較的成功を収めたのは、それらがドイツ国民の感情に合致するものだったからでもある。そして国防軍宣伝課も、噂の原因が敵の工作にすべて帰せられるものではないことを理解していた。「一部の民族同胞の愚かさとおしゃべり好き」が噂の伝播を助長しており、(50) ひとたび広まると「感染するインフルエンザのように」手の打ちようがなくなること。(51)「彼らが、男女に伝えようと試みて持ち出すたわごとが卑劣なものであればあるほど、その無意味さがバカバカしいものであればあるほど、これに進んで耳を傾ける人びとが数多く存在するのである。……噂は、性格的に価値の低い人びとにとって日々のパンに塗る蜂蜜であり、噂はバター以上に求められている」(52) というように、話が面白い、くだらないという理由だけで拡散する状況にあること。前線を知らない兵士ほど誇張していろいろ語りがちで、それがさらに誇張されて伝わること。(53) また激しい空襲や戦闘の後に冷静な判断を行うことはきわめて難しく、そうした状況下では、とくに人が多く集まるところでは噂がはびこることが避けられないこと。(54) そうした注意喚起がなされていた。

　そして紙面は次のように訴える。

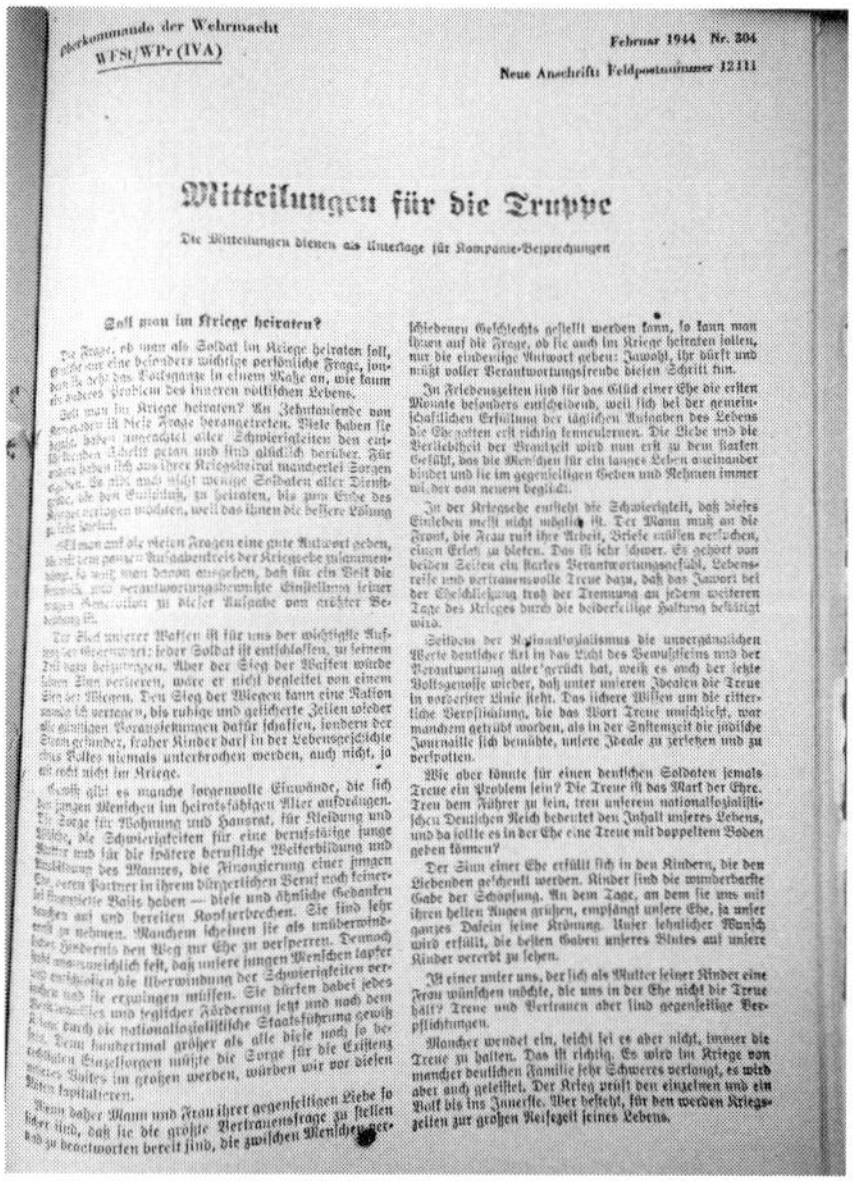
Oberkommando der Wehrmacht
WFSt/WPr (IVA)
Februar 1944 Nr. 304
Neue Anschrift: Feldpostnummer 12111

Mitteilungen für die Truppe

Die Mitteilungen dienen als Unterlage für Kompanie-Besprechungen

Soll man im Kriege heiraten?

図1 『部隊のためのニュース』紙より

「激しやすい人びとには誇張の傾向があり、実際かなりの人びとが、体験を描写し、冗漫に話し、とりわけ悪い情報を極端にまで誇張する奇妙な才能を有している。そして、噂がいかに雪崩のように膨れあがり、情報が五〇キロ後方で歪曲され、粗雑になり、誇張され、それどころか正反対にまでなってしまうかを、皆すでに経験してきている。多くの場合、噂の経路を地図に落とすことすらできよう。とりわけ広がりやすいのが鉄道沿いである。人が数多く集まる村落や都市も、とりわけ噂がはびこる土壌となる。こうして大きな戦闘行動の後には噂が後方地域で広まり、不確かさと不安もそこでは広がって、大きな害を与えるのである〔強調原文〕」[55]。

このように国防軍宣伝課は、噂が広がるメカニズムをそれなりに客観的に理解しようとはしており、「あらゆる数字の言明は信用するな」[56]とか、「噂は一応伝えるけれども、その最後にその話は本来ありえないことだと思うとか、本当でないことを願うとかを付け加えることで、噂とは再びきちんと距離を置くことができる」[57]といった具体的なアドバイスも提示してはいる。しかし持ち出される議論の多くは、道徳的なものであった。こうした噂を広める人間はまじめに働かない人間であり[58]、「軍服を着用するという名誉」を理解しない者であると批判された[59]。

「噂は多くの人びとが強く求める商品である。どこかのバカ女が少々おしゃべりをしている程度であるなら、賢さが足りないのだからやむを得ないと考えることもできる。だが、兵士までが我を忘れておしゃべり女の仲間入りをするとなると、状況はひどくなる。誹謗中傷するつもりなどまったくなかったなどという言い訳は、我々には許されないからだ。兵士は、考え、責任を持つ訓練を受けたと皆から期待されている。そしてそれは当然のことだ。だからこそ数百万人の兵士たちは、ドイツにおける理性的な女性や男性が、敵によってばらまかれた噂を根絶することを助けなければならない[60]」。

ゆえに、その噂を「伝達するとわが民族の利益になるか」どうかを第一に考え[61]、まともな生活を続け、噂を広めている人間がいた場合には断固としてその場で反論を加えることが期待された[62]。「そのように行動することは我々のよき権利であるだけでなく、ドイツのために斃れ、あるいは血を流した、立派で勇敢な戦友たちに対しての義務でもある」[63]。噂を広めるおしゃべりは「虚弱者、ほら吹き、人格破綻者と同じ」であるとされた[64]。

このように噂は、ナチ体制にとって強い危機感を呼び起こす問題であった。それは第一に、いったん広まると、とくに人びとの生存に関わる噂は伝播に歯止めがきかなくなること、第二に噂はつねに体制にとって「ほとんどが不愉快なものを含んで」おり、しかも彼らも気づいていたように悪い噂のほうがすぐに拡散したからである。「ほとんどの場合、噂によって広められるのは喜ばしい主張ではない。噂の本質は、そのほとんどが不愉快なものを含んでいるという点にある」、「悪い噂はよい噂よりもつねにすぐに広まるということはよく知られているし、奇妙なことに、状況から肯定的なものを拾い出すことができる人よりも、それを悪い方へと誇張する人間の方が多いのである」という記述がそれである[65]。それは、絶望的な状況のもとでなお大戦を継続する前提となる楽観主義を、根本から掘り崩すものに他ならなかった。

三　野戦郵便で交わされる情報

一方銃後から前線へと送られた手紙からは、そうした生存にかかわる問題、あるいは体制にとって不愉快な問題が、実際に噂として銃後に流れていたことが読み取れる。シュトゥットガルトに在住していた男性がドイツ国内に兵士として駐屯する息子へと送っていた一連の手紙を読んでみたい。

駐屯地の息子にあてた手紙から

生存にかかわる問題としては、総力戦に伴う労働動員の強化[66]、「もうすぐ終戦を迎えそうだ」という噂[67]、「敵はすでにハイルブロンにいる」という敵軍所在地に関する噂があり、[68] 体制にとって不愉快な問題としては、ヒトラー、[69] ゲーリング、[70] ムッソリーニ[71]などの健康状態、報道によって挙げられている戦争犠牲者数への疑念、[72] 外国元首の死因[73]などについて噂が駆け巡っていたことがわかる。とくにムッソリーニ退陣についての記述は、きわめて詳細である。

「ムッソリーニ〔退陣〕についての先日のニュースは、ここでは爆弾が落下したかのような衝撃を与えています。理解できることですが、我々の政府はそれについてきわめて抑制的です。それゆえ一層噂が口伝いに広まっていますが、それについては徹底的な自制が今まさに求められています。私の見立てですが、M〔ムッソリーニ〕は我々の総統と苦楽を共にする意向であり、ヒトラーが数日前Mに誕生日の贈り物をしたことは、その証左に他ならないと思います。しかし戦争は、始まった時からイタリア国民にはあまり評判がよくありませんでした。敵はイタリアに足を踏み入れようとしており、戦争を継続することはイタリア人にきわめて深刻な犠牲をもたらすことを意味しており、Mはそれに対してイタリア国民がどのように考えるのかという問題をよくよく自問自答したのでしょう。Mがファシスト党員とともに辞任し、国王自らが政府を率いるということは、彼は我々の敵と、なんとか我慢できる単独講和を結ぶつもりなのだろうと、私は解釈しています。ドイツの報道によればしかし、敵は無条件降伏に固執しているようです。つまりイタリアは、次のような容易ならざる選択に直面しているということです。きわめて深刻な犠牲とともに戦争を続けるか、無条件降伏か。〔イタリア〕政府は間違いなく最初の選択肢を選ぶでしょうが、国民はそれに対してどのような態度を取るでしょうか。ファシズムが自ら完全に引っ込んだあとでも、国王は国民をきちんと統制できるのでしょうか。私の考えでは、イタリアではまだすべてのことが流動的であり、だからこそ我々の政府もよくよく自制しているのだと思います。現在のイタリア政府はきわめて重大な責任の前に立たされています。というのも、必要とされる強さを示さなければ、バルカン半島全体が弱体化しうるからです。ともかく、この手紙が君に届くまでに、きわめて出来事の多い、戦争の帰趨を決定するような日々を我々は過ごすことになるでしょうし、新しい状況も再び生じているかもしれません。それゆえ我々の新聞も今のところ、落ち着きを保ち、神経を失わないという論調を維持しています」(一九四三年八月三日)。

噂のなかには、シュトゥットガルトの警察署長が「すでに手遅れにならない段階でスイスに逃げたとのことで、別の噂によると射殺されたとのことです」(一九四四年八月一〇日)というように、結果としてまったくの虚偽である噂もあったが(74)、その背景には、誰もが情報を必要としている状況において正確な情報が不足しているという実態があった。

「日々語られているテーマといえば、今のところメーネ〔ルール地方〕とエーデル〔カッセル南方〕の二つのダムが壊れたということばかりですが、これについて軍発表ではわずかにしか言及されませんでした。公的な発表が沈黙すればするほど、より多くの噂が出回るようになりますし、それはいつものことです。公式には、外国人を含めて約七〇〇名の死者と報じられていますが、いわゆる事情通と称する人びとはもちろん、もっと多いはずだと言っています。報道された数字をそのまま受け入れるとしても、損害の大きさをイメージすることができます。というのも、人間だけでなく多くの家畜も亡くなったわけですし、さらに広範囲な洪水のせいで、畑は今年は利用できないからです」(一九四三年五月二七日)。

そして公的な情報の隙間を埋めるために銃後で生まれた噂が、手紙を通じて兵士へと送られ、恐らくはそこからさらに戦友たちへと共有されていったと考えられる(75)。そしてそうした情報のなかには結果として虚偽である噂もあり、「それ〔噂〕にはひとかどの真実があるというのが、人びとの意見になりそうな雲行きです」(一九四三年七月一四日)という一文にもあるように、噂としていったん伝わってしまうと、情報として一定の信憑性が与えられることがあった。

しかしそれでもこの男性の手紙からは、手元の情報をそれなりに慎重に取り扱ったうえで、自分なりの考察を加えていたことがうかがえる。彼は公式に発表された犠牲者数については基本的に懐疑的であり、敵軍の現在地についても様々な情報を総合して、正確な知識を得ようとしていることが読み取れる。ムッソリーニ退陣に関しても、なぜ新聞は冷静な論調なのか、その背景を注意深く解釈しようとしている。つまり、ここからは国防軍宣伝課の想定とはこととなり、噂に対してかなりの程度冷静で客観的な判断を試みている人びとの姿を見て取ることができる。この点について、一九二六年生まれでイタリアにいた二等兵(のち一等兵に昇進)ヴィルヘルム・Nが一九四四年二月から一一月にかけて、ルール地方のミュールハイム・アン・デア・ルールに住む両親にあてて記した一〇九通の野戦郵便から考えたい(76)。

ヴィルヘルム・Nの手紙から

「アドリア海沿岸が攻撃を受けたというのは、私は知りませんでした。とにかく、ここでは何も起きていません」(一九四四年三月七日)。

図2　ヴィルヘルム・N(ベルリン・コミュニケーション博物館(Museum für Kommunikation Berlin)野戦郵便アルヒーフ提供，MSPT-3. 2008. 1389. 以下同)

つまり、この時点でヴィルヘルムは周辺以外の状況を認識しておらず、ニュースを通じて情報を得たと思われる両親を通じて、このことを知ったのである。「あなたがたの手紙によると、西部では戦線が安定したようですね。それが事実だとよいのですが」(一〇月一八日)もそうだが、兵士たちは戦況について未知の情報を家族などからの手紙から得ることがあった。

このように手紙は、公的な情報の欠如を補う役割を果たしていた。たとえば、「すべての前線で、死者が出た場合と空襲で重度の被害が出た場合以外には休暇は許さ

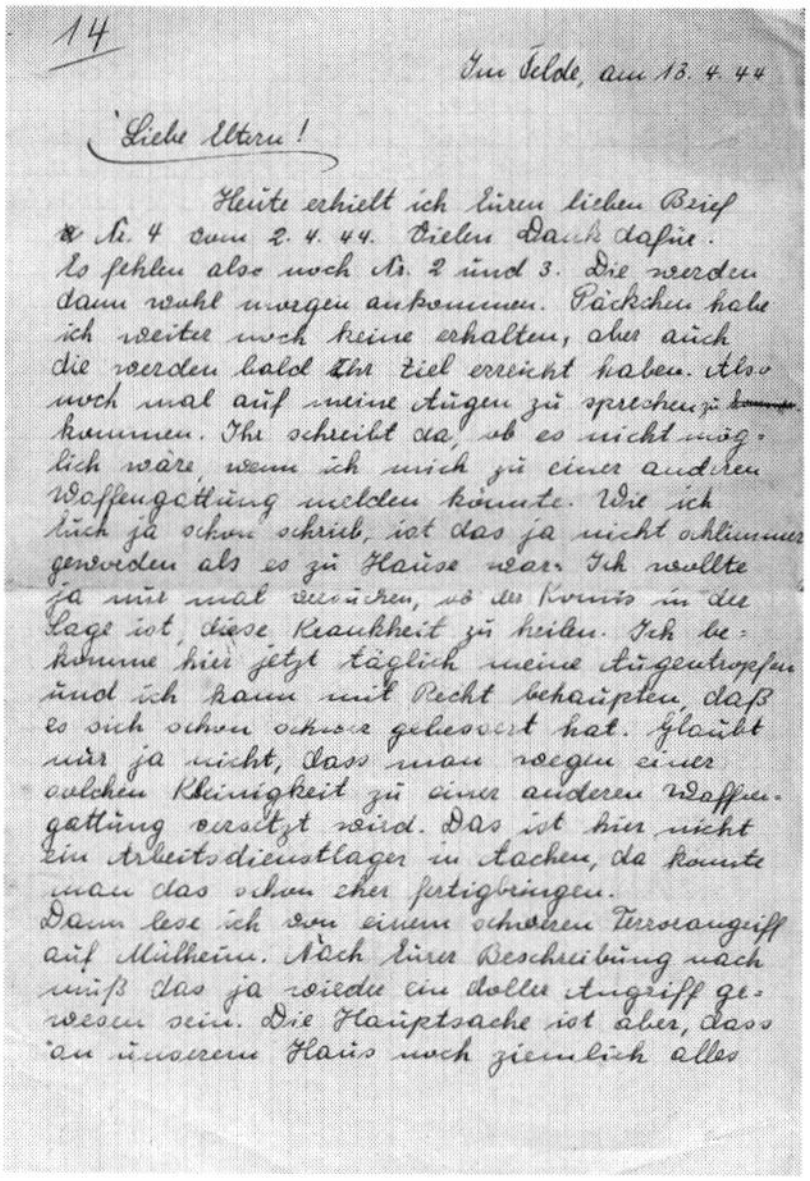

14

Im Felde, am 13. 4. 44

Liebe Eltern!

Heute erhielt ich Euren lieben Brief Nr. 4 vom 2. 4. 44. Vielen Dank dafür. Es fehlen also noch Nr. 2 und 3. Die werden dann wohl morgen ankommen. Päckchen habe ich weiter noch keine erhalten, aber auch die werden bald ihr Ziel erreicht haben. Also noch mal auf meine Augen zu sprechen zu kommen. Ihr schreibt da, ob es nicht möglich wäre, wenn ich mich zu einer anderen Waffengattung melden könnte. Wie ich Euch ja schon schrieb, ist das ja nicht schlimmer geworden als es zu Hause war. Ich wollte ja nur mal versuchen, ob der Kommiss in der Lage ist, diese Krankheit zu heilen. Ich bekomme hier jetzt täglich meine Augentropfen und ich kann mit Recht behaupten, daß es sich schon schwer gebessert hat. Glaubt mir ja nicht, dass man wegen einer solchen Kleinigkeit zu einer anderen Waffengattung versetzt wird. Das ist hier nicht ein Arbeitsdienstlager in Aachen, da konnte man das schon eher fertigbringen.
Dann lese ich von einem schweren Terrorangriff auf Mülheim. Nach Eurer Beschreibung nach muß das ja wieder ein doller Angriff gewesen sein. Die Hauptsache ist aber, dass an unserem Haus noch ziemlich alles

図3　ヴィルヘルム・Nの手紙

れていません」(七月二六日)というふうに、兵士とその家族にとっては重要であるが公的な情報源からは伝えられない休暇に関する情報、「ヴィルヘルム・Mは今月初めに亡くなりました。彼は突撃部隊とともに出て行って、そこで亡くなりました」、「エルンスト・Mは私の戦友から聞いた話では捕虜になりました。私の訓練を担当していた下士官も、捕虜になりました」(七月三〇日)というような個人的な安否情報を、ヴィルヘルムは家族に伝えている。

ただ、ヴィルヘルムも両親も公的な情報源は重視していた。とくに、国防軍最高司令部が毎日発表する戦況報告「国防軍発表」は重要だった。書き手・受け手両方が、この公式発表と自分の状況を照らし合わせながら状況判断をしていたことが、「あなたがたも国防軍発表できっと聞いたことでしょうが、撤退が始まり、私たちはすべての道のりをほかのすべての部隊とともに行軍しなければなりませんでした」(六月二六日)という一文からも読み取れる。ただし、情報の扱い方は慎重であった。

「私が元々いた中隊はまだ戦闘中です。私が今聞いたところによると、彼らは多大の損害を被ったようです。昨日私たちの師団(第二七八歩兵師団)が国防軍発表で言及されました。何人かの戦友が今日師団長と会って、彼らと少々話をしました。彼がとくに言っていたのは、我々を戦闘に送る予定はない、もう少し待たなければならないということでした。彼が考えを変えないとよいのですが」(七月七日)。

一方、当該日の国防軍発表には次のようにある。

「第二七八歩兵師団は、ホッペ中将の指揮のもと、優勢にある敵に対して激しい防衛戦を継続的に、きわめて勇敢に戦い、重大な損害を与えた。敵による突破の試みは、この師団の不屈さによってことごとく失敗した[77]」。

国防軍発表は、敵が優勢であることは認めながらもその攻撃を跳ね返していることを強調しているのに対し、ヴィルヘルムは何らかの情報源によって（「私が今聞いたところによると」）自軍が多大の損害を被ったことを知ったのである。そしてイタリア戦線だけでなく、西部戦線でも東部戦線でもドイツ軍が守勢に転じる中で、彼は次のような認識に至る。

「今再び国防軍発表を聞いたところです。敵がすでにロシアやフランスでどこまで進撃したのかということがわかれば、じきに正確なことがわかります。それが長く続くことはないでしょう。戦争がもうすぐ終わることを私たちは願っています」（九月八日）。

図4　ヴィルヘルム・Nの家族

次の一文からも分かるように、そうした判断はヴィルヘルムが身近で目の当たりにしている戦況からも確認された。

「ペーザロでは堅固な陣地が我々によって強化されました。もし彼ら（イギリス軍）がこれを突破すれば、我々はもはや彼らを食い止めることがまったくできません。戦争もきっと長くは続かないでしょう」（九月五日）。

このように、ヴィルヘルムが家族へと書き送る手紙は、それを彼が直接目にしたということによっても信憑性や迫真性を増していた。「昨夜の撤退行動では、ある川を渡らなければなりませんでした」(八月一〇日)、「我々の塹壕がようやく完成したのですが、明日にはもう再び撤退しなくてはいけません。トミー〔イギリス軍〕が我々の隣の戦区で突破してきたからです」(八月一八日)、「我々がこの前撤退したとき、敵がかなり我々の近くまで接近してきました。敵の歩兵がある高地を突如攻撃してきたとき、我々は狂ったように撃たなければいけませんでした。突進してくる歩兵めがけて、すべて命中しました。最後の銃弾を撃ち終えると、我々は直ちに迫撃砲を解体してそこから立ち去らなければなりませんでした。撃ち終わったばかりの熱い砲身を、山また山を越えて数キロ運んだことを、あなたがたにお伝えしたいと思います」(八月二五日)などと、生々しい叙述が続く。撤退や敗勢が、自らの経験と結びつけて語られたのである。

以上のように彼は、公的な情報源をつねに参照しながらも、その行間を読み、可能な範囲で個人的に情報を収集してそれと突き合わせ、その結果得られた判断を相手に送るという形で、情報(ナチ体制からすれば噂)を発信していた。自らその状況を経験したという重みが、その信憑性を下支えしていた。さらに故郷からの手紙によって情報不足を補う一方、休暇の見通しや知り合いの安否情報などを故郷に提供していた。

こうした前線と銃後とのコミュニケーションのかたちをもっとも鮮明に示しているのが、空襲に関するやりとりである。大戦末期には、前線だけでなくドイツ本国においても空襲は激化していた。その意味で空襲は、前線と銃後が共有する暴力経験であった。無力感、感覚の麻痺、思考の停止など様々な感情が野戦郵便を通じて両者の間を行き交い、共有されていった。ヴィルヘルムの手紙からも、空襲に関する情報がきわめて詳細に共有されていたことがうかがえる。

「突如、我々を発見した飛行機から、我々めがけて爆弾が数発落とされました。私たちが腹ばいになる様子を、あなたがたも想像できるでしょう。しかし負傷者も死者も出ませんでした。これは我々にとって、将来へのいわばリハーサルだったのです。およそ一五発でした」(三月二三日)。

「我々がまだ宿営にいる時に、突如高射砲が撃たれ、編隊はすでに我々の上空にいましたが、事前の警報はありませんでした。我々が外に飛び出る様子が、あなたがたにも想像できるでしょう。直ちにガスマスク、鉄兜と小銃をひっつかんで、毒を盛られた猿のように外に飛び出しました。ベルトをすぐに手に取ることができないまま、外に走り出しました。自分の命の方がベルトよりも大事ですから」（四月二〇日）。

「昨日隣町にいたとき、英軍機が突如私を驚かせました。およそ二〇機が二五〇メートル上空を低空飛行していて、爆弾をいくつか投下しました。飛行機は旋回し、再び戻ってきてすべての搭載機関砲で撃ってきました。私の身には何も起きませんでした。どうか心配しないでください。用心していますし、どう行動すればよいかもわかっています。一番いいのは草の生い茂った開けた平地の穴にいて、敵パイロットの視界に対して偽装することです。頭を地面にくっつけていれば何も起きません。直撃弾を受けてしまうかもしれませんが、すべての爆弾が命中するわけではありません。爆弾が至近距離で爆発したさいに腰周りが泥だらけになりましたが、たいしたことではありません。ちょっと痛みもありますが、すぐに治ります」（四月二四日）。

「今日の昼に英軍機が再び我々のもとを訪れ、何発かの爆弾を私たちの近くへと投下しました。ちょうど歩哨に立っていた一人は、完全にずたずたにされました。もう一人は重傷を負いました。でも私の身には何も起きませんでした」（七月一日）。

こうした生々しい空襲の様子が、次々銃後へと送られた。「あなたがたにも想像できるでしょう」という言葉にもあるように、それは銃後にも理解しうる暴力経験だった。次の手紙にもあるように、そうした情報を書き送ることが野戦郵便規則に抵触するのではないかという懸念があったとしても、ヴィルヘルムにとってそれは書かずにはいられない情報であった。

「ミュールハイムへの激しい空襲について読みました。あなたがたの描写によれば、再びひどい攻撃だったようですね。……しかし私もテロ攻撃という点では負けてはいません。激しい昼間爆撃を三つ立て続けに受けましたが、〔一九四三年〕六月二二日のミュールハイムへの空襲の三倍の規模はありました。それについて少々詳しいことを、カールおじさんに書き送っています。詳しいことは彼に聞いてください。本当はそんなことは書いてはいけないのですが」(四月一三日)。

そして実際、銃後でも空襲は激しさを増していた。

「ところであなたがたはミュンスター〔ミュールハイムの約一〇〇キロ北東に位置する都市〕への空襲について何か聞いていますか? それについて是非書いてください。あなたがたのところでも空襲が頻繁にありますか?」(四月二日)「あなたがたのところでの空襲警報は、あなたがたも書いているようにまったくひどいものです。お母さんがいつも防空壕に行っていると聞いて、私も安心しました。今日ほとんどどこにも安全な場所などありませんが、坑道は身を守るのにはとてもよいところです」(四月九日)。

「ヴィルヘルム・Mが妻からもらった手紙には、ミュールハイム、とくにハイセン〔市区〕への空襲についての情報が書かれていました」。「M夫人によれば、ハイセンでは農場の大部分が焼けてしまったそうです。ですから、すぐに情報をください」(四月一一日)。

「イギリス軍が再びケルンとデュースブルク〔ミュールハイムの西隣の都市〕を再び攻撃したと、ちょうど国防軍発表で再び耳にしたところです。数日前にウィーンも激しい攻撃を受けました。ここ〔オーストリア〕では何も起きていません」(一〇月一六日)。

「それについて国防軍発表は、エッセン〔ミュールハイムの東隣の都市〕への激しいテロ攻撃があったと言っています。国防軍発表でエッセンへの攻撃があったと聞いたとき、私は心配しました。そういう場合、たいていはあなたがたも何かしら被害を受けるからです」。「今回鉱山も大きな被害を受けたというのは、今までにはなかった事態です」。「昨日ラジオで、デュースブルクへの激しい攻撃について再び耳にしました。あなたがたの身に何も起こっていないとよいのですが」(一一月四日)。

こうしてヴィルヘルムは、ミュールハイムに住む家族から、知り合いから、そして国防軍発表から得られた情報を総合して家族が置かれている状況の把握を試み、それでも足りない情報はさらに家族に求めていた。「ところでお父さんは今防空壕に行っていますか。それとも家に残っているのでしょうか」(四月一三日)と、父親の身を案じ、「四時間もしくはそれ以上防空壕に座っているというのは、実に忌々しいことです」(四月一三日)、「危険が差し迫っていつも防空壕に走ってばかりだと、長期的には本当に気が狂ってしまいます」(一一月四日)と、その感情を共有しようとしていた。一方で、激しい戦時暴力を前線で自ら経験したという自負のある彼は、「屋根にちょっとした損傷を受けたりガラスが割れたくらいでは、私たちはもはや不平を述べようとは思いません。そんなことは私たちはすでに何度も体験してきたのです」(一〇月三一日)と、不満を述べる家族をなだめてもいる。空襲に関するヴィルヘルムの記述には、家族が被害を受けるのではないかという不安、心配に溢れてもいる。

さまざまな兵士の手紙から

このような二面性、つまり情報を慎重に取り扱いつつも、そこには不安や心配といった感情が入り込むという点は、ヴィルヘルムに限らず野戦郵便全般に幅広く見られるものである。兵士たちは、新聞、ラジオ、国防軍発表などから公的な情報を得ていたが、慎重あるいは批判的な記述は少なくない。「でも、少々笑うしかないこともありました。とくに宣伝中隊の報告については。書かれていたことは、〔我々が〕体験したこととすべてにおいてまったく異なります」[78]、「まったく新聞は、我々がすでに勝利したかのような書きぶりです。いったいどこで〔勝ったのか〕と自問自答するばかりです」[79]というように、報道と実態の乖離を笑う者。「国防軍発表によれば、アメリカ軍はかなり前進したとのことですから、戦争はもうすぐ終わりだと思います[80]」と、敗戦を悟る者。軍が大量にばらまいているビラから、戦況の悪さを認識する者。[81] 国防軍発表を信じている者にも、「国防軍発表は本当に前線における戦闘を事実に忠実に伝えているのか、我々はまさにそれを自ら判断することができます」というふうに、自らその正確さを確かめようとする姿勢があった。[82] 一九四五年三月という戦争の最末期になっても国防軍発表を無条件に信用する兵士もおり、[83] 全員が同じ態度をとっていたということはできないが、こうした慎重な姿勢が幅広く見られていたことは見逃すことができない。

他方、そうした情報源から故郷への空襲の情報に接した兵士たちが、不安や恐怖の感情を家族へと書き送っているのは、ヴィルヘルムと同じである。「さきほど、ハレ、ライプツィヒ近郊に激しい空襲があったという昨日の国防軍発表を知りました。ああわが愛する人よ、あなたがたに何が起こったのかという〔あなたからの〕手紙が私に届くまで、あなたのことがずっと心配でたまらないでしょう。あなたがたは非常にやきもきしていることでしょう。一体これに終わりは訪れるのでしょうか? まったく狂ってしまいそうだよ! 私はここで兵士として静かに腰掛け、森の中にただ一人。戦争についてはなにも体験していません。そしてわが愛する人はやきもきさせられて、戦闘のあらゆる恐怖を味わっているわけです[84]」、「あなたがたがベルリンで頻繁に〔空襲〕警報を聞いているということは、まったくその通りだろうと思います。私もつい今し方、夕方に国防軍発表で聞いたばかりですから。航空機がベルリンにいたというニュースが届くといつも、故郷にいる愛するあなたがたのことがとても心配になります。あれこれと思いわずらい、私の思いは、あなたがたがどんな状況かと、ただそのことだけが気にかかります。望むらくは、あらゆる悪いことから運命が我々を守ってくれますように[85]」といった記述がそれである。戦況や空襲に関する情報にくわえ、こうした感情が前線と銃後を往還し増幅されていったことは、戦時下の社会における「非公式の世論市場」を考えるうえで重要な要素であろう。

おわりに

噂を伝える側にとっては、伝える情報そのものよりも、情報を交換するという行為それ自体が重要であるという点は、しばしば指摘される[86]。特に歴史主体が危機的状況にある場合、自らの強い不安を誰かに話すことで、自分の気持ちを和らげることができる。人とのつながりや関係性によって、苦痛を軽減できるからである。その結果、噂や流言は「恐れや不安などの感情を説明し合理化する機能、不平不満をことばによって発散させる機能、願望を空想的に実現させる機能、あるいは好奇心を満足させる機能」を果たすことになる[87]。

他方、情報を交換すること自体に重要な意味があったのは、野戦郵便も同様である。何かを書き送ることによって人間関係を維持し、感情や経験を共有するのである。電報、電話、休暇による一時帰郷というほかの手段がほとんど利用できない以上、遅延や不着があったとしても、野戦郵便だけが彼らの「命綱」であった。そして手紙を通じて、前線における戦闘や空襲の生々しい様子が銃後へと書き送られた。ドイツ本国への空襲が激しさをますなかで、それは前線・銃後ともに理解できる、コミュニケーション可能なテーマであった。暴力経験を詳細に共有すること自体が、何よりも深い両者の感情的紐帯の表れでもあったし、彼らは互いの身を案じ、敵の空襲によって生じる感情を共有し、あるいはそれを宥めようとしていた。

そのさい、彼らの多くは正確な情報を得ようとして数多くの情報源に接し、そこから判断を下して、他者へとこれを伝えていることが野戦郵便からは見えてくる。このことは、「情報の崩壊過程として、人から人へと情報が伝わる過程で歪んでいくもの」として噂を単純に捉える理解の不十分さを示すものである。その意味で、「うわさは情報が崩壊していく一方なのではない。人びとにより情報が作りあげられていく過程でもあるのだ」という松田美佐の指摘は正しい。「人びとはうわさに惑わされ、混乱するだけなのではなく、ある意味で冷静に合理的にうわさに接し、理解・解釈した上で行動している」のである。[88] さらに、叙述の迫真性、何よりもそれを肉親が伝えているということ自体が、伝えられる情報の信憑性を下支えしていたと考えられる。

その一方で民情報告書や『部隊のためのニュース』紙からは、噂の背景に「不確かさ」、将来への見通しがまったく立たないという「可測性」のなさがあったことがうかがえる。「何がどのようにしてかはわからないが、ともかく自分を損ねるかもしれないという予期・予感[89]」に襲われ、そうした不安感に明確な言葉を与えようとして発せられる言葉は、しばしば勇み足や誇張を伴うことになる。そこには、「信じたくない情報をあえて述べること」によって、最悪の事態に先回りして備えることによる「可測性」の回復、[90]「そんなことはないという安心を得ようとする」自己解放、[91]「コントロール不能な情動に対する防衛機制[92]」という要素があるのかもしれない。さらに、党幹部に関する数々の噂からは、彼らに対する「非公式の世論市場」のありかがうかがえる。

このように見てくると、噂とは、情報が欠如する中でできる限り正確な情報が得たいという切実な欲求と、親密な相手と繋がっていたい、感情を共有したいという同じく切実な願望のなかで、本人にとっては冷静で客観的な情報リテラシーと、非合理的な誇張や空想をも含む感情とが交差する場であるということが言える。本章では、その「入り口」と「出口」を論ずるに止まり、入り口から出口へと進む中で情報がどのように変質していくのかを丁寧に追うことはできなかったが、「非公式の世論市場」のありようを分析するためには、民情報告書などを通じて人びとが語っている内容を言説分析するだけではなく、人びとがどのような情報リテラシーを身につけていたのか、彼らがどのような感情を抱き、共有し、投影していたのかを「下から」明らかにすることが必要であるということ、そのさいエゴ・ドキュメントという史料は決定的に重要であることは明らかにできたのではないだろうか。

（1）本章は、「感情と情報リテラシーの狭間で――第二次大戦末期のドイツにおける噂とコミュニケーション」『歴史科学』二二六号、二〇一六年、一五―二七頁をもとにしつつ、一次史料（とくに『部隊のためのニュース』紙）と二次文献を拡充したものである。

（2）参照、G・W・オールポート／L・ポストマン『デマの心理学』南博訳、岩波書店、一九五二年、四二頁。その後この公式には、「R＝i×a×１／c（批判的判断力）」という修正が加えられた。批判的な判断能力の持ち主であれば、たとえ問題が重要で証拠が曖昧であっても、それを緩和することができるというものである。Alfons Chorus, The Basic Law of Rumors, in: *Journal of Abnormal and Social Psychology* 48(2), 1953, pp. 313-314.

（3）参照、荻上チキ『検証　東日本大震災の流言・デマ』光文社新書、二〇一一年。

（4）工藤光一『近代フランス農村世界の政治文化――噂・蜂起・祝祭』岩波書店、二〇一五年、九頁。

（5）参照、王寺賢太「マルク・ブロックの戦場――戦争経験と歴史的学知の変容」山室信一ほか編『現代の起点　第一次世界大戦３　精神の変容』岩波書店、二〇一四年、一八一頁。

（6）同様の見解として、佐藤卓己『流言のメディア史』岩波新書、二〇一九年、二八四頁。

（7）文学から論じたものとして、ハンス＝ヨアヒム・ノイバウアー『噂の研究』西村正身訳、青土社、二〇〇〇年。社会心理学では、タモツ・シブタニ『流言と社会』廣井脩ほか訳、東京創元社、一九八五年。廣井脩『うわさと誤報の社会心理』日本放送出版協会、一九八八年。川上善郎『うわさが走る――情報伝播の社会心理』サイエンス社、一九九七年。ニコラス・ディフォンツォ『うわさとデマ――口コミの科学』江口泰子訳、講談社、二〇一一年。メディア論では、松田美佐『うわさとは何か――ネットで変容する「最も古いメディア」』中公新書、二〇一四年。ネットワーク理論では、増田直紀『なぜ3人いると噂が広まるのか』日本経済新聞出版社、二〇一二年。社会学では、J・N・カプフェレ『うわさ――もっとも古いメディア（増補版）』古田幸男訳、法政大学出版局、一九九三年。佐藤健二『流言蜚語――うわさ話を読みとく作法』有信堂、一九九五年。早川洋行『流言の社会学――形式社会学からの接近』青弓社、二〇〇二年。

（8）工藤前掲書に加え、以下も参照。山田昭次『関東大震災時の朝鮮人迫害――全国各地での流言と朝鮮人虐待』創史社、二〇一四年。川島高峰『流言・投書の太平洋戦争』講談社学術文庫、二〇〇四年。酒井紀美『中世のうわさ――情報伝達のしくみ』吉川弘文館、一九九七年。松山巖『うわさの遠近法』講談社学術文庫、一九九七年。金尾健美「デマとパニック

――『パリ一市民の日記』に見る噂の記録」『歴史学研究』七二九号、一九九九年、一九二―一九九頁。太田愛之「噂と民衆」『歴史評論』五七四号、一九九八年、四六―五七頁。Florian Altenhöner, *Kommunikation und Kontrolle. Gerüchte und städtische Öffentlichkeiten in Berlin und London 1914/1918*, München, 2008. 以下の論文集の一部にも、歴史を扱った章がある。Manfred Bruhn / Werner Wunderlich (Hg.), *Medium Gerücht. Studien zu Theorie und Praxis einer kollektiven Kommunikationsform*, Bern / Stuttgart / Wien, 2004.

(9) 参照、David Coast / Jo Fox, Rumor and Politics, in: *History Compass* 13/5 (2015), pp. 222-234.

(10) 参照、シブタニ前掲書、二〇頁／川上前掲書、五頁。

(11) 廣井前掲書、六頁。

(12) 松田前掲書、一六頁。

(13) Coast/ Fox, ibid., p. 223.

(14) Franz Dröge, *Der zerredete Widerstand. Soziologie und Publizistik des Gerüchts im 2. Weltkrieg*, Düsseldorf, 1970; Christoph Roland, *Das Gerücht im Dritten Reich zwischen 1939 und 1945. Soziologisch-Linguistische Betrachtungen zur Kommunikationsform des Gerüchtes*, Phil. Diss. Tübingen, 2001.

(15) 第二次大戦末期、親衛隊保安部による民情報告書はほぼ停止状態にあった。公的な宣伝が国民によって信用されていないことを憂慮したナチ体制は、比較的人びとの間で未だ信用の厚かった国防軍兵士を大都市に配置して、ナチ体制や戦争状況に関する肯定的な情報を人びとへと吹き込む「口コミ作戦 Mundpropaganda Aktion」を極秘のうちに実施した。その任務は、住民の「態度と気分を正確に観察し、どのような噂が広まっているのかを確かめ」、「噂、すなわち不穏な状態や指導部に対する不信感、あるいは戦争の行方についての不安を住民の間で呼び覚ますようなすべての情報や報告に対抗する」ことにあった(Wolfram Wette / Richarda Bremer / Detlev Vogel (Hg.), *Das letzte halbe Jahr. Stimmungsberichte der Wehrmachtpropaganda 1944/45*, Köln, 2001, S. 92, 61)。一九四四年一〇月から敗戦直前までの期間については、ベルリンなどいくつかの都市に関する国防軍民情報告書が残されている。

(16) 国防軍宣伝課(一九四四年一〇月からは国防軍最高司令部直属の国民社会主義指導本部)が週二回発行する機関紙であり、一九四〇年四月から一九四五年二月まで刊行され、中隊レベルにまで配付されていた。中隊長の集会での訓話などでも利用されていた。Bill Borys, "Mitteilungen für die Truppe": Ideology in Publication, M.A. Thesis, McGill University, 1994.

(17) 参照、小野寺拓也「危機的状況に現れる「真の顔」——第二次大戦末期のドイツ社会・国防軍をめぐる近年の研究から」『ヨーロッパ研究』八号、二〇〇九年、一七三—一八四頁。

(18) 小野寺拓也『野戦郵便から読み解く「ふつうのドイツ兵」——第二次世界大戦末期におけるイデオロギーと「主体性」』山川出版社、二〇一二年、二四頁。

(19) Ingo Stader, Feldpostbriefe – eine Art "Social Media" im Dritten Reich?, in: Veit Didczuneit / Jens Ebert / Thomas Jander (Hg.), *Schreiben im Krieg. Schreiben vom Krieg. Feldpost im Zeitalter der Weltkriege*, Essen, 2011, S. 139-149.

(20) ノイバウアー前掲書、一三八頁。

(21) 松田前掲書、六四頁。

(22) Frank Bajohr, Hamburg – Der Zerfall der "Volksgemeinschaft", in: Ulrich Herbert / Axel Schildt (Hg.), *Kriegsende in Europa. Vom Beginn des deutschen Machtzerfalls bis zur Stabilisierung der Nachkriegsordnung 1944-1948*, Essen, 1998, S. 321.

(23) 清水幾太郎『流言蜚語』ちくま学芸文庫、二〇一一年、一一五頁。

(24) Wette / Bremer / Vogel (Hg.), *a.a.O.*, S. 199, 174, 210. なお、本章における二重引用符は引用ではなく、その趣旨の内容が史料内で述べられていることを意味する。史料を直接引用する場合にはカギ括弧を用いる。

(25) *Ebd.*, S. 167.

(26) *Ebd.*, S. 253, 254. パーペンは一九四四年八月まで駐トルコ大使をつとめていた。この噂は一九四五年二月中旬のものである。

(27) エアランゲンは「病院都市」として敵に認められ、すべての軍需産業は一四日以内にエアランゲンを退去するよう、ドイツ政府に対して最後通牒が出された、リューベックは「病院都市」であると宣言されたので、そこにいれば空襲から逃れられるといったことが、噂として流れていた。*Ebd.*, S. 379, 404.

(28) 一九四三年二月にスターリングラードでロシア軍に降伏した、第六軍元司令官パウルス将軍がボルシェヴィキを公然と支持して、今やドイツ軍に敵対しており〔これは事実〕、ソ連軍が成功を収めているのは彼や、〔彼と共にドイツ将校同盟に加わり対ソ協力を行った」ザイトリッツが大部隊を率いていることにその一因がある、という噂も流れていた。*Ebd.*, S. 210, 230. 同様の噂として、Dröge, *a.a.O.*, S. 103.

（29） Clemens Schwender, Feldpost als Medium sozialer Kommunikation, in: Didczuneit / Ebert / Jander (Hg.), *a.a.O.*, S. 127-138.

（30） ディフォンツォは、ポジティブな情報よりもネガティブな情報を重視する「ネガティビティ・バイアス」の存在を指摘している。ディフォンツォ前掲書、六三頁。

（31） Wette / Bremer / Vogel (Hg.), *a.a.O.*, S. 167, 172, 273f., 404.

（32）「ソ連軍が新しい戦車〔IS-3型重戦車〕を投入しており、従来のいかなる武器も効果がない」、「イギリス軍が今やわれわれのV1ロケットと似たような新兵器を投入した」、「アメリカ軍は今や一〇トン爆弾を投下しており、防空壕を破壊しているという噂がパニック状態で広まっており、ブレーメンやハノーファーですでにそうやって防空壕を片付けた〔破壊した〕」といったものである。Wette / Bremer / Vogel (Hg.), *a.a.O.*, S. 230, 147, 404.

（33） スペインやスウェーデン、ポルトガル、スイスが近々ドイツに対して宣戦布告する、あるいはすでに布告済みだという噂がたびたび流された。「トルコはドイツ打倒のためにすでに二〇個師団を用意している」という事実に反する情報も、まことしやかに囁かれていた。*Ebd.*, S. 153, 294f., 379, 382.

（34） ドイツ軍捕虜に対して連合国は好待遇を与えているという噂が影響を及ぼしており、西部戦線では多くのドイツ兵が投降している、ドイツ軍の防空体制は非常に脆弱であり敵の空襲にこれ以上耐えられない、ドイツ軍のアルデンヌ攻勢は停滞しているといった事実に近いものから、ヒトラーに対して一九四五年一月三一日までに降伏しないとドイツは破壊されるという最後通牒が渡されており、現在空襲が静まっているのはそのせいであるとか、五週間前〔の一〇月下旬〕に連合国は無条件降伏のための最後通牒を出しており、拒否すればすべての大都市が完全に殲滅されるといった根拠のないものまで様々あった。*Ebd.*, S. 176, 210, 230, 172.

（35） *Ebd.*, S. 153, 159, 167, 184, 253, 313.

（36） *Ebd.*, S. 178, 184, 274, 294.

（37） *Ebd.*, S. 230, 274, 313.

（38）*Ebd.*, S. 143.

（39）*Ebd.*, S. 273f.

（40）外国人は多くの武器を無許可で所有しているのではないか、ベルリンにいる外国人の多くがいつの日か戦闘を開始するのではないかという不安の広がりが、報告書には記載されている。*Ebd.*, S. 163, 234. ユダヤ人に関しても、「ユダヤ人やポーランド人の扱いによって我々はすでに十分罪を負っているのだ」、「我々のユダヤ人に対する扱いはあまりにもひどく、それによって我々自身もこの戦争に責任がある」といった発言が記されている。*Ebd.*, S. 164, 317.

（41）*Mitteilungen für die Truppe* Nr. 278（August 1943）; Nr. 279（August 1943）.（以下史料名は省略し、番号と刊行年月のみ記す）ほかにも、一九一四年以降ずっとこれが敵のやり方だったのであり（Nr. 273, Juli 1943）、「敵の放送局やモスクワやロンドンにやとわれた工作員が、とんでもない嘘を大量にドイツにもたらしている」と考えなければいけない（Nr. 251, März 1943）、何百回もややかたちを変えながら繰り返し流すことによって、信憑性を与えようとしている（Nr. 279, August 1943）といった記述がある。

（42）Nr. 273（Juli 1943）. この敵宣伝には効果的な対抗手段がないとも述べられている。

（43）Nr. 303（Januar 1944）; Nr. 385（Januar 1945）. まったく根拠のない噂であり敵工作員による攪乱にすぎないこと、将来もそのようなことは絶対になく、口座の預金は遺族にきちんと引き渡されると述べられている。

（44）Nr. 273（Juli 1943）. さらに六五歳以上は強制的に老人ホームに入れ、空いた住居を空襲被害者に提供する、という噂もあったという。

（45）Nr. 273（Juli 1943）. ラインラントやヴェストファーレンで空襲を受けた人びとをオーストリアに受け入れることを総統が約束した、という噂である。総統が自国民に対してそんなことをするはずがない、と指摘されている。

（46）Nr. 251（März 1943）; Nr. 337（Juni 1944）. すべての管区指導者は特別な証明書を持っており、それによってホテルでも配給券なしに食事ができている、という噂もあった。西部戦線でも、党指導者には通常の六倍から八倍の配給が割り当てられているという宣伝ビラがばらまかれていると記されている。

（47）Nr. 273（Juli 1943）; Nr. 276（August 1943）; Nr. 278（August 1943）; Nr. 318（März 1944）. ほかにも、総統やゲーリングが病気になった、ヒムラーがけがをして総統演説の場に来られない、などといった噂が流れた。敵がこうした情報を広めるのは、敵がいかにこうした人物を重要視しているかの証左であるとされた。また、SA〔突撃隊〕の指導者と陸軍将校が喧嘩し後者を射殺した、SS〔親衛隊〕と海軍の間でもめ事があるなどの噂も、党と国防軍の間にくさびを打ち込む敵の戦略とされた。

(48) Stanley Newcourt-Nowodworski, *Black Propaganda: In the Second World War*, Gloucestershire, 1996; Lee Richards, *The Black Art: British Clandestine Psychological Warfare Against the Third Reich*, Peacehaven, 2010.

(49) Richards, *op. cit.*, p. 28.

(50) Nr. 278 (August 1943).

(51) Nr. 273 (Juli 1943). ロシアのシラミと一緒で完全に根絶することは困難だ、という記述も見られる(Nr. 337, Juni 1944)。

(52) Nr. 337 (Juni 1944).

(53) Nr. 297 (Dezember 1943). 別の号では、本当の前線兵士とは沈黙しているものであり、自分からべらべらと自らの体験を話すこともないし、話すとしてもその内容は冷静で事実に即したもののはずであると記されている(Nr. 327, Mai 1944)。

(54) 「もっともひどい噂は、われわれの大都市への大規模な空襲のあとに生じる〔強調原文〕」(Nr. 273, Juli 1943)。機密上の理由から死者数を公表できないことをいいことに敵が誇張した数字を喧伝し、それが噂として広まるという、率直な記述も見られる(Nr. 278, August 1943)。

(55) Nr. 346 (Juli 1944).

(56) Nr. 278 (August 1943). 実際の数字は、当初の印象から思い浮かべる数字よりもはるかに少ないことが多いと書かれている。

(57) Nr. 337 (Juli 1944).

(58) Nr. 276 (August 1943). 「まともな生活を続けなさい。仕事をし、仕事に喜びを持ちなさい。よき戦友意識を維持し、慰めを必要としている人間を元気づけ、我々の勇敢で立派な国民を助け、厳しい時期をしっかりと乗り越えていこう」。一〇〇人のうち少なくとも九〇人はこうした人間であるとは記されているが、それ以外の一〇人、つまりまともな生活をしていない人びとが噂を広めていることが示唆されている。

(59) 第二九七号では、彼らが現地住民と同じレベルで噂にふけり、しかも敵住民にたいしてドイツに不利な話をぺらぺらとしゃべるのは「前代未聞のことだ」という批判がなされている。
(60) Nr. 318 (März 1944).
(61) 「それがドイツに益する情報であるならそれはよいことであり、伝達してよい。それがドイツを害するものであるならば、どんな状況であっても伝達してはならない〔強調原文〕」(Nr. 251, März 1943)。「どうやって噂を見分けるのだろう？　とくに、それが敵によるものであるかどうかをどうやって見極めるのだろう？　非常に簡単なことだ。話を聞いたら、ただこう自らに問いかければいい。この話は敵を利するものか、と。それを伝達するとわが民族の利益になるか、と。この問いさえ投げかければ、判断のさいに誤ることはない」(Nr. 318, März 1944)。「話を聞いたら、その話は自分の部隊の利益になるのか、害を与えるのかを自らに問いなさい〔強調原文〕」(Nr. 346, Juli 1944)。
(62) Nr. 327 (Mai 1944).
(63) Nr. 327 (Mai 1944).
(64) Nr. 327 (Mai 1944).
(65) Nr. 273 (Juli 1943); Nr. 346 (Juli 1944).
(66) 「ここ数週間、今後制定される厳しい緊急法制についての噂がかけめぐっています。この間、本当の計画が漏れ伝わってきました。それは労働法だそうです。この命令がどのような影響を及ぼし、どれくらいの商店がそれによって閉鎖しなければならなくなるのかは、今後を俟たなくてはなりません。しかしそれによって戦争経済にどれほど助けとなるのかは別の問題です。軍に役に立つのは若くて有能な兵士だけであって、年老いて、生きているのか生きていないのかわからない人間では役立たないのと同じで、産業界に役立つのもちゃんとした労働者だけでしょう」(MSPT-3.2002.0240, 1943.1.31)。以下史料番号は省略し、手紙の日付のみ記す。
(67) 「私が耳にする範囲では、我々はもうすぐ終戦を迎えそうだという意見が支配的です。ゲーリングについての噂も止みそうにありません。もっとも確かなことは誰も知りませんし、それゆえそれについて誰も述べることはできません」(1943.8.1)。
(68) 「数日前にマンハイムが敵によって占領されたとき、ここ〔シュトゥットガルト〕の人びとは非常に興奮していました。敵はすでにハイルブロンにいるといった誤った噂がかけめぐっていましたし、ブレッテンにやってきたと思い込んでいる人びともいました。……数日後に再び静穏さが戻ってきました。しかしすべての人びとは、敵がここにやってきたとしてもここに留まって、撃ち合いになっても地下室に行くのがよいという意見で一致しています」(1945.3.30)。

(69)「ここ数週間、いたるところで総統の健康状態について語られています。したがって、つい先日の英雄記念日〔三月二一日〕で彼が語るかどうかに、注目が集まっていました。確かに、彼は語ることはできました。しかし今回彼が語ったのは一五分だけで、演説原稿を読み上げることはできました。そこから人びとがはっきりと推察するに違いないのは、彼はまだ養生を必要とするということですが、それは驚くことでもなんでもないでしょう」(1943.3.23)。

(70)「同封した新聞記事によると、ゲーリングについて今出回っている噂はバーゼル新聞によって否定されたとのことです。ですが、我々の政府がきちんとした公的な否定を出せば、もっとよいだろうにと思います。というのも、健康についての噂であるからというだけでなく、彼は最高位の地位にある人物だからでもあります」(1943.7.14)。

(71)「統領についてここで一般的に言われているのは、彼は重い、治癒不能な病気にかかっているということです。きっと、だからこそ、彼と総統の会見は行われていないのでしょう。今リッベントロップがローマにいるため、この噂はさらに強く信じられているのです」(1943.3.2)。

(72)「彼〔ヒトラー〕が挙げた死者五四万二〇〇〇人という数字については、私がここ数日耳にする限りでは、人びとは異議を唱えています。彼らは〔第一次〕世界大戦の死者数を知っており、村落ごとの死者数を現在の死者数と比べています」(1943.3.23)。「ハイルブロンでは、行方不明者を含めて死者は公式には約八〇〇〇人と言われていますが、それよりもはるかに多いはずだという噂が執拗にあります」(1945.1.13)。

(73)「昨日報じられたブルガリア国王〔ボリス三世〕の逝去〔二八日〕という驚くべき知らせは、凶報と見なさなければなりません。というのも、とりわけムッソリーニ退陣に関しては、彼は我々の政府のよき友人だったからです。死因については噂が駆け巡っていますが、それについてここで触れたいとは思いません」(1943.8.30)。

(74)警察署長カール・シュヴァインレは一九四四年初夏に休暇を与えられ、八月一六日に正式に辞任している。

(75)同様の指摘として、Dröge, *a.a.O.*, S. 101.

(76)MSPT-3.2008.1389. 史料を引用・参照する場合には史料番号は省略し、日付のみ記す。ヴィルヘルムは一九二六年生まれ。パンおよびケーキ製造業を営むプロテスタントの家庭に育った。六歳上の兄カールは一九四三年、スターリングラード戦のさなかにソ連の捕虜となっている。ヴィルヘルムは国民学校〔当時八年制の初等、前期中等学校〕を卒業、一九四四年に一八歳になり徴兵された。第九九四擲弾兵連隊〔第二七八歩兵師団所属〕に配属され、イタリアで軍事訓練を受けた。装甲部隊への転属を希望するも、叶わず迫撃砲小隊に配属された。五月下旬には第二七八野戦予備大隊に転属となり、ここで通信部隊としての軍事訓練を受けている。七月下旬に再び元の部隊に戻され、最前線に送られて「砲火の洗礼」を経験。九月初頭、左ふくらはぎが深く脂腺にまで化膿するフルンケル（癤）にかかり、後方の野戦病院、次いでオーストリアの病院へ送られた。終戦時にはソ連の捕虜となり、その後帰国を果たしている。以下のオンライン・データベースで、ヴィルヘルムの略歴と写真、および一部の手紙の抜粋を見ることができる。https://briefsammlung.de/feldpost-zweiter-weltkrieg/konvolut.html（二〇一九年一二月一一日閲覧）

(77)　*Die Wehrmachtberichte 1939-1945 Band 3, 1. Januar 1944 bis 9. Mai 1945*, Köln, 1989, S. 151.

(78)　MSPT-3.2002.0822, 1944.4.22.

(79)　MSPT-3.2002.7153, 1945.1.25.

(80)　MSPT-3.2002.7327, 1944.7.1.

(81)　「前線で何かがうまくいっていないと私は思います。というのも、OKH〔陸軍最高司令部〕が、耐え抜くことなどについてのビラを我々に大量にばらまいているからです。戦況について我々は知らされていません。放送はなく、新聞もごくわずかです。悲惨だ、とにかく悲惨だ！」（MSPT-3.2002.7357, 1945.2.25）

(82)　「すでに水曜日の短い手紙で述べたように、我々の戦区では激しい戦闘が行われており、それについてはあなたがたも国防軍発表で動向を追うことができたでしょう。それについて、あとで一言述べます。国防軍発表は本当に前線における戦闘を事実に忠実に伝えているのか、我々はまさにそれを自ら判断することができます。あらゆる疑り深い人びとや不平家に対して、国防軍発表についてのぞっとする話はきっぱりとやめるようにと、その良心に訴えかけることができます」（MSPT-3.2002.0264, 1944.7.23）。

(83)　「今日、OKW〔国防軍最高司令部〕発表を聞いたり前線新聞を読めば、弱っちい性格の持ち主が我々の理想に対して裏切りを働いていることがよく理解できますが、しかし彼らはだからといってそれによって何も成し遂げることはないでしょう。我々は敵のプロパガンダによって黄金の山を約束されていますが、前の大戦の苦い経験で、こうした約束はどれくらい信じてよいものがわかっています。……だからこそ我々全員にとって重要なのはただ一つ、とにかく最後の決戦まで耐え抜くということです」(MSPT-3.2002.7133, 1945.3.3)。

(84) MSPT-3.2002.7257, 1944.9.30.

(85) MSPT-3.2002.7243, 1944.10.16.

(86) たとえば、ディフォンツォ前掲書、一五〇頁。

(87) 廣井前掲書、六頁。

(88) 松田前掲書、六九、四九、三三頁。

(89) 早川前掲書、六九頁。

(90) ディフォンツォ前掲書、一三九頁。「出来事の状況が複雑になればなるほど、見通しが利かなくなればなるほど、非公式のコミュニケーションが増加する。しかも、将来の状況を予期するというかたちで」(Dröge, *a.a.O.*, S.129)。

(91) 早川前掲書、五三頁。

(92) Manfred Bruhn, Gerüchte als Gegenstand der theoretischen und empirischen Forschung, in: Bruhn / Wunderlich (Hg.), *a.a.O.*, S. 13-39, hier S. 26.

第8章　エゴ・ドキュメントをめぐる後期ソ連の歴史実践

松井康浩

一　個人由来の文書――ロシア語のエゴ・ドキュメント

「エゴ・ドキュメント」という言葉が、槙原茂や長谷川貴彦らの仕事を通じて日本の学界で流通し始めたころ、ロシア語の世界にも同様に登場して、歴史家の間に一定の定着をみた。例を挙げれば、『エゴ・ドキュメントのなかの一九一七年のロシア』と題した書籍がモスクワの著名な出版社から刊行されている(1)。

しかし、ここでより重要なことは、エゴ・ドキュメントという外来語がロシアに持ち込まれたことではなく、ほぼ同じ意味をもつロシア語がそもそも別にあって、しかもそれが何十年も前から、ソ連のアーカイヴ関係者、歴史家の間では常識的に使われていたという事実である。документы личного происхождения、日本語に直訳すれば「個人由来の文書」、すなわち、日記、手紙、回想録といった個人が書き残した文書を総称する言葉である。日記、手紙や回想録などの史料としての利用が歴史学一般に常識的に見られたとしても、これらをトータルに括る言葉、つまりエゴ・ドキュメントのような一つに括る言葉がロシア語には早くから、管見の限りでは一九五〇年代には存在したこと、そして、そのような総称があっただけではなく、新しい歴史研究を切り開く史料との意義付けが遅くとも一九七〇年代には見られたこと、言い換えると、いま私たちがエゴ・ドキュメントに着目し、それに付与する歴史研究上の意義が、相当程度前からソ連に現れていたことは興味深い現象に思われる。

実際、ソ連時代から文書館は、この種のエゴ・ドキュメントを積極的に、かなりの規模で収集・保存してきた。ただ、歴史家が利用できるこの種の資料が数多く保管されたという量的な事柄以上に、エゴ・ドキュメント研究の現在的アプローチは、ソ連史の分野でこそ大いに力を発揮し、意義あるものと考えられる。というのも、ソ連時代の公的機関のアーカイヴ資料や新聞雑誌などのメディアの大半は公式の言語で、つまりソ連史業界の関係者が「ボリシェヴィキ語」と呼ぶ独特の言葉で書かれる傾向が強く、そのため、それらの公式文書に依拠するだけでは、本当のところ、その体制を生きた人々が何を考えていたのか、ソヴィエト体制や社会をどのようにとらえていたのかを知ることは不可能とはいわないまでも、相当困難であったからである。もし、日記や手紙といったエゴ・ドキュメントが、公式言語ではなく一般の人々自身の言葉で書かれていたとすれば、数多く残されたそれらの文書に依拠することで普通のソ連人の生きられた世界を従来とは異なる形で描き出すことが可能となるだろう。ポストソ連期の歴史家の少なからぬ人たちがこうした態度で資料に向かい、著者自身も、エゴ・ドキュメントを分析した著作を出版した[2]。

このように、ソ連時代にもエゴ・ドキュメントが分厚く存在していたとして、なぜ人々はエゴ・ドキュメントを書き残したのか、という問いは掘り下げて考えるに値する。その種の文書を個人が書き残した動機は、長谷川貴彦がいうところの「主体の復権」という文脈からも改めて注意が寄せられるべきであろう。執筆に着手する地点にこそ主体性、エイジェンシーが発揮されるからである[3]。

公的な世界が日常生活の領域にも覆いかぶさったはずのソヴィエト体制下で、なぜエゴ・ドキュメントが大量に書かれ、残されたのかに改めて注目すると、党＝国家の側の働きかけが大きな契機となっていたことに気づかされる。つまり、党＝国家権力によるエゴ・ドキュメント産出プロジェクトの存在である。社会主義建設の主体を継続的に作り出す狙いから、ソヴィエト体制は、体制の起源といえる十月革命や内戦の参加者、ソ連を工業大国に変貌させた一九二〇年代末以降の社会主義建設に積極的にかかわった人々に、主体的参加の記録としてのエゴ・ドキュメントを書き残すよう呼びかけ、働きかけ、収集し、広範囲な人々の動員にそれらを用いた。端的に言えば、新しい社会を作る新しい人間という主体を立ち上げる一つの手法として、エゴ・ドキュメントが利用されたわけである(4)。一例を挙げると、一九三〇年代初頭の社会主義建設下で進められた白海バルト海運河建設事業がある。この事業を管轄した統合国家政治局(OGPU)は、それが所轄する収容所の囚人を大量にこの建設事業に投入したが、単に彼らを労働力として活用したというにとどまらず、囚人ですら、労働を通じて新しい人間に、社会主義建設を積極的に担う主体に生まれ変われるとの位置づけで事業を推進し、自らの成長と自己刷新の記録として囚人にも自分史の執筆を促した。その一人、犯罪者から社会主義建設の担い手に自己変革を遂げたアブラム・ロッテンベルグの回想的語りは、作家ゴーリキーらが編纂した『スターリン記念白海バルト海運河――建設史　一九三一―一九三四』に収録されている(5)。

もちろん、人々は、国家の呼びかけにのみ応じて書いたわけではない。大テロルや収容所体験、第二次世界大戦などの様々な体験が人々に執筆を促した。また、後で再度触れるように、特に一九七〇年代には、激動のソ連史を生き抜いた人々が晩年を迎え、自分の体験を文章化した回想録を執筆する現象も広まりを見せた。

さらに、ソ連末期のペレストロイカの時期には、胎動する市民社会の側からも新たな動きが登場する。スターリン時代の抑圧を記憶にとどめることを目指す運動体として出発した市民団体「メモリアル」は、多数のエゴ・ドキュメントを発掘し、執筆者からの寄贈を受け、アーカイヴを設置するとともに、そのアーカイヴの存在自体が、人々に自らの体験を書き残すエゴ・ドキュメント執筆を促すこととなった。また、拙著を書く際に利用した「民衆アーカイヴ(Народный архив)」もメモリアルとほぼ同じ時期に設立されている。こちらはモスクワ歴史古文書大学(現ロシア国立人文大学)教員の歴史家ボリス・イリザーロフを中心とするプロジェクトで、この世に生を受けたあらゆる人の「個人由来の文書」を受け入れる方針を明示し、一般人が残したエゴ・ドキュメントを多数、収集・保管した(6)。

以上のように、現代ロシア史、ソ連史の文脈にエゴ・ドキュメントを位置づけた場合、エゴ・ドキュメントを書く、残す、発掘する、保管する、利用するといった一連の活動は、党＝国家、アーカイヴ、歴史家、市民団体、一般の人々の相互行為の産物としてとらえる必要があり、歴史研究の史料としてのエゴ・ドキュメントという視点にとどまらない、より広いパースペクティヴからアプローチすべきことになろう。したがって、ここでは、歴史学者の営みをさす「歴史研究」ではなく、各種の主体がその担い手となり相互に絡み合う「歴史実践」という言葉を用いたい。この用語は、アボリジニの語る歴史像を歴史学者の歴史記述と同じ平面で捉え、新たな、かつラディカルな歴史学を提唱した保苅実が主唱した言葉として知られている(7)。

「一人称」で書かれた私文書でありながら、国家を含む各種のアクターとの関係性の中にあるエゴ・ドキュメント、歴史学者、歴史研究者だけでなく、国家から市民にまで至る様々なアクターが絡み合う歴史実践の焦点にあるエゴ・ドキュメントという位置づけで、後期ソ連に現れた知られざる現象につき(8)、議論を展開したい。

二　「普通の人々」が書いたエゴ・ドキュメントへの関心——後期ソ連での動き

先述したように、後期ソ連、特に一九七〇年代以降のソ連社会に、「自分史」現象とでも呼ぶべき歴史実践が広がったように思われる。同時期に米国に移住した社会学者ウラジーミル・シラペントフの言葉を使えば、当時、「ソヴィエト社会の私化(privatization)」「脱国家化」の風潮が広まったが、そのことと「自分史」執筆にはなにがしか関係があるのかもしれない(9)。第一次世界大戦、ロシア革命、内戦、一九二〇年代末からの急進的な工業化や全面的な農業集団化、三〇年代後半の大テロル、そして第二次世界大戦における独ソ戦＝大祖国戦争といった激動のソ連史を生き抜いた人々が自らの晩年を迎え、相対的に平穏な時代にあたった一九七〇年代になって自身の人生を記した回想録を書きはじめたとしても不思議ではない。様々なエゴ・ドキュメントに分析を加えた遺著を残した歴史家ナタリヤ・コズローヴァは、「ソヴィエト社会が安定した」ことと回想録執筆の関連性を指摘していた[10]。

以上は、以前発表した拙著の中でも仮説的に記したことだが、その際、著者は、コズローヴァの仕事を跡付ける形で、ウラジーミル・エドーヴィンという人物の自分史執筆と家族の記録保存の試みに注目した。彼がその試みを始めるきっかけとなったのは、ソ連の一地方であるコストロマ州の党・政府機関紙『セーヴェルナヤ・プラウダ』が一九七八年に「家族の宝物」と題した巻頭文を掲載し(八月六日号)、それを目にしたことにあった。つまりエドーヴィンは、その巻頭文に触発されたわけである。そこには、親から子へと価値を継承することの重要性が説かれ、「家族のアーカイヴ」を各家庭で持つ意義が論じられていた。家族のアーカイヴは、手紙や写真、回想録といった「唯一無二の家族の運命を映し出すもの」から構成されることが推奨された[11]。

拙著の執筆時点では、地方の機関紙が私的領域に寄り添った文章を掲載した理由を調べたものの、突き止めるには至らなかったが、その後の調査により、以下のような経緯のあることが判明した。すなわち、一九七〇年代後半までに「家族のアーカイヴ」、家族が所有する私文書、言い換えれば普通の人々が書いたエゴ・ドキュメントに対する関心が、ソ連社会の中で同時多発的に、政府から一般市民に至るまで膨らんでいたということである。

まず、一九七七年三月一日付で発効したソヴィエト連邦法「史跡・文化遺産の保護と利用について(Об охране и использовании памятников истории и культуры)」に注目する必要がある。この法律制定の背景として指摘できるのは、宗教遺産などの破壊を続けたフルシチョフが退陣した一九六〇年代中頃あたりから本格化した新たな動き、すなわち、ロシアの古都や宗教遺跡などの保存の必要性に関する市民的な関心の高まりである。知識人や若者の間で特に広がったこの動きは、政府の中にもみられた類似の問題意識とも絡み合い、遺跡や文化遺産を保護する運動や取り組みにつながったのである。そのような文脈で、一九六五年七月に創設されたのが「全ロシア史跡・文化財保護協会(VOOPI

K)」であった。政府、知識人、市民が一体となって保護活動に取り組む政府公認の社会団体である。[12] したがって、七七年に発効した先の連邦法は、六〇年代半ば以後に活発化した以上の動きの延長線上にあったことは間違いないが、ここで重要なのは、保護すべき対象に「文書」も含められたことである。この法律の第五条では、様々な史跡、建造物などに加え、「文書遺産(документальные памятники)」にも言及があり、さらにその第一一条には、「市民個人が所有する歴史的・学術的・芸術的その他の文化的に意義ある価値を示す文書……は史跡・文化遺産と認められ、国家登録の対象となる」といった記述が盛り込まれた。[13]

その当時、この連邦法を、共和国レベルの関連する法律や一九七七年制定のいわゆるブレジネフ憲法の条項とも絡めて論評したアーキヴィストのマモーノフは、個人由来の文書の収集・保管・利用が全アーカイヴの重要課題の一つとなった重要な契機に、この連邦法を位置づけている。もっとも、マモーノフによれば、個人文書への関心はこの時期に初めて登場するわけではなく、十月革命直後の国家アーカイヴ再編指令(一九一八年六月一日付)にまでさかのぼることができた。つまり、ソヴィエト政権は、個人文書保管に一貫して注意を払ってきたことになる。ただ、この連邦法が制定された七〇年代後半が特筆されるのは、政治指導者や著名な文化人、あるいは革命や社会主義建設で功をあげた人ばかりではなく、「普通の人々(рядовые люди)」の個人由来の文書の収集・保管・利用が、歴史家やアーキヴィストの間で議論の焦点となり、その点への意識の高まりがみられたことである。[14] 連邦法の第一一条は、おそらくそのことを反映しているのだろう。

マモーノフを含め、個人由来の文書をめぐる当時の動向に言及した論者がみな共通して重視したのが、ソ連作家同盟機関紙である『文学新聞』が同紙上で行った討論である。連邦法の審議・採択・発効を挟む形で、一九七六年九月から七七年六月にかけて一〇回近い紙面を使って行われたこの紙上討論は、「歴史と我々一人ひとり(История и каждый из нас)」との表題の下で、この問題に通じた歴史家、アーキヴィスト、作家、あるいは一般市民の意見を取り上げた。

議論は多岐にわたったが、国立アーカイヴ等が、個人由来の文書収集の範囲を「普通の人々」にまで広げるかどうかが主たる争点であったといえる。

議論の口火をきったのは、レーニン記念ソ連国立図書館手稿部部長を務めていた歴史学者のジトミルスカヤであった。彼女は、個人文書を将来に向けて保存するのは国家的事業であるが、同時に「平凡ではあるが、にもかかわらず疑いなく歴史の創造者である」我々一人ひとりの任務であると述べる。したがって、これらの個人文書の何を、どのように保管するのかという問題は、なによりも広範な公共的議論に基づいて決定しなければならないのである。そして、そのような公共的議論の一つの機会となったのがこの紙上討論だった。その機会に彼女は、歴史家として、各種の個人文書にかかわる知見をちりばめつつ、かつ、自ら勤務するレーニン図書館手稿部が受け入れた資料が後になって重要な歴史的知見を引き出したケースに言及した。「M・I・ガルキン、S・T・パホーモフらの農民の手紙や手記は、第一次世界大戦から社会主義的変革にいたる時期の農村の生活が刻まれたある家族の世界を映し出しており、ソヴィエト社会史研究にとっての新たな資料となった」。この資料は、国家機関の公文書よりも、「より多面的で、具体的な側面」を明らかにすることにつながったのである。以上の事例に基づきつつ、ジトミルスカヤは、「我々アーキヴィストは、「傑出した人物」と「普通の人々」の間でいきさしつつ、区別する基準をじっくりと思索する」ことが必要で、したがって、「広範囲かつ多岐にわたる〔個人文書の〕収集活動が不可欠である」と主張し、次のような文章で締めくくった。「古い手紙を捨てるのは控えよう。家族の写真に注意しよう！　もしかしたら、将来、まさにそれらが二〇世紀後半を特徴づけるもの、と評価されるかもしれないのだから[15]」。

敷衍すると、個人文書収集の基準は、それを偉人が残したかどうかではなく、歴史研究上の意味がそこに見いだせるかどうかである。普通の市民のそれであっても新たな意味を提供するかもしれず、かつ将来の人々が何に注目し、何を重要視するかはその時点ではわからない。であれば可能な限り広く収集すべきだ、といったことになるだろう。

このようなジトミルスカヤの見解は、『文学新聞』が行った紙上討論では、多数からの賛同を得た。ただ、もちろん、異論も唱えられた。保管スペースの限界、施設の整備や維持に要する費用の問題、アーカイヴ業務への追加的負担といった実務的な問題に加え、「質を排除してただ量だけを残す危険」なども指摘された[16]。

ジトミルスカヤらに正面から反対意見を唱えたのは、アーカイヴ管理実務の責任ある立場にいる人たちであった。ソ連国民経済国立アーカイヴ(現在のロシア国立経済アーカイヴ)の副館長のツァプリンらは、「国家によって永久保存するに値する個人由来の文書の入念な選抜」に力点を置き、そのために、現在のアーカイヴで行われている資料収集・選抜には基準や方針があることを強調する。「わが国には、個人由来の文書の選抜・保管にかかわるアーカイヴ、博物館、図書館、学術研究機関の十分に明確なシステムが形成されている」とし、選抜・保管は「アーカイヴ文書群をどう編成するかという問題の解決に向けた一貫した学術的なアプローチ」に基づくべきことを主張した。「アーカイヴ、博物館、図書館において、文書を受け入れることの適切性を判断する発言権は誰にあるのか? いうまでもなく、これらの諸機関の職員であって、文書の所有者ではない」。最後にツァプリンらは、「我々は、活動の量的成果ではなく、質的成果に賛成である」と結論付けた[17]。

一連のやりとりの最終盤で登場したシュミットは、註(13)で言及したように、VOOPIKの中核にいて、「文書遺産」の問題にかかわってきた人物であった。彼は、ツァプリンらの論文は「不協和音をもたらした」と述べて、批判に紙幅を割くとともに、特に、「普通の人々」が残した個人由来の文書の重要性を様々に論じた。行論の関係で最も注目すべきなのは、それまでの議論ではほとんど触れられていなかった大祖国戦争体験者が書いた手紙や回想、すなわち大祖国戦争にかかわる個人由来の文書の収集・利用の問題を取り上げたことである。シュミットの話は、それらの文書に基づいて人気を博したテレビ番組が作られたケース、兵士らの個人文書の探索に取り組む中学・高校の生徒の活動や郷土誌研究の取り組みなどに及んだ。特に、文書選抜方針の存在を強調したツァプリンらに批判を加えることを念頭に、ペルミ州の国立アーカイヴ職員らが編纂した「個人文書群の編成に関する方法論的指針」(一九七五年)に触れ、そこから次の一文を引用したことは注目に値する。

個人文書は、実践的のみならず、学術的にも大きな意義を有する。……我々の同時代人はしばしば謙遜して、自分たちの文書は歴史的関心を惹かないだろうなどと考えるが、そうではない。歴史のプロセスの客観的な解明のためには、傑出した人物のみならず、我々の時代を生きた普通の働き手の見解が貴重なのである。(18)

以上みてきたように、異論も交えられたものの、全体的には、「普通の人々」の「個人由来の文書」の意義が強調され、その収集・保管の推進に議論は傾いた。

『文学新聞』の編集者が、初回の紙面で、連邦法「史跡・文化遺産の保護と利用について」の策定が進んでいることに言及したように、この紙上討論は、連邦法の審議と深く結びつく形で企画されたことは間違いない。ただ、それだけにはとどまらないより広い背景があったことも併せて指摘できる。それは、本紙編集部が、この紙上討論の連載を始めた理由を、読者からしばしば寄せられる投書、自身の体験をまとめた回想記録の保管を願う投書に求めたことであった。「読者がテーマを提供する」との見出しを持つコラムに取り上げられた七二歳の読者は、「我々の孫は現在にしか価値を置かず、我々が自分たちの記録を燃やさなくても、彼らが廃棄してしまうのではないか」と述べながら、自身の体験を後世に伝えるための「私人のアーカイヴ部門」を組織化する支援を『文学新聞』に要請していた。(19)

史跡・文化遺産を保護する機運の高まりとの関連で登場した「文書遺産」を保存する問題意識、連邦法「史跡・文化遺産の保護と利用について」、『文学新聞』が企画した紙上討論、あるいは晩年を迎えつつある人々から寄せられる個人文書保管の期待などが、この一九七〇年代後半の時期に、相互に絡み合いながら一斉に現れていたのである。前述した『セーヴェルナヤ・プラウダ』紙が掲載した巻頭文「家族の宝物」は、この文脈で現れたのである。

なお、後述する各地方アーカイヴの動きの詳細も含めて、大祖国戦争の時期以降に見られた個人由来の文書の収集・保管の営みを主題とした学位候補論文を執筆したマリヤ・アリトマンは、大祖国戦争勝利三〇周年を控えた一九七〇年代中ごろから、各地の国立アーカイヴが、前線からの兵士の手紙、戦争の回想といった個人由来の文書の収集・保管の取り組みを本格化させたことを指摘している。[20] つまり、国民が広く過酷な体験を共有し、かつその勝利を味わった大祖国戦争の記憶を呼び覚まし、それを新しい世代とも共有する意義に焦点を合わせながら、普通の人々が書いた個人由来の文書を収集・保存・利用する動きがソ連社会の中に現れ、定着していったと考えられる。

三　「大祖国戦争」を伝えるエゴ・ドキュメント——ウラジーミル州での歴史実践

マリヤ・アリトマンの学位候補論文、及び先に言及したマモーノフの指摘によれば、一九七〇年代後半を待つことなく、大祖国戦争の最中から、戦時期に書かれた個人文書には一定の注意が向けられていた。マモーノフの記述の中で特に興味深いのは、十月革命直後の国家アーカイヴ再編指令（一九一八年六月一日付）の発布二五周年を記念して、第二次世界大戦中の一九四三年六月に開催された全連邦歴史家アーキヴィスト会議での作家アレクセイ・トルストイの発言である。「前線からの手紙、日記、目撃者の話を可能な限り収集し、かつアーカイヴに引き渡す必要がある」。この発言は、早い時期から、兵士、すなわち普通の人々が書いた個人由来の文書をアーカイヴが収集の対象にする必要性が意識されていたことを示す。さらにその会議では、「大祖国戦争の文書資料の収集・保管に関するソ連アーカイヴ諸機関の任務について」と題した決議も採択されていた。[21] ただマモーノフが付記するように、疎開も強いられた戦中の混乱、復興に傾注した戦後の事情の中でアーカイヴはこの文書収集活動に力を割くことはかなわず、実際の取り組みは六〇年代以降、とりわけこれまで指摘したように、大祖国戦争勝利三〇周年にあたる一九七五年以降に本格化したものと考えられる(22)。

『文学新聞』紙上討議の中でシュミットがペルミ州のケースを紹介したように、すでに各地の地方アーカイヴでは普通の人々の個人由来の文書に注目が集まり、収集の試みも始まっていた。また、同じくシュミットが言及したように、兵士の個人文書を探索する中学・高校の生徒の活動や郷土誌研究のなかでも同様の試みが行われていた。各地の動きにも促される形で、大祖国戦争に的を絞り、前線の兵士が書いた手紙や銃後から前線に送られた手紙の収集を呼び掛けたのが共産党指導下の社会団体である青年共産主義同盟（コムソモール）であった。一九八〇年初め、作家同盟の若者向け文芸誌『ユーノスチ』の誌面を使って、全連邦コムソモール中央委員会は次のように呼びかけた。

私たちは、家族のアーカイヴに前線からの手紙を保管しているすべての人に、また、大戦の古参兵に、その家族のメンバーに、その親族、知人、近親者に呼びかけます。私たちは、過酷であったものの栄誉ある戦争の時代におけるこの上なく価値ある証言を後世に残すため、前線の手紙を保管する全連邦統一書庫を設置します。コムソモール中央委員会の決定により、この書庫はモスクワのコムソモール中央アーカイヴの下に作られます。……手紙を次のアドレスに送ってください。……(23)

おそらく、このコムソモール指導部の呼びかけは、各地ですでに進んでいた実践に拍車をかけることになった。そして、一連の動きの中でも最も興味深い事例は、おそらくウラジーミル州で行われたそれである。

ウラジーミル州のケースは、州の国立アーカイヴのアーキヴィスト、学校や生徒、教育大学学生、コムソモール、ＶＯＯＰＩＫの支部、戦争古参兵、地域のメディア関係者などが協働し、体系的に取り組んだまさしく歴史実践であった。これを率いたのは、その当時、州国立アーカイヴの上級研究者(старший методист)であった歴史家のイリヤ・アリトマンである。ウラジーミル州の取り組みが他の地域のそれと異なるのは、イリヤ・アリトマンが、個人由来の文書を探索するユニークな手法を採用し、その実施を主導したところにある。一九八〇年五月に開始されたその取り組みは、「「前線の手紙」作戦(Операция «Фронтовое письмо»)」と名付けられた。[24]

「前線の手紙」作戦の柱は、生徒のフィールド活動であった。日本でいえば中学生から高校生にあたる生徒を「探索隊(поисковые отряды)」に組織化し、大祖国戦争期の個人由来の文書を集める試みである。生徒たちは、イリヤ・アリトマンらが作成したアンケート調査の書式を携えて各家庭を回り、「家族のアーカイヴ」の有無につき調査を実施した。その結果、前線と銃後を行き交った三〇〇〇通以上の手紙、日記、兵士の回想、写真など全部で約五〇〇〇件の文書が集められた。またこの探索隊は、大祖国戦争にかかわる回想の聞き取りを行い、回想録の執筆をも働きかけた。後述する経緯のため、最終的には五年間にわたって行われたこの作戦を通じて集められた文書は、毎年、学校付設のミュージアムに展示された後、大祖国戦争の記念日を前に州国立アーカイヴに寄贈された。[25]

この歴史実践の最も注目すべきポイントは、生徒がアーカイヴ側の用意したアンケート用紙を持参して各家庭を訪問し、前線からの手紙、前線への手紙を収集したことであり、アーカイヴ側は生徒が各家庭から得たアンケート用紙を回収することを通じて、家族アーカイヴの所在とその内実を把握したところにあった。生徒の活動を受け継ぎ、回収したアンケートに基づいて、アーカイヴ関係者によるその後の専門的調査が可能になったからである。イリヤ・アリトマンは、作戦終了後に執筆した論文で、この作戦を「国立アーカイヴと学校郷土史活動の協働(взаимодействие)」と評している。[26] すなわち、アーカイヴと学校及び生徒の協力がこの作戦行動において最も重要であった。

すでに述べたように、そのアンケートの書式、それを使った一連の活動の手引きの策定にあたってその中心に位置したのはイリヤ・アリトマンであった。[27] その手引きは、活動が公式に開始される前の一九八〇年四月にはウラジーミル州の出版所から印刷の同意が得られ、一〇〇〇部刷られている（奥付情報）。「「前線の手紙」作戦」という主題と、副題の一部に「探索グループ指導者への手引き（Рекомендации руководителю поисковой группы）」を持つこのマニュアルに則って、この実践手法をいましばらくフォローしよう。[28]

この手引きは、アンケート部分の書式も含め十数頁からなる小冊子である。その冒頭は、次のような文章から始まる。

前線からの手紙、日記、手帳、前線の新聞、写真、証明書……、すなわち大祖国戦争期の文書は、比類なき貴重な人民の宝物（бесценные реликвии народа）である。過酷な戦争の時代の文書を発掘し、登録し、収集し、保管し、それらをイデオロギー的・教育的・学術的目的で利用することは、大祖国戦争の古参兵と八〇年代のコムソモール員を結び付ける崇高な任務である（三頁）。

ソヴィエト体制の公式言語を基調とした文章だが趣旨は明快である。戦時期の個人由来の文書を媒介として、戦争世代の大戦の体験や記憶を次世代に、若者に伝え、世代を超えて共有することである。ここで、その文書ないし記憶を「宝物」という言葉で表している点は注目に値する。先に言及してきたコストロマ州の機関紙の巻頭文「家族の宝物」でも用いられた表現だが、この用語は、当時の新聞記事や関連する文献などでも頻繁にみられた。イリヤ・アリトマン自身、「家族の宝物」という言葉を用いたことがある。[29]

この手引きは、「前線の手紙」作戦の主たる任務に続き、具体的な活動目標を次に示した。第一にあげられた目標は、「ウラジーミル州国立アーカイヴに組織される大祖国戦争期の州統一書庫の設置」であった。そして、これに続く形で、郷土史活動、学校ミュージアム活動の活発化などが列挙された。このような列挙順からは、地方アーカイヴを充実させることを目的にしたアーキヴィスト主導の事業という印象を与えるかもしれない。実際この点は、この手引きの締めくくり部分にもうかがえる。「前線の手紙」作戦で収集された文書は学校などで一時保管されるものの、最終的には州国立アーカイヴに集約され、保管はもちろんのこと、文書の展覧会なども、アーカイヴ側が実施すると記述されている。「州国立アーカイヴは、アーカイヴの保管室に集めた文書を引き渡した学校や教育大学でこれらの展示会を行う義務がある」。「戦時期文書の州統一書庫が、オリジナルな文書の包括的な保管とその利用を確実なものとする。州国立アーカイヴに文書を引き渡したすべての探索隊は、アーカイヴの読書室でそれらを利用し、また必要な場合には、一時的にそれらを持ち出す完全な権利を有する」(一〇頁)。このように、手引きの記述は、学校・生徒との協働とはいいながらも、ややアーカイヴ側の問題意識が強く反映されたものであった。

なお、経緯からして当然ながら、コムソモールや若者もこの作戦の中核を担うべき存在であった。それを裏付けるように、本作戦活動を実施する本部はコムソモール州委員会の下に置かれ、州委員会第二書記が議長を務めることが記されている[30]。また学校や大学に作戦実施のための組織センターを置くこと、特に既存の学校ミュージアムや探索隊がある場合には、教師の指導とコムソモール委員会の参加の下に、そこに基礎を置く形で組織センターを設置するよう指示されている。

この手引きでは、活動準備や実際の活動に関する記載は非常に詳細で、それが数頁にわたって続いている。過去に大戦期の文書を収集した活動実績がある場合は、その量や種類(前線の手紙、写真、日記、回想など)の情報を、手引きの末尾に付された付録アンケートに従ってアーカイヴに届けることがまずは求められた。新たに収集活動に当たる際の準備作業についての指示も周到である。探索隊設置後、まずは地区の軍事委員会に向かい、当該学校の対象エリアに住む戦争古参兵やその家族の氏名、住所などをリストアップする。またそれとは別に、探索活動を実施するメンバーの家族や親族の家族アーカイヴの調査も行う。学校のコムソモール集会などでも、生徒に作戦を説明して、各家族の個人アーカイヴ調査を呼び掛ける、などである。活動にあたってのフィールドノートの取り方、書類作成方法などへのアドバイスも詳しい。さらに、実際の家族訪問は次のように二段階で行うことが指示されていた。

作戦は基本的に二段階である……。

1．戦争古参兵やその家族を訪問し、大祖国戦争期の文書を保管する意義にかんして彼らと懇談する。この際、家族の中でこれらの文書を探索し、整理する時間の必要性を考慮しなければならない。それに加え、作戦実施者の質問に答える精神的な準備も必要とされよう。であればこそ、最初の訪問では、実施される活動の範囲についての話や、文書探索の要請、その所在の有無にかかわらずアンケートの設問には回答をお願いしたい、といった話にとどめざるを得ない。何が戦時期の文書に該当するのか、関連資料とは何かを説明することも重要である。なぜなら、しばしば「ドキュメント」というと、証明書などの狭い範囲の文書ととらえられがちだからである。最後に、文書保有者にとって都合のよい再訪時期の約束を取り付けることが不可欠である。〔中略〕面談の過程で次の情報を記録する。①面談場所〔正確な住所〕、②誰から情報を得たか〔戦争従事者からあるいはその親族から〕——姓、名、父称〔ミドルネーム〕、年齢、職業、③誰が記録したか、記録の日付。……

2．第二段階では、作戦実施者は、その所有者から戦時期文書を受領し、それを登録する目的を追求する。二回目の面談では、アンケートをすべて埋めてもらい〔最後の三つの項目は作戦実施者によって記入〕、戦争古参兵へのインタビューを「回想・語り記録ノート」に書き留め〔録音機の利用を推奨〕、発見された文書すべてを確保するよう努めなければならない。この際、倫理的な配慮を要する。例えば、母親に息子の最後の一枚の写真や前線からの手紙を〔引き渡すよう〕求めてはならない。とはいえ、国の保管室への引き渡しを望まない存命中の人の文書をアンケートに記録する必要はある。また、希望に応じて文書は返却されること、引き渡し後にそのコピーを用意できること、国家であればオリジナルな文書の永久保管が確実になるだけでなく、新聞や展覧会での新たな公開といった形で、文書に第二の命を与えられることを説明しなければならない。〔後略〕

この手引きでは、作戦の終了は一九八〇年一二月に設定されていた。集められた文書やアンケートは地区や市のアーカイヴに、ウラジーミル市の場合は州国立アーカイヴに引き渡すことが指示され、その際、手引きにある目録表に記入し、それを添えることも求められた。

以上、かなり長々と手引きの内容を紹介したが、その作戦に大きな成果があったことはすでに述べたとおりである。イリヤ・アリトマンおよびマリヤ・アリトマンは、作戦開始からほぼ一年後の成果を「国立アーカイヴと学校郷土史研究――協働の今後」にまとめ、またイリヤ・アリトマンは五年間の作戦終了後の総括論文を発表している。成果と生じた問題の双方に言及があり、興味深い。例えば前者では、作戦活動の過程で当初生じた問題点が次のように記されている。まず、生徒の参加について、低学年(第五―七学年。中学生にあたる)の生徒は積極的であったのに対し、高学年(第九―一〇学年。高校生)は、当初、探索活動に対する関心が薄く、比較的後になってようやく活動に惹きつけられるようになったという[31]。また、実際の活動の中では、文書を保有する家族がオリジナルを引き渡したがらないケースも多くあった。期間限定での引き渡し、あるいは、コピーをするのは許容するといったケースである。最も深刻な問題として指摘されたのは、学校側が収集した文書をアーカイヴに引き渡すことを拒否した事例である。理由は学校ミュージアムへの展示を優先したためであった。特に収集数が限られた学校の場合、そのような対応を示す傾向があったという。そこで州国立アーカイヴは、学校に対して、例えば、コピーを用意する、一時的な利用に限りオリジナルを貸し出す、といった措置を講じることで対応したことを記している。ともあれ、初年度の成果としては、七一七通の手紙を含む一〇〇〇以上の戦時期文書を収集することに成功した[32]。

後者の論文によれば、当初の予想とは異なり、帰還した兵士やその家族のところには手紙はほとんど残されておらず、戦死した兵士の母親・妻がその多くを保管していたという。また、学校や生徒との協働で行った作戦以外の手法で収集しようとした試みがいずれもあまりうまくいかなかったことに触れている。例えば、古参兵や退役軍人を組織している軍事委員会系列で、「大祖国戦争出征者証」の更新に際して元前線兵士に対して配布した一五〇〇〇通のアンケートの回収が一〇〇通程度にとどまったこと、メディアを経由しての呼びかけもあまり効果がなく、アーカイヴと所有者のコンタクトが限られていたことなどである。学校ミュージアムが設置されていない学校の郷土史活動も作戦に向けた準備が弱かったことを指摘している。裏を返せば、ミュージアムがある学校の生徒との協働が首尾よく成果を収めたことになるだろう。学校からの文書の回収にあたって有効だったのは、コピーを取ってそれとの引き換えでオリジナルをアーカイヴ側に引き渡す手法であった[33]。手引きには、所有者にコピーを渡す記述はあったが、学校へは予定されていなかったから、実際の活動のプロセスで新たに採用されたのだろう。ともあれ、一連の活動により、重要なコレクションも得られた。それぞれ四一一通、三八四通もの前線からの手紙が保有されていた家族もあった[34]。

ウラジーミル州の「前線の手紙」作戦は他の州にも影響を与え、この活動手法が広まりを見せ始めた。おそらくそうした各地の活動を受けて、モスクワのコムソモール指導部は、新たなプロジェクトに乗り出した。一九八一年九月一日付コムソモール中央委員会決定による「大祖国年代記（Летопись Великой Отечественной）」プロジェクトである。その活動の柱は、前線の手紙を送り届けることを求めた八〇年初頭のコムソモールの呼びかけの延長で、「戦時期に書かれた文書や宝物の探索・収集」を行うことであり、それをアーカイヴや公共博物館に引き渡すことであった[35]。つまり、ウラジーミル州の実践と異なるところはなく、かつその活動手法を受け継ぐものであった。実際、このコムソモールの新たな活動のための手引きをまとめたのはイリヤ・アリトマンらであった。本プロジェクトの開始により、一九八一年末までに、一五〇〇〇通の前線の手紙が中央委員会アーカイヴに届けられたことが報告されている[36]。そしてこのコムソモールの全国的プロジェクトが開始されたことから、当初、一年間を予定していたウラジーミル州の「前線の手紙」作戦もさらに四年間延長され、一九八五年五月まで活動を継続することになった[37]。

なお、このプロジェクトの名称からも容易にうかがえるように、この取り組みに、ソヴィエト愛国主義を涵養する目的が控えていたことは間違いない。コムソモール中央委員会書記局は、一年後、スモレンスク州による本プロジェクトへの取り組みの現状に批判を加えたが、その際、「先の世代の英雄的偉業を模範とした若者の軍事的・愛国主義的教育の改善に必要な条件を作り出すこと」を要請していた[38]。また、一九八五年に発表された本プロジェクトの解説記事は、「これらの文書〔前線の手紙〕が歴史的価値を有するのは疑いなく、若者の軍事的・愛国主義的教育にとっての特筆すべき資料となる」と評していた[39]。仮説的に述べれば、このコムソモールのプロジェクトは、当時ソヴィエト社会に広がっていた「私化」「脱国家化」の風潮を押しとどめ、大祖国戦争の体験や記憶を頼りに、家族や郷土を媒介にしながら愛国心を植え付けようとした試み、とも解釈できる。コミュニズムのイデオロギーが威力を持ちえなくなった時代における国民統合の新たな試みとも言い換えられるだろう。

もちろん、ウラジーミル州の歴史実践も大祖国戦争期の個人由来の文書に焦点を合わせたもので、ソヴィエト愛国主義の基調に支えられて成功を収めたことは間違いない。ただ、ウラジーミル州のケースは、愛国主義涵養の運動というだけにとどまらない、さらなる成果を伴っており、特筆に値する。イリヤ・アリトマンとヤコフ・シャプキンの編集による『感情のクロニクル一九四一—四五年——ウラジーミルの人々の前線からの手紙・前線への手紙』(一九九〇年)の刊行である。編者による序文には、「前線の手紙」作戦を通じて、三五〇〇通を超える手紙、約一〇〇〇枚を超える写真、回想、日記等がアーカイヴに収蔵され、さらに約三〇〇〇通に上るアンケートも回収されたことが記されている。同書には、そのうち、一二〇人の筆者が書いた大戦期の手紙が収められたが、それらの大半は、三五校の生徒がアーカイヴに引き渡した文書であった。同書の末尾には、所収の手紙の筆者の氏名及び生没年の一覧(大半は戦時中に死亡）とともに、その手紙を集め、アーカイヴに届けた学校のリストも付記されている(40)。

同書が持つもう一つ印象的な事柄として、「感情のクロニクル」という目を惹くタイトルがある。近年、歴史学の新たな展開として注目を浴びる「感情史」の系譜にも位置づけられそうな魅力的なタイトルである(41)。これは、大祖国戦争に従軍しつつ、前線兵士を詩に歌った戦場詩人ヨシフ・ウトキン（一九〇三―一九四四）の「私に手紙を書いて」の一節からとられたものである(42)。

私に手紙を書いて。燃え盛る戦場のアドレスに宛てて……
もう間もなく帰れるだろう。そう思う、そう信じている。その時は来るはず……
いつかその夜に、君と肩を寄せ合って腰を下ろし、手紙を読み返そう。戦闘の記録として、感情のクロニクルとして(43)

本書に序文を寄せたジャーナリストのグリゴーリー・ラトゥイシェフは、前線の手紙には自作の詩や戦場詩人の詩が引用されていることが珍しくなく、このウトキンの詩もその一つであったことを記している(44)。

書籍化されるまでにその成果を発揮したウラジーミル州のプロジェクトは、様々な新聞・雑誌で取り上げられ、それを率いたイリヤ・アリトマンをも一躍、著名な人物とした。彼自身は、その後、ウラジーミル州国立アーカイヴを離れ、モスクワ歴史古文書大学（現ロシア国立人文大学）の教員となり、今も第一線の研究者として活躍している。ユダヤ系ソ連人であったイリヤ・アリトマンは、ソ連崩壊前後から、ドイツ占領地域でのホロコースト研究の第一人者となり、大祖国戦争期のユダヤ人の手紙・日記集の出版やソ連領内でのホロコーストにかかわる百科事典の編纂などに従事してきた。近年では、独ソ戦の開始後、ソ連領内にドイツ軍が設けたユダヤ人収容所の解放にかかわったソ連兵士等が残した個人由来の資料、つまりエゴ・ドキュメントの収集を学校や地方アーカイヴ等と協働で進めるプロジェクトの推進に携わっている[45]。

四　現代ロシアにおける歴史実践

以上、後期ソ連に、一般の人々が書いたエゴ・ドキュメントへの関心が生まれ、愛国心や愛国主義の涵養をも狙いとしながら、学校や生徒を巻き込んだ歴史実践が展開されたことを明らかにした。なお、この営みは現在のロシアでも各地で続けられている。つまり、大祖国戦争期の個人由来の文書の収集および展示の活動は今も継続する事業なのである。その種の営みを評したスターヴロポリの地方紙は、「それらはさらなる歴史研究の基礎となるだけでなく、若者の愛国主義教育に利用されなければならない」ことを強調している[46]。二〇一五年、大祖国戦争勝利七〇周年を記念して各地で記念の催しが実施されたが、地方のアーカイヴが中心となって、一九七〇年代以来蓄積されてきた大祖国戦争期の個人由来の文書の展示会も開かれている模様だ。また、アリトマンらの編纂になる『感情のクロニクル』の第二版も二〇一四年に出版され、それを記念するイベントも開かれている。翌年には第三版も出た。ソ連後期と現在のロシアとの間の連続性を強く感じさせるものであり、「愛国主義」がキーワードとなっていることは間違いないだろう[47]。

しかし、普通の人々の書いたエゴ・ドキュメントへの関心は、単に愛国主義の育成・涵養といった、ソ連後期から現在のロシアにまで連なる国民統合のテーマにのみ結びつけられるべきではない。『文学新聞』などに投書を寄せた人々は、第二次世界大戦の体験は重要だとしてもそれだけには縛られず、自分の人生そのものの記録を残すことを望んでいたからである。巻頭文「家族の宝物」に刺激を受けて、自らの回想録を書き始めたエドーヴィンも、それが

「終わりなく長く保管される」ことを望んでいた[48]。

自分の生きた証を永遠のものにしたいという人々の要請を受け止める興味深い試みを行ったのが、本章の冒頭でも言及した「民衆アーカイヴ」であった。このアーカイヴの設立趣意書には、「すべての人は、いつどこに生まれようとも、この世にあらわれたという事実そのものによって、この権利〔不死の権利〕を有する。民衆アーカイヴは、事実、あらゆる文書を受け入れる。……我々は、各人は個人的不死の権利を持つと宣言し、あらゆる人からあらゆるものを受け取ることを自らの義務とする」と書かれていた。このやや独特な「不死の権利」思想は、一九世紀のロシアの哲学者ニコライ・フョードロフに由来することを、先行研究はすでに明らかにしている[49]。

ただ、ここで追加的に指摘したいことは、この民衆アーカイヴ事業を率い、その設立趣意書を書いたモスクワ歴史古文書大学のボリス・イリザーロフが、本論が取り上げたアーキヴィストや歴史家たちによる一九七〇年代前後の議論に、目立つ形ではないものの深く関与していたことである。民衆アーカイヴは、一九八八年の設立から約二〇年間活動を続けたものの、資金難により閉鎖され、それが集めたエゴ・ドキュメントは、ロシア現代史国立アーカイヴに移管された。とはいえ、その二〇年間の営みとその意義を踏まえ、イリザーロフは、その文書の紹介と解説、自らの思考をまとめた本を二〇一四年に出版している。その序文のなかで、彼は、民衆アーカイヴの試みを「実験」と捉え、「いくつかの理論的命題を実践するという人文科学では珍しく稀な機会」であったとする自己評価を加え、次のように強調した。民衆アーカイヴの活動は、「一見して無価値に思われる資料がすべて、情報として有用かつ汲みつくせない価値を持つことを多くの人に証明した」。その上で、歴史をさかのぼり、「ソ連では、前世紀の一九六〇―七〇年代に、この問題をめぐる歴史家とアーキヴィストの間での最も興味深い論争が行われ、そこに私も参加した」ことを付記し、「その当時、あらゆる時代のあらゆる文書をトータルに保管することへの敵対者の主要な論拠は、そうしたアプローチは実現不可能というものだった」とコメントしている[50]。

以上の記述を手掛かりに、ソ連時代にイリザーロフが書いた論文「社会的記憶の観念に照らしたアーカイヴ文書」に目を移すと、そこでも彼は、「社会の中で生まれ、流通するあらゆる文書の全体的収集」という論点に言及しつつ、国立アーカイヴの社会的機能として、「国家の文書的記憶という方針」か「社会全体の社会的記憶の中核となる」のかという二つの選択肢を提示しながら、後者がより好ましいことを主張していた。さらに、祖国のアーカイヴ事業の歴史の中で初めてアーキヴィストたちが、「普通の労働者、コルホーズ員、知識人の大規模文書群にどうかかわるのか、自らの立場を示す課題」に直面したことに言及していた[51]。敷衍すれば、民衆アーカイヴの設置と運営は、イリザーロフも関与していた七〇年代前後の歴史家・アーキヴィストたちの論争に、実践の上で決着をつけようとする「実験」的試みだったのであり、ただ、前述したような資金難により閉鎖されたことからすれば、ひとまずは「失敗」に終わったということになるのだろう[52]。

しかし、イリザーロフは自著の中で、実現不可能という「敵対者の主要な論拠」は、情報化時代以前の、パソコンもインターネットもない時代の話であり、今の社会状況は大きく変わったことを力説する。「新たなメディア、バーチャルなスペースでの情報の収集・保管という無尽蔵の可能性が開けたことにより、その存在の期間に人類が創り出したものだけでなく、惑星地球に生まれ落ちた一人ひとりの個人の情報すべてを保管することが可能となった」というのである。イリザーロフは最後に次のような文章で自著の序文を締めくくった。

モスクワの地で、一九八八―二〇〇八年に行ったような形での民衆アーカイヴの活動は、今では意味を失った。中間的、ナショナルな段階を経て、自己組織的に情報スペースを補充していくグローバル・ネット――「単一の人類アーカイヴ」を創設するという課題が前方に立ち現れているのである。この点に関するさらなる思索は、私をして、当面の、それほど遠くはないユートピアへと連れ出すことだろう[53]。

この半世紀近くの間に、「普通の人々」が書いた個人由来の文書を国立アーカイヴに収めるかどうかという議論から、バーチャルな空間で個人の情報すべてを収集・保管するというユートピアにまで、エゴ・ドキュメントをめぐるソ連・ロシアのアーキヴィスト・歴史家の議論、特にイリザーロフの議論は壮大に展開を遂げたことになる。ユートピアがディストピアと背中合わせであることへの批判を横に置けば、イリザーロフの思索の展開はとても興味深いものである。また、この思索のプロセスで生まれた民衆アーカイヴの「実験」は、一九七〇年代に広く見られたと考えられる、自らの生の証を「永遠の記憶」にとどめたいとの欲望にかなりの程度応えるものであった。もちろん、イリザーロフの実践に加え、前線の兵士と銃後の家族を結んだ手紙を生徒と協働して収集し、アーカイヴに永久保存し、展示会で、メディアで、あるいは書籍として世に出し、「第二の命」を与えたイリヤ・アリトマンらの歴史実践も、愛国主義イデオロギーとの結びつきはあるものの、高く評価されるべきだろう。

本章は、エゴ・ドキュメントをテキストと捉えて歴史研究に利用するといった狭いアプローチを超えて、様々なアクターがその担い手となり、絡み合う歴史実践として捉える視点を強調することで、エゴ・ドキュメントをめぐる議論に新たな一石を投じようとする試みであった。

(1)　槙原茂編『個人の語りがひらく歴史――ナラティヴ／エゴ・ドキュメント／シティズンシップ』ミネルヴァ書房、二〇一四年、長谷川貴彦「エゴ・ドキュメント論――欧米の歴史学における新潮流」『歴史評論』第七七七号、二〇一五年、Россия 1917 года в эго-документах: Воспоминания. М.: РОССПЭН, 2015.

(2)　スターリン時代に書かれた日記を分析した最も代表的な著作として、Jochen Hellbeck, *Revolution on My Mind: Writing a Diary under Stalin*, Cambridge, Mass.: Harvard University Press, 2006がある。もっとも、ヘルベックは、公と私の二分法的理解を批判し、人々が体制の言説体系の中で生き、考えたことに力点を置く。そのアプローチに修正を加えようと試みたものとして、松井康浩『スターリニズムの経験――市民の手紙・日記・回想録から』岩波書店、二〇一四年。
（3）長谷川貴彦『現代歴史学への展望――言語論的転回を超えて』岩波書店、二〇一六年、第四章。および、松井前掲書、序章を参照。
（4）松井前掲書、八―一二頁。
（5）松井康浩「スターリン独裁下の社会と個人」松井康浩・中嶋毅編『スターリニズムという文明〈ロシア革命とソ連の世紀 2〉』岩波書店、二〇一七年、一二四―一二六頁。
（6）松井前掲書、vi・一七一―一七二頁。
（7）保苅実『ラディカル・オーラル・ヒストリー――オーストラリア先住民アボリジニの歴史実践』御茶の水書房、二〇〇四年／岩波現代文庫、二〇一八年。
（8）本章では、「後期ソ連」の「後期」の時間的範囲を、フルシチョフが退陣し、ブレジネフが最高指導者の地位に就いた一九六〇年代半ばから、ゴルバチョフが書記長として登場した一九八〇年代半ばまでとする。この時期区分の是非について、またその時期のソ連社会について、河本和子・野部公一・半谷史郎・松井康浩・松戸清裕「座談会・後期社会主義の諸問題」『ロシア史研究』第一〇一号、二〇一八年も参照。
（9）Vladimir Shlapentokh, *Public and Private Life of the Soviet People: Changing Values in Post-Stalin Russia*, New York: Oxford University Press, 1989, p. 14.
（10）*Наталья Козлова.* Советские люди: Сцены из истории. М.: Издательство «Европа». 2005, С. 308.
（11）Северная правда, 6 августа 1978, С. 1.
（12）史跡・文化財保護意識の高まりやＶＯＯＰＩＫについては、高橋沙奈美『ソヴィエト・ロシアの聖なる景観――社会主義体制下の宗教文化財、ツーリズム、ナショナリズム』北海道大学出版会、二〇一八年、第四章を参照。
（13）Ведомости Верховного Совета СССР, № 44 (1858), 3 ноября 1976 г., С. 728-732. なお、ＶＯＯＰＩＫには「文書遺産セクション」も設けられた。歴史学博士で、ソ連科学アカデミー古文書学委員会議長であったシュミットは、この当時、個人由来の文書の収集・保存に関して各種の論文を書き、書物も編纂した指導的研究者であったと同時に、「ＶＯＯＰＩＫ中央評議会文書遺産セクション」の議長を兼任していた。また、シュミットは、ソ連アーカイヴ管理総局が一九六九年に発表した「個人由来の文書資料の補充に関する方法論的指針」を紹介し、連邦法に先行する動きにも言及している。*С. О. Шмидт* (отв. ред.). Вопросы собрания, учета, хранения и использования документальных памятников истории и культуры. Часть 1. Помятники нового времени и советской эпохи. М., 1982, С. 3, 10. 理想の未来に向かう進歩に注力してきたソ連で「過去」に価値が置かれる現象は、ロシア・ナショナリズムの胎動にもつながる興味深い動きである。同時代の研究者、クルノーソフは、その当時、「過去の遺産に対するソヴィエト公衆の間での関心の高進」が看取される現象に言及している(Там же, С. 11)。なお、VOOPIKに「文書遺産セクション」が設けられたのは、一九七八年九月二一日付の中央評議会幹部会の決定「文書遺産セクションに関する規定」が契機になったものと思われる(Там же, С. 112)。おそらく、七七年の連邦法に「文書遺産」規程が含まれたことに対応する措置と考えられる。

(14) *В. М. Мамонов.* О собирании документов личного происхождения государственными архивами СССР. Археографический ежегодник за 1979 год. М.: Наука, 1981, С. 3–9.

(15) *С. Житомирская.* Что мы оставим в наследство? Литературная газета, 15 сентября 1976, С. 6.

(16) *Георгий Шторм.* Стремянные времени. Литературная газета, 22 сентября 1976, С. 6; *И. Зильберштейн.* Решать реалистически. Литературная газета, 1 июня 1977, С. 6

(17) *В. Цаплин и А. Шнейдер.* Благодарные, но разборчивые наследники. Литературная газета, 6 апреля 1977, С. 6.

(18) *С. М. Шмидт.* Вечный долг наследников. Литературная газета, 1 июня 1977, С. 6.

(19) Литературная газета, 15 сентября 1976, С. 6.

(20) *М. М. Альтман.* Организация собирания и использования документов личного происхождения о Великой Отечественной войне: Из опыта работы ЦГА СССР и государственных архивов РФ. Диссертация на соискание ученой степени кандидата исторических наук, М., 1991, С. 88–89.

(21) *Мамонов*, Указ. соч., С. 4–5.

(22) Там же, С. 6.

(23) Юность, № 1, 1980, С. 5.

(24) *И. А. Альтман.* О методике выявления и учета документов личного происхождения периода Великой Отечественной вой-

ны (Из опыта роботы во Владимирской области). Археографический ежегодник за 1985 год. М.: Наука, 1986. С. 143.

（25） Там же, С. 143, 144, 146

（26） Там же, С. 143. 後期社会主義の時代の党＝政府と市民の「協働」については、松戸清裕『ソ連という実験——国家が管理する民主主義は可能か』筑摩書房、二〇一七年、二六—三〇頁を参照。スターリン時代のそれについては、Yasuhiro Matsui, "Stalinist Public or Communitarian Project? Housing Organisations and Self-Managed Canteens in Moscow's Frunze *Raion*," *Europe-Asia Studies*, vol. 60, no. 7, 2008.

（27） アリトマンは、作戦開始までに州のアーキヴィストによって入念な方法論的準備が行われたこと、探索活動の手引きはＶＯＯＰＩＫ州支部の文書遺産セクションで策定され、議論されたこと、ソ連科学アカデミー古文書学委員会で修正・補充されたことを記している。*И. А. Альтман и М. М. Альтман.* Государственные архивы и школьное краеведение: Перспективы сотрудничества. в кн. Шмидт, Указ. соч., С. 123. のちに出版された『感情のクロニクル』（後出）の序文には、シュミットへの謝辞が述べられている（七頁）。ただ、別の論稿では、州のアーキヴィストが活動方法の手引きを準備し、アンケートの書式を作成したと記している。*Альтман*, Указ. соч., О методике..., С. 143.

（28） Операция «фронтовое письмо»: Сбор и использование документов периода Великой Отечественной войны, Рекомендации руководителю поисковой группы. Владимир, 1980. 実際の活動の開始までに五万部が刷られたとの記述もある。*Альтман и Альтман*, Указ. соч., С. 123.

（29） *Альтман*, Указ. соч., О методике..., С. 145.

（30） この本部に、コムソモールの活動家だけでなく、古参兵、州教育部や州軍事委員会の議長、メディア関係者、アーキヴィストが加わる体制が築かれた。Там же, С. 143.

（31） *Альтман и Альтман*, Указ. соч., С. 121.

（32） Там же, С. 123, 125, 126

（33） *Альтман*, Указ. соч., О методике..., С. 145-146. 当時はまだコピー複写自体が珍しく、複写の提案が有効だったことをアリトマン本人が語っていた（二〇一七年一二月一一日のインタビュー）。

（34） Там же, С. 146.

(35)　О проведении всесоюзной поисковой экспедиции комсомольцев и молодежи, пионеров и школьников «Летопись Великой Отечественной». Постановление Бюро ЦК ВЛКСМ от 29 июня 1981 года. Документы ЦК ВЛКСМ, 1981, М.: Молодая гвардия, 1982, С. 101.

(36)　Письма фронтовиков из коллекции Центрального штаба ССО ЦК ВЛКСМ. Советские архивы, № 3, 1985, С. 43.

(37)　*Альтман*, Указ. соч., О методике..., С. 144.

(38)　Об участии комсомольцев и молодежи Смоленской Области во всесоюзной поисковой экспедиции «Летопись Великой Отечественной». Постановление Секретариата ЦК ВЛКСМ от 15 марта 1983 года. Документы ЦК ВЛКСМ, 1983, М.: Молодая гвардия, 1984, С. 108–109.

(39)　Письма фронтовиков из коллекции Центрального штаба ССО ЦК ВЛКСМ, С. 43.

(40)　Хроника чувств: 1941–1945 гг.: Письма владимирцев с фронта и на фронт/ Сост.: *И. А. Альтман, Я. М. Шапкин*. Ярославль: Верх.-Волж кн. изд-во, 1990, С. 5–6, 219–223. なお、イリヤ・アリトマンと並ぶ編者のシャプキンは元陸軍少将の肩書を持つ退役軍人であった。七〇年代後半、経緯は不明ながら彼はウラジーミル州のアーカイヴでイリヤ・アリトマンと机を並べており、両者が意気投合したことが「前線の手紙」作戦の契機となったという(イリヤ・アリトマンへのインタビュー、二〇一七年一二月一一日)。個人由来の文書への関心、とりわけ第二次世界大戦期のそれへの関心の高まりとコムソモール中央の呼びかけといった大きな流れはありながらも、それに応えてプロジェクトに乗り出した主体がそこにあった。であればこそ、『感情のクロニクル』のような大きな成果が生まれたと考えられる。なお、本書の存在はその書評から知ったが、その書評の記述によると、本書の原稿は一九八三年にはすでに出版所に渡されていたものの、「各種の事情により」、大祖国戦争勃発五〇周年に合わせて出版されたとのことである。Советские архивы, № 3, 1991, С. 92.

(41)　「感情史」への関心の高まりの一例を挙げると、「感情の歴史学」特集『思想』一一三二号、二〇一八年。

(42)　イリヤ・アリトマンへのインタビュー(二〇一七年一二月一一日)。

(43)　Хроника чувств, С. 27.

(44)　Там же, С. 25.

(45)　Холокост на территории СССР: Энциклопедия. Под ред. *И. А. Альтмана*. Москва: РОССПЭН, 2009; Методические рекоменлации по организации и проведение проекта «Страницы судеб: поиск личных свидетельств воинов-освободителей нацистских лагерй смерти и гетто». Под ред. *И. А. Альтман*, Москва, 2016.

(46) Вечерняя Ставрополь, 1 ноября 2013.

(47) もっとも、イリヤ・アリトマンによれば、第二版の刊行は、初版の編者の承知しないところで進められたようで(インタビューから)、当初の営みとの関係が薄められた形で、ウラジーミル州国立アーカイヴの現在の事業として展開されている模様だ。その前書きには、「『感情のクロニクル』の復刊が、大祖国戦争勝利七〇周年を期した州探索活動の端緒を開いた。現在、ウラジーミル州国立アーカイヴが、『感情のクロニクル』の権利継承者である」と記されている。Хронкиа чувств: Письма Владимирцев с фронта и на фронт, 1941–1945, Владимир, 2014, С. 3. また、翌年には第三版も出版され、二〇一四―一五年に収集された前線の文書が追加された。Хроника чувств: Возвращение. 1941–1945: Документы из фондов государственного архива Владимирской Области. Владимир, 2015, С. 5.

(48) 松井、前掲書、一三七頁。

(49) Irina Paperno, *Stories of the Soviet Experience: Memories, Diaries, Dreams,* Ithaca: Cornell University Press, 2009, pp. 43–46. 松井、前掲書、一七二・一八三頁も参照。

(50) *Б. С. Илизаров.* Народный архив. Живые голоса эпохи. М.: ООО «Издательский дом «вече», 2014, С. 3, 8.

(51) *Б. С. Илизаров.* Архивный документ в свете представлений о социальной памяти. Археографический ежегодник за 1985 год. М.: Наука, 1986, С. 46, 50–51.

(52) ただ、「失敗」という評価は正しくないだろう。註(2)で言及したヘルベックの著作の中核はこのアーカイヴに収められた一般市民の日記を利用して書かれ、スターリン体制下の個人の内面世界に関する研究者の理解に大きなインパクトを与えたからである。すなわち、民衆アーカイヴが収集した「普通の人々」のエゴ・ドキュメントが、新しい歴史研究に道を開いたのである。

(53) *Илизаров*, Указ. соч., Народный архив, С. 8.

編者あとがき

言語論的転回以降の理論的な地平を踏まえて、歴史学の本分でもある実証主義的な姿勢を貫くにはどうしたらよいのか。とかく矛盾・対立するものとして語られがちな歴史学における理論と実証の問題について思案していたときに出会ったのが、エゴ・ドキュメントをめぐる研究の潮流である。実際のところ、エゴ・ドキュメント研究とは歴史理論の省察であると同時に、具体的な史料を用いて分析する歴史実践でもある。エゴ・ドキュメントを取り扱った本書のスタンスがどれほど受け入れられるかは心許ないが、なにがしかの問題提起はできたのではないかと思われる。

序章でも示したように、本書は科学研究費補助金・基盤研究Ｂ「エゴ・ドキュメントの比較史研究」を母胎とする共同研究に基礎をおいている。二〇一七年度日本西洋史学会大会のシンポジウムでは、中世・近世から現代にいたるヨーロッパ内外で執筆されたエゴ・ドキュメントの分析の実践例を示し、その歴史研究における射程を呈示した。本書は、このシンポジウムでの報告内容を中心としながら、当日会場に足を運んでくださった日本史研究者である若尾政希氏ならびに横山百合子氏に多忙なところ無理なお願いをして寄稿していただいた。さらにイギリスにおけるエゴ・ドキュメント研究の第一人者とも言えるキャロライン・スティードマン氏の論考を翻訳して加えることにした。

刊行にむけての過程では、岩波書店編集部の石橋聖名さんには、全体にわたり細やかな心配りをいただき、文字通りひとかたならぬお世話になった。心より感謝を申し上げたい。なお本書は、北海道大学大学院文学研究院より「二〇一九年度一般図書刊行助成」を得て出版されることを申し添えたい。

二〇二〇年二月

長谷川貴彦

［執筆者紹介(執筆順)］

大黒俊二(おおぐろ・しゅんじ)
1953年生．大阪市立大学名誉教授．イタリア中世史．

安村直己(やすむら・なおき)
1963年生．青山学院大学文学部教授．南北アメリカ大陸史．

若尾政希(わかお・まさき)
1961年生．一橋大学大学院社会学研究科教授．日本近世史・思想史．

長谷川まゆ帆(はせがわ・まゆほ)
1957年生．東京大学大学院総合文化研究科教授．フランス近世史．

キャロライン・スティードマン(Carolyn Steedman)
1947年生．ウォーリック大学歴史学名誉教授．イギリス近現代史・社会史・文化史．

梅垣千尋(うめがき・ちひろ)
1973年生．青山学院大学コミュニティ人間科学部教授．イギリス思想史・女性史．

横山百合子(よこやま・ゆりこ)
1956年生．国立歴史民俗博物館教授．日本近世史．

小野寺拓也(おのでら・たくや)
1975年生．東京外国語大学講師．ドイツ近現代史．

松井康浩(まつい・やすひろ)
1960年生．九州大学大学院比較社会文化研究院教授．ソ連政治社会史．

［編者］

長谷川貴彦

1963年生．北海道大学大学院文学研究院教授．近現代イギリス史，歴史理論．著書に『イギリス福祉国家の歴史的源流』（東京大学出版会），『現代歴史学への展望』『イギリス現代史』（以上，岩波書店）など．訳書にソニア・O・ローズ『ジェンダー史とは何か』（共訳），ピーター・バーク『文化史とは何か』（以上，法政大学出版局），リン・ハント『グローバル時代の歴史学』，同『なぜ歴史を学ぶのか』（以上，岩波書店）など．

エゴ・ドキュメントの歴史学

2020年3月27日　第1刷発行
2021年6月4日　第3刷発行

編　者　長《は》谷《せ》川《がわ》貴《たか》彦《ひこ》

発行者　坂本政謙

発行所　株式会社 岩波書店
〒101-8002 東京都千代田区一ツ橋2-5-5
電話案内 03-5210-4000
https://www.iwanami.co.jp/

印刷・三秀舎　カバー・半七印刷　製本・松岳社

ISBN 978-4-00-022303-4　Printed in Japan